岩　波　現　代　文　庫

増補

総力戦体制と「福祉国家」

戦時期日本の「社会改革」構想

高岡裕之

Hiroyuki Takaoka

学術 479

岩波書店

目　次

序章 戦時期日本の「社会国家」構想

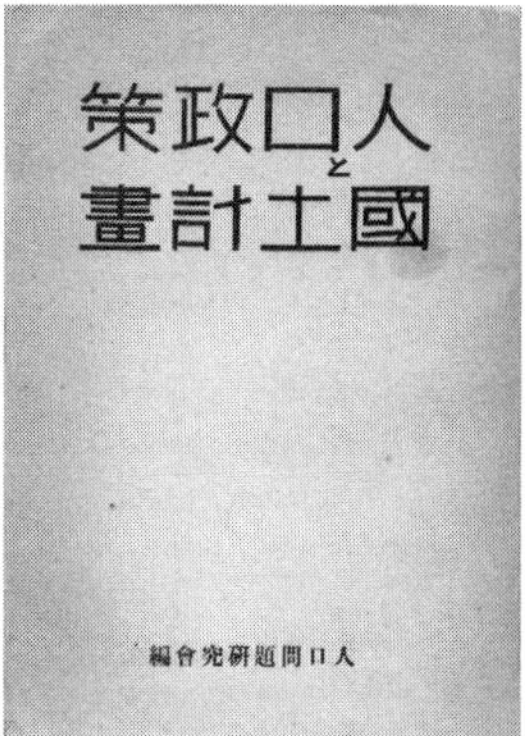

人口問題研究会編『人口政策と国土計画』(人口問題研究会，1942年)，厚生省『体力手帳』

ファシズム・総力戦・福祉国家

本書の目的は、日中戦争期(＝日中全面戦争期)からアジア・太平洋戦争期(＝太平洋戦争期)にかけて形成された日本ファシズム＝全体主義的総力戦体制を、「福祉国家」という観点から捉え直すことで、戦時期日本における社会改革構想の輪郭を描き出すことにある。

今日の「福祉国家」という言葉は、第二次世界大戦期のイギリスにおいて、ナチスドイツの「権力国家」を批判するものとして登場し、戦後社会保障制度の基礎となった一九四二年のベヴァリッジ報告書によって「より広い含意と普及を得た」ものとされている(モーリス・ブルース/秋田成就訳『福祉国家への歩み』法政大学出版局、一九八四年、三一頁)。つまり「福祉国家」とは、「ファシズム」と相容れない民主主義国家の理念としての出自を持つ概念なのであるが、本書がそうした「福祉国家」という観点を用いて日本ファシズムを再検討しようとするのは、現在の戦時期研究をめぐる状況がかつてとは大きく異なってきているからである。

周知のように、敗戦後から一九八〇年代までの戦時期研究は、ファシズム論を基軸として展開されてきた。そしてそこでは、戦時期(ファシズム)と戦後(民主主義)の間の断層が前提とされてきた。ところが一九九〇年代に入ると、総力戦による社会の「現代化」を強調する総力戦体制論(「戦時動員体制論」「一九四〇年体制論」)が台頭し、戦時期(総力戦体制)と戦後(福祉国家)の連続性が強調されるようになった。また同じく一九九〇年代から「福祉国家」をめぐる議論が社会科学諸領域を横断する中心的テーマの一つとなるようになったが、そこにおいてもアジア・太平洋戦争期を日本の福祉国家(社会保障制度)形成過程の出発点とみる見解が提示されるようになっている。このように近年では、戦時期を戦後との連続性において捉える研究が広がりを持つ中で、戦時期日本の「福祉国家」化が少なからぬ論者によって指摘されるようになっているのである。

こうした近年の研究動向は、戦時期日本さらにいえば日本の近現代史に対する問題関心の変化を示している。しかし筆者のみるところ、総力戦体制研究や福祉国家研究は、これまでの戦時期研究とかみあわないものであり、その結果、戦時期日本をめぐるイメージは、「ファシズム」と「福祉国家」という対極的なものに分裂してしまっている。それゆえ本書では、戦時期日本に進行したとされる「福祉国家」化を、全体主義的総力戦体制の一つの側面を示すものとして捉え直し、そこにおける「福祉国家」(「社会国家」)構想に光を当てることにより、「ファシズム」か「福祉国家」かという戦時期イメージの分裂状況を統合することを目指す。また本書では、こうした作業を通じて、戦時期日本の歴史的位相を二〇世紀日本の社会の歴史の中で考えてみたい。以下、このような本書の問題意識と具体的課題を、ファシズム論・総力戦体制論・福祉国家論それぞれの研究動向との関連で説明しておきたい。

「天皇制ファシズム」論

先述のように、戦後の日本近現代史研究においては、一九三一年の満洲事変から四五年の敗戦に至る「十五年戦争」の時代を「ファシズム」の時代であるとみなしてきた。これらの研究における一九七〇年代頃までの通説的枠組みは広義の「天皇制ファシズム」論であり、そのベースとなっていたのは「講座派」マルクス主義の「天皇制」ファシズム論および丸山眞男の「上からのファシズム」論であった。

このうち「講座派」マルクス主義とは、「明治維新の基本的性格をブルジョア革命と見ず、天皇制国家権力の本質を絶対主義と見ること、日本資本主義と半農奴制的寄生地主制という異質の経済制度が構造的に結合していること、また日本資本主義は明治三〇年代に確立期に入るとほとんど同時的に帝国主義に転化し、軍事的性格を強め、全体として軍事的・半農奴制的資本主義というべき特殊な型を形成」したと見る『日本資本主義発達史講座』(岩波書店、一九三二―三三年)の基本認識を継承した学説体系であった(永原慶二『二〇世紀日本の歴史学』吉川弘文館、二〇〇三年、九三頁)。こうした立場から提示された「天皇制」ファシズム論とは、一口でいえば「絶対主義」としての「天皇制」がその「本質」を維持しつつ、「ファシズム」の機能を果たしたというものであり、そのポイントは「天皇制」の理解にあった。要するに「天皇制」ファシズム論とは、「講座派」マルクス主義による日本近現代史の全体的・体系的理解の一環をなすものであり、そうした全体性・体系性ゆえに「天皇制」ファシズム論＝「講座派」マルクス主義は、日本近現代史理解のパラダイムとなったといえる。

もっとも「天皇制」ファシズム論はいわば歴史認識の大枠の議論であり、日本「ファシズム」に関する具体的研究の場で圧倒的な影響力を持ったのは、政治学者の丸山眞男が提起した「上からのファシズム」論であった。それは「ファシズム」を「二〇世紀における反革命の最も尖鋭な最も戦闘的な形態」と捉える立場から、日本ファシズムを「下から」の大衆運動指導者によって政権掌握がなされたドイツ、イタリアとの対比において「上からのファシズム」と類型化したものであり、そこにおけるファシズムの特徴としての「強制的同質化」「擬似革命性」などの指摘などと相まって、日本におけるファシズム研究の基本的枠組みとなった(丸山『超国家主義の論理と心理 他八篇』古矢旬編、岩波文庫、二〇一五年)。ただし丸山の日本ファシズム論においては、イデオロギー面における「農本主義」の優越性が、「上からの近代化への反発」として位置づけられ、右翼や既成政党の体質の「前近代性」が強調されるなど、日本ファシズムの「反近代」ないし「前近代」的性格が強調されていた。また丸山の理論的立場は、マルクス主義の側からは「近代主義」と呼ばれる市民社会論的なものであったが、「明治以来の絶対主義的＝寡頭的体制がそのままファシズム体制へと移行しえた」とする点では、丸山と「講座派」マルクス主義の歴史像は親和的・相互補完的な関係にあった。かくして日本ファシズム＝「天皇制ファシズム」は、二重の意味で「非近代」的なものとして描き出されることとなった。すなわち、その前提となった「天皇制」が「絶対主義」的(半封建的)なものであり、そしてその「天皇制ファシズム」への転化は、日本社会における「反近代」的ないし「前近代」的要素を媒介とし、その利用によって行われたとされたのである。

戦時期日本の歴史的理解において、右のようにマルクス主義と市民社会論(「近代主義」)の歴史像が一致したのは、両者の間に戦争と「ファシズム」の時代の経験に基づいた、「日本帝国主義の狂暴性と非合理性の基盤を除去するためには、政治・社会構造の徹底的な民主主義化・近代化が必要だ、という点」でのゆるぎない「合意」があったからとされる(後藤道夫『戦後思想ヘゲモニーの終焉と新福祉国家構想』旬報社、二〇〇六年、四九頁)。「天皇制ファシズム」論が戦時期日本を「前近代的」(「半封建的」)「反近代的」「非合理的」な側面に力点を置いて描き出したのは、「政治・社会構造の徹底的な民主主義化・近代化」を目指す「戦後民主主義思想」の同時代的な課題意識に照応していたのである。

「日本ファシズム」論

しかし右のような「天皇制ファシズム」論は、一九七〇年代を境に通説的地位を失い、七〇年代から八〇年代にかけては、「日本ファシズム」の近代的ないし「擬似革命」的側面に注目した研究が主流を占めるようになった。こうした変化を促したのは、伊藤隆によって提起された「革新派」論をめぐって生じた「ファシズム論争」であったが(1)、より根本には、高度経済成長を経た日本社会の巨大な変貌の中で、先述のような「天皇制ファシズム」論さらには「講座派」マルクス主義のモチーフが色褪せ、「現代」史＝戦後史をも見通した日本近現代史像の再構成が求められるようになったという事情があった。

このような新たな動向の中でキー概念とされたのが、資本主義の現代的形態を指す「国家独占資本主義」と「総力戦」であった。このうち前者の概念は、戦後間もなく戦時期日本社会の特質として提起されていたものであったが(井上晴丸・宇佐美誠次郎・内田義彦「戦時経済の遺産」『潮流』第三巻一号、一九四八年一月)、それが日本ファシズム研究との関連で自覚的に用いられるようになるのは、一九三〇年代の農山漁村経済更生運動を「国家独占資本主義」の形成過程の中に位置づけた森武麿の研究(森「日本ファシズムの形成と農村経済更生運動」『歴史学研究』一九七一年度別冊、のち森『戦時日本農村社会の研究』東京大学出版会、一九九九年に収録)以後のことである。

また「総力戦」は、「天皇制ファシズム」論の段階においても、現代戦を戦う国家が不可避的に直面せざるを得ない歴史的状況であり、人間と物資の総動員を必然化するゆえにきわめて「合理的」・「近代的」な論理に貫かれたものとみなされていた。ただし「天皇制ファシズム」論においては、こうした総力戦の論理は、さまざまな面において「天皇制」の社会的・精神的基礎を掘り崩す、「天皇制(ファシズム)」国家の本来の意図を超えた巨大な戦争のダイナミズムとして把握されていた。(2) これに対し一九七〇—八〇年代の日本ファシズム研究は、日本ファシズムをファシズム型国家総力戦体制として捉えるようになったことに大きな特徴があった。たとえば木坂順一郎は、ファシズムの「擬似革命」(「革新」)性を総力戦体制構築のための「近代化」「平準化」「平等化」との関連で位置づけることで、「日中戦争勃発以後……自主的活動の場を奪われた多くの労農運動家や婦人運動家が総動員政策のなかに進歩的意義を見出し、いわゆる「新体制」に本気で積極的に協力したことや、戦時統制経済による生産力の発展を一面的に高く評価する「生産力理論」が登場したことなどは、戦時下における「近代化」の推進という客観的事実を反映したもの」という理解を提示した(木坂「日本ファシズム国家論」『体系日本現代史3』日本評論社、一九七九年)。

このように一九七〇—八〇年代の戦時期研究では、「十五年戦争」期の社会変化の中に戦後へと連なる現代的・近代的要素を見出しつつ、それらとかつて「半封建的」「前近代的」と呼ばれた日本社会の構造との矛盾に注目して「日本ファシズム」を捉えようとする研究が大きな潮流をなすようになったのである。

総力戦体制論

ところが一九九〇年代になると、今度は総力戦による現代化・近代化に、現代＝戦後社会の原型があることを強調する一連の研究——ここではそれらを総力戦体制論と総称する——が台頭することとなった。こうした総力戦体制論はさまざまな分野で同時多発的に登場したが、その代表的なものとしては①戦後日本の経済システムの「原型」が戦時統制経済の中で形成されたことを強調する奥野正寛・岡崎哲二編『現代日本経済システムの源流』(日本経済新聞社、一九九三年)、②奥野・岡崎らの研究を参照しつつ戦後日本の経済・社会システムは戦時下に作られた「一九四〇年体制」であるとする野口悠紀雄『一九四〇年体制』(東洋経済新報社、一九九五年)、③二〇世紀の総力戦が「近代」(階級)社会の「現代」(システム)社会への転換をもたらしたとする山之内靖／ヴィクター・コシュマン／成田龍一編『総力戦と現代化』(柏書房、一九九五年)、④ナチズムのグライヒシャルトゥング(強制的同質化)がドイツ社会の「意図せざる近代化」をもたらしたとするダーレンドルフ・テーゼを拡張し、総力戦体制による社会変動に着目しながら戦前・戦時・戦後の政治と社会を論じた雨宮昭一『戦時戦後体制論』(岩波書店、一九九七年)などが挙げられる。

これらの研究の主張は決して同一ではないが、日本の近現代史を一九四五年の敗戦を境に「戦前」と「戦後」に二分する歴史理解を批判し、「戦時」と「戦後」の連続性・同質性(＝「戦前」と「戦時」の異質性・断絶性)を強調するという点では共通していた。そしてこうした把握を通じて、「総力戦時代が推し進めた合理化」が「公生活のみならず、私生活をも含めて、生活の全領域をシステム循環のなかに包摂する体制をもたらした」こと、それゆえ戦後の民主主義も「国民国家による統合をより強化するという傾向から自由ではありえない」ことが指摘され、「福祉国家(welfare-state)は、実のところ、戦争国家(warfare-state)と等記号によって繋がっている」という歴史像が提示されたのである(山之内靖「方法的序論」前掲山之内ほか『総力戦と現代化』三八頁)。

こうした議論が登場した背景には、第二次世界大戦終結後五〇年を目前にして生じた「冷戦」構造の解体(「社会主義」体制の崩壊)、およびそれと並行して生じた政治・経済構造の世界的規模での変動という「戦後」体制の動揺・終焉、さらにポストモダニズムにみられるような「近代」そのものに対する批判・懐疑の広まりといった時代状況の巨大な変化があった。総力戦体制論は、戦時期日本を「半封建的」「前近代的」「非合理的」な側面に力点を置いて描き出した「天皇制ファシズム」論とは対極的に、総力戦体制の

「近代的」「現代的」「合理的」側面に着目するものであったが、それは右のような時代状況を背景に「戦後民主主義」的歴史意識を相対化し、高度に「近代化」「合理化」された現代日本社会に対する批判を軸に歴史像を再構成しようとする試みであった。そしてこうした脱「戦後」的性格ゆえに、総力戦体制論は一九九〇年代半ば以降の社会科学やジャーナリズムに広く受け入れられることとなったのであるが、それは「戦後」体制の終焉と連動した「戦後思想へゲモニーの終焉」(前掲後藤『戦後思想へゲモニーの終焉と新福祉国家構想』)を現代史研究の場において象徴する出来事であった。

以上のように戦時期に対する歴史的評価は、そこにおける「近代」の捉え方という点からみれば、戦後五〇年を経てほぼ一八〇度転換を遂げたことになる。こうした軌跡には戦後日本社会の変容に伴う研究者の問題関心の移動が反映されているが、時代によって歴史家の描く歴史像が変化することは自然なことである。かつてイギリスの歴史家E・H・カーが述べたように、「歴史」とは「現在と過去との間の尽きることを知らぬ対話」だからである(カー／清水幾太郎訳『歴史とは何か』岩波新書、一九六二年)。ただしカーは、歴史像の転換が生じるのは、「古い解釈が拒否されたというのでなく、それが新しい解釈のうちに含まれ、新しい解釈に取って代られ」ることだとも述べている。この点からいえば、先の総力戦体制論の登場によって歴史像の転換がなされたとは言い難い。なぜなら山之内靖が、「現代史をファシズムとニューディールの対決として描きだすよりも以前に、総力戦体制による社会の編成替えという視点に立って吟味しなくてはならない。ファシズム型とニューディール型の相違は、総力戦体制による社会的編成替えの分析を終えた後に、その内部の下位区分として考察されるべきである」と述べたように（前掲山之内「方法的序論」）、総力戦体制論は戦時期に対する「古い解釈」（「ファシズム」論）を正面から問題にするのではなく、それらをいったん棚上げにして総力戦の「現代化」作用を論じるものだったからである。総力戦体制論に対して多くの現代史研究者が当惑・反発したのは、こうした方法に起因する部分が大きい[3]。いずれにせよ戦時期日本の歴史像を、総力戦体制論が提起したような問題を踏まえて今日的視点からいかに描くかという問題は、これからの課題として残されているのである。

福祉国家論

一九九〇年代に生じた総力戦体制論の台頭とほぼ同じ頃から顕著となったのが福祉国家研究の広がりである。日本の社会科学における福祉国家研究の歴史はそれほど長くない。その理由としては、①戦後の日本では経済の拡大・成長を通じた国民全体の所得水準の向上が目標とされたため、社会保障制度が「いわば経済システムのなかに完全に組み込まれるかたちになり、それ自体として意識されることが少な」かったこと（広井良典『日本の社会保障』岩波新書、一九九九年、一三頁）、②近代化・産業化の後発国である日本

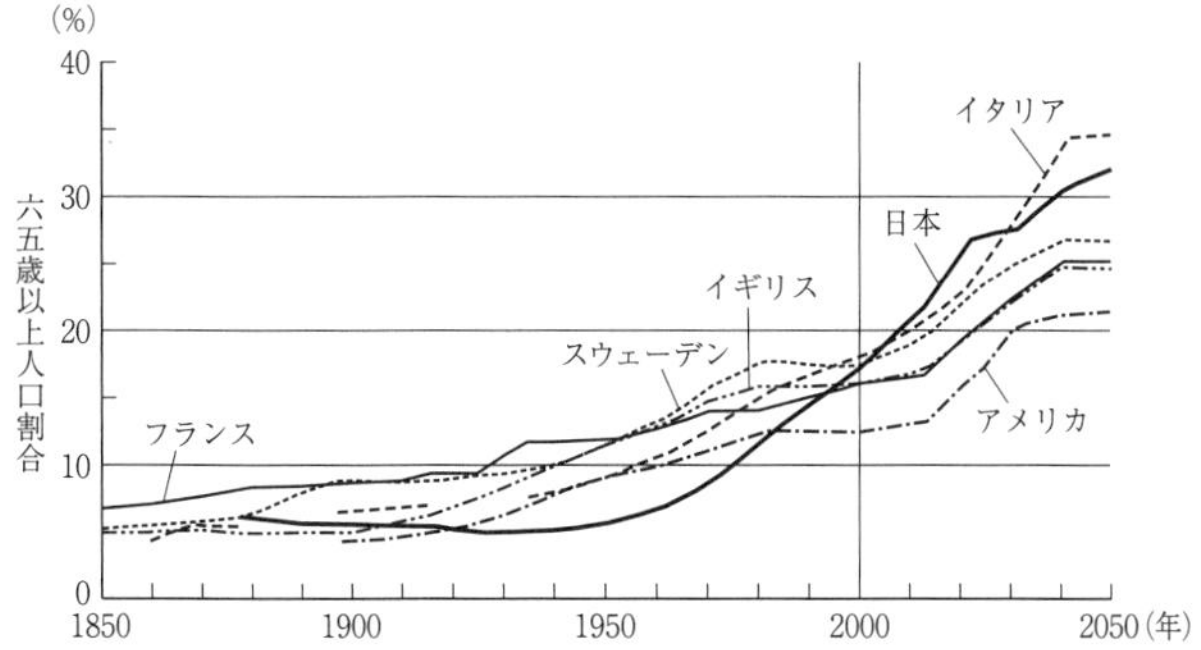

出典）阿藤誠「グローバル・エージング」(金子勇編『講座・社会変動 8　高齢化と少子社会』ミネルヴァ書房, 2002 年)

図 1　主要先進諸国の高齢化

では一九七〇年代まで高齢者の比率が低く、そのことが年金制度の未成熟と相まって社会保障支出を比較的低位にとどめていたこと、③そうした中で「福祉国家」は「主として保守派や中道派の一部の論者によって、現代国家のいわば理想像として、現実から遊離し、美化された形で主張され、他方で革新派の論者はそれを資本主義の延命策だとして排撃する」(東京大学社会科学研究所編『福祉国家 1　福祉国家の形成』東京大学出版会、一九八四年、二七頁)という構図が成り立っていたことなどが挙げられる。

ところが一九七〇年代以降、日本社会が急速に高齢社会へと移行し(**図 1**)、それに伴って社会保障給付費も増加の一途をたどるようになると、福祉国家や社会保障制度の問題はきわめて現実的な問題となった。近年におけるる福祉国家研究の隆盛の一因は、本格的な福祉国家の実現を必要としている日本の現実にある。しかし福祉国家の問題が日本の社会諸科学の一大テーマとなったさらなる理由は、①「冷戦」構造の解体に伴い資本主義のオルタナティブとしての「社会主義」モデルが崩壊したこと、②他方における「新自由主義」の広まりの中で福祉国家の縮減・再編が現代世界に共通する大きな動向となるといった、現代世界の新たな状況にある。こうした状況の下で、福祉国家は「新自由主義」や「市場原理主義」に対抗する座標軸としての位置を占めるようになり、現代資本主義のもっとも重要な側面として、その構造的特質と生成のプロセスが注目を集めるようになったのである。

このように、にわかに脚光を浴びるようになった福祉国家研究は、多様な分野の研究者を含み込んで進められているためそのアプローチは千差万別であるが[4]、福祉国家を歴史学的に研究するためには従来の国家論や資本主義論と異なり、資本主義社会における階級対立の問題のみならず、人々の生と死を含む労働と生活のあり方や、人々が生きていく上で取り結ぶ社会的諸関係の総体を視野に入れることが必要である。なぜなら福祉国家とは、それ自体が「階級妥協」の産物であると同時に、近年の少子高齢化問題にみられるように、より広範な社会的諸問題に対応した「制度」だからである。その意味で福祉国家は資本主義の展開に伴う社会そのものの変容に規定されており、だからこそ福祉国家の歴史的研究は、長期的視点に立った資本主義社会の「社会」史として進められ

なければならない。(5)

福祉国家＝総力戦体制源流論

右のような視点に立った福祉国家研究は、日本についていえば主として社会学研究者によって試みられている。そのベースに置かれているのは、工業化＝産業化の進展に伴って家族や地域社会の機能が縮小する一方、人口構造が高齢化することにより、福祉国家の必要が生じるという機能主義的な産業社会論である。こうした観点からすれば、日本において福祉国家が問題となるのは、急速な都市化・工業化が生じた高度経済成長期ということになるが、福祉国家を構成する個々の制度の中にはそれに先立って成立していたものがある。そこでこうした制度を重視する立場からは、次のような議論がなされることとなる(鍾家新『日本型福祉国家の形成と「十五年戦争」』ミネルヴァ書房、一九九八年、一七五―一七六頁)。

一九三〇年代から一九四五年の敗戦まで、日本政府は一方では、戦争国家・「高度国防国家」を建設したが、他方では、同時にのちに福祉国家の実体となる政府組織と制度・政策を建設していた。準戦時体制、あるいは戦時体制のもとで、「いい兵隊をとるため」と軍事体制を強化するため、組織面においては、一九三八年、衛生行政、保険行政、社会行政などを主管する社会保障の政策主体・厚生省が創設された。厚生省の創設を加速化した主な歴史的背景は、一九三七年の日中戦争の勃発とその長期化の様相であった。制度・政策両面においても、飛躍があった。現在、日本における福祉国家の主要な部門の一部になっている国民健康保険と厚生年金保険はいずれも、戦時下において創設されたのである。当時の全国民の六割を対象とした国民健康保険は戦時下の「健兵健民政策」の一環として、実施された。労働者年金保険は、戦時下の社会安定対策の一環として制定された。……要するに、戦前の日本は「福祉国家」という名称こそ使わなかったが、事実上では、福祉国家に非常に近い体制をつくりあげた。しかも、それは、戦後の福祉国家の中核になっている。戦時下における日本型福祉国家の骨格の形成は国家総動員の一環であり、国家総動員の産物であった。

ここでは「日本型福祉国家の骨格」となっている厚生省という政策主体の設立、国民健康保険と厚生年金保険(制定時は労働者年金保険)という二大有力制度の創設がいずれも戦時体制の要請に基づいていたこと、それゆえ総力戦体制＝「高度国防国家」は「福祉国家に非常に近い体制」でもあったことが強調されている。鍾によれば、戦時期の日本では、「半分近くの国民は第一次産業の従事者」であり、「その限りでは、その時点で福祉国家の骨格をつくる必要性は低かった」(同前一九五頁)。にもかかわらず、戦時期に「日本型福祉国家の骨格」が形成されたのは、ひとえに総力戦の要請によるものであったというのである。

このように日本の福祉国家・社会保障制度の「骨格」が戦時期に形成されたとする見解は、その論点がシンプルであるだけに多くの論者によって唱えられている。たとえば富永健一は、「公務員と民間企業の健康保険ならびに年金保険、そして農民の健康保険までの社会保険の基本的な制度的枠組は、福祉国家という理念がまだ存在していなかった戦前・戦中までに、すでにできていた」ことを挙げ、「これらの制度的枠組は、福祉国家の理論をともなわない、官製による実質上の福祉国家であった」と述べている(富永『社会変動の中の福祉国家』中公新書、二〇〇一年、一八一頁)。

また広井良典は、日本の社会保障制度の特徴である「国民皆保険」を可能にした国民健康保険が「〝第一次産業従事者が全人口の半数を占める後発国家〟たる日本において、実質的に、農村共同体(ムラ)を単位とする「農業保険」として出発した」「日本の社会保障制度においてもっとも特徴的かつユニークな制度」であることを強調する一方、同制度による「国民皆保険」が戦時下にすでに目指されていたことに注目し、「野口悠紀雄氏は、戦後日本の「国家主導型」の経済システムが、戦時の総動員体制の延長にあるものとして「一九四〇年体制」というとらえ方を提唱しているが、「国民皆保険」は名実ともにそうした一九四〇年体制に起源を有するもの」と論じている(前掲広井『日本の社会保障』四一―四二、五九頁)。

以上のように、近年の福祉国家研究では、日本の福祉国家・社会保障制度の「骨格」や「原型」が戦時期に形成されたことが注目され、総力戦体制論とも連動するようになっている。しかしこれらは、福祉国家・社会保障制度の系譜を問題としたものであって、当然のことながら日本の戦時体制そのものの分析ではない。それゆえこれらの研究によって示された「福祉国家に非常に近い体制」という戦時体制のイメージと従来の「日本ファシズム」というイメージとの落差は放置されたままとなっており、日本現代史研究者にとって、こうしたイメージの乖離をいかに埋めるかが、大きな課題となっている。

本書の課題

以上のように、かつて「前近代的」「反近代的」「非合理的」な「天皇制ファシズム」の時代と捉えられていた戦時体制は、ここ二〇年ほどの間に、「近代的」「現代的」「合理的」な総力戦体制、さらには「福祉国家に非常に近い体制」と目されるようになった。本書の目標は、こうした近年の研究動向を、従来のファシズム研究の成果を踏まえつつ受けとめることにより、日本ファシズム体制＝全体主義的総力戦体制に関する新たな解釈を示すことにある。

本書ではこうした目標を追求するため、総力戦体制の下で進行したとされる「福祉国家」化を、総力戦体制＝「福祉国家」源流論のように戦後の「福祉国家」との系譜的連続性の面から取り上げるのではなく、戦時下における社会改革の政策体系・政策構想に即して検証してみたい。こうした構想には、世紀転換期から第一次世界大戦を経て「社会国家」化[6]が進んでいたヨーロッパ諸国のあり方が影響を与えており、本書では第二次世界大戦後に本格的に姿を現す現代「福祉国家」と区別する意味も込めて、これらを便宜的に「社会国家」構想と呼ぶこととする。

このような「社会国家」構想に着目した場合、戦時期の「福祉国家」化をめぐっては、複数の構想がせめぎあっていたことが明らかとなる。従来の研究においては、厚生省の設立に始まる戦時下の「社会政策」は、基本的に戦争遂行を目指す軍部の主導によって行われたものとみなされ、戦時下に登場する「人的資源」の維持培養、国民「体位」ないし「体力」の向上、「人口増殖」などのさまざまな政策課題が等しく軍部による「上からの」戦争政策として一括され、批判されてきた。しかしそれぞれの政策の背景をなす「社会国家」構想は必ずしも同一ではなく、そこには「下からの」要素を含んだ競合と対立の関係が存在した。本書ではこうした複数の「社会国家」構想の潮流に着目することにより、全体主義的総力戦体制を一枚岩の体制としてではなく、矛盾と葛藤をはらんだものとして描いてみたい。

こうした作業を行う上で、第二に留意したいのは、そこにみられる政策連関である。近年の総力戦体制＝「福祉国家」源流論のみならず、従来の社会政策史研究においても個々の社会政策はそれぞれ単独の制度として分析される傾向があり、また扱われる対象も狭義の「社会政策」の範囲にとどまっている。これに対し本書では、個々の政策のベースとなる政策体系に着目することにより、従来「社会政策」の範疇として扱われてこなったような問題をも取り上げ、混沌とした状況を呈している戦時期の諸政策に筆者なりの体系的説明を行ってみたい。

また第三に留意したいのは、戦時下の「社会国家」構想と現実とのギャップである。この問題について大門正克は、総力戦体制下においては人々に主体的な戦争への参加が求められたことの「反対給付として国民生活の擁護、福利厚生の整備が必要であった」としつつ、「動員と国民生活擁護、動員と福利厚生実現は大きく矛盾するものであり、動員を徹底して軍需生産に人的、物的資源を集中するほどに国民生活の水準は低下し、福利厚生の実現はほど遠くな」る関係にあったこと、こうした「国民生活擁護の高唱と、そのもとでの国民生活水準の低下」が同時に現れたことが「日本の総力戦の大きな特徴」であったと指摘している(大門『日本の歴史15　戦争と戦後を生きる』小学館、二〇〇九年、一五〇頁)。このような逆説的関係は、戦時下の「社会国家」構想を検討する上で、欠くことのできない視点であり、本書でも「社会国家」構想のみならず、可能な範囲でその実態についても論及してみたい。

こうした方針に基づいて、本書の各章では以下のような具体的問題を検討する。まず

第一章と第二章では、厚生省設立前後の「社会政策」構想を取り上げる。これまでの研究では、厚生省の設立が、軍部主導の「戦時社会政策」＝「健兵健民」政策の起点とされてきたが、それを推進した軍部の主張（「衛生省」設立論、「壮丁体位低下」論）については、具体的検討がなされてこなかった。そこで第一章では、こうした主張を行った当時の陸軍省医務局長・小泉親彦の論理を検討することで、陸軍＝小泉が目指していたのが衛生主義的「社会国家」と呼ぶべき特異な「社会国家」であったことを明らかにする。

また第二章では、厚生省設立過程において浮上していた「農村社会政策」としての農村医療問題と農村人口問題、および生産力拡充問題を取り上げる。これらの問題は政策の次元を異にしつつも、それぞれが総力戦体制下における「社会国家」構想の源流として位置づけられるものであり、この章ではそうした諸問題が日中戦争前夜の段階でどのような文脈で姿を現していたかを確認する。

次いで第三章以下では、日中戦争が長期化する中で登場してくる三つの「社会国家」構想を取り上げる。そのうち第三章では、戦時労働政策の問題を取り上げる。戦時労働政策については、これまでも大河内一男の「戦時社会政策」論との関係で議論が重ねられてきたが、大河内「戦時社会政策」論を当時の生産力拡充計画・労務動員計画と連動した生産力主義的「社会国家」構想の理論とみなし、その具体的展開を労働者年金保険制度、戦時住宅政策を事例に検討する。

第四章では、「人口政策確立要綱」として国策化された戦時人口政策を取り上げる。「産めよ殖やせよ」というスローガンで知られる戦時人口政策については、従来兵力と労働力の確保を目指す戦時政策として理解されてきたが、本章ではそれが人口学の論理に基づく民族―人口主義的「社会国家」構想であったこと、またそれが農業人口をめぐり生産力主義的「社会国家」構想と鋭く対立する構想であったこと、さらにその系列として国土計画が重要な位置を占めていたことなどを提示する。

第五章では、厚生大臣となった小泉親彦の下で展開された「健兵健民」政策を取り上げる。「健兵健民」政策と呼ばれる一連の政策体系は、すでに登場していた生産力主義的「社会国家」構想、民族―人口主義的「社会国家」構想を、小泉が抱懐していた衛生主義的「社会国家」構想を軸に再編成した戦時「社会国家」構想と考えられ、その特徴は保健医療政策に主軸が置かれたことにあった。こうした「健兵健民」政策下における保健医療政策の展開を、第二章で検討した農村医療問題(農村医療運動)との関係に注目しながら明らかにする。

以上の各章における検討を通じ、本書では戦後の「福祉国家」とはおよそ異なる「骨格」を持った、戦時下の「社会国家」構想を提示する。そして終章では、こうした「社会国家」構想の戦後への連続と断絶を検討し、戦時「社会国家」＝全体主義的総力戦体制の歴史的位置について総括的考察を加えたい。

本書では読みやすさを考慮して、引用史料におけるカタカナ表記は原則としてひらがなに直し、適宜濁点、句読点を付した。また引用史料における筆者の中略は……で、筆者による補足は〔　〕で示した。

第一章　厚生省の設立と陸軍の「社会国家」構想

厚生省の設立（厚生省二十年史編集委員会編『厚生省二十年史』厚生問題研究会，1960年，口絵）

現在の厚生労働省の原型である厚生省が設立されたのは、一九三八年一月一一日のことであり、当時の内閣総理大臣は近衛文麿、初代の厚生大臣は木戸幸一（文部大臣と兼任）であった。

厚生省の設立は、一般には国家総動員体制の一環であったとみなされている。その第一の理由は、厚生省の設立が、「壮丁体位」の向上を求める陸軍の「衛生省」設立論を受ける形で行われたという動かし難い事実である。厚生省設立の主目的は「国民体位の向上」＝「健兵健民」政策にあり、それゆえ「保健衛生、社会福祉、体力、労働、社会保険、軍事援護と広汎にわたる厚生行政のなかで、創設時には直接に国民体力の増進向上に役立つと思われる施策に重点がそそがれた」（川上武『現代日本医療史』勁草書房、一九六五年、四三〇頁）、もしくは「国民の生活の安定をはかる社会行政が軍部に主導される体力向上の衛生行政に従属せしめられた」（池田敬正『日本社会福祉史』法律文化社、一九八六年、七三六頁）といった評価は、右のような陸軍の要求が厚生省の性格を決定したという判断に基づいてなされている。

第二の理由は、厚生省が設立された一九三八年一月という時期である。よく知られているように一九三八年一月は、前年七月に始まっていた日中戦争が、長期戦・総力戦へと転化するターニングポイントであった。日中戦争の「泥沼」化へ向けた大きな一歩となった「帝国政府は爾後国民政府を対手とせず」という「第一次近衛声明」が発表されたのは、厚生省の設立から五日後の一月一六日のことである。このようなタイミングでなされた厚生省の設立が「国家総力戦における「人的資源」(兵力と労働力)の確保を目的としたもの」(安部博純「軍部・財閥・革新官僚」藤原彰・今井清一編『十五年戦争史2』青木書店、一九八八年、一七七頁)と考えられてきたのは当然ともいえる。

ところがこうした通説的見解に対し、近年の福祉国家研究は、厚生省の設立を「日本の福祉国家体制の歴史的起点であったといっても過言ではない」と高く評価する(副田義也『内務省の社会史』東京大学出版会、二〇〇七年、五四六頁)。このような評価の相違は、基本的にはファシズム論と福祉国家論の枠組みの違いによるものであるが、問題はそこにとどまらない。なぜならこうした研究では、厚生省の設立を促したのはたしかに陸軍であったが、厚生省の設置においては「ある意味で、近衛首相と内務省が陸軍をうまく利用した」(前掲鍾『日本型福祉国家の形成と「十五年戦争」』一六九頁)、「陸軍は内務省と争い敗北した」(前掲副田『内務省の社会史』五五六頁)と、実際の設立過程でイニシアティブをとったのは、かねてから「福祉国家」的構想を抱いていた近衛首相と内務省であるとされているからである。[1] つまり従来の研究と近年の福祉国家研究とでは、厚生省の設立をめぐる事実関係そのものについての理解が異なっているのである。

筆者はこと厚生省設立問題に関しては、福祉国家研究が示した理解は大筋において間違っていないと考えている。しかし福祉国家研究は、近衛首相のリーダーシップを強調するのみで、厚生省の設立を日中戦争前後の歴史過程の中で位置づけ直すために不可欠な、陸軍の「衛生省」構想と内閣の「福祉国家」的構想それぞれの具体的分析は依然として放置されている。そこで本章では、これまで正面から問われてこなかったこれらの構想のうち、まず陸軍の「衛生省」構想を取り上げ、陸軍の側からみた厚生省設立問題の歴史的意味を考えてみたい。

1　厚生省の設立過程

「社会保健省」と「衛生省」

厚生省の設立過程について、まず最初に確認しておくべきことは、厚生省が設立されたのは一九三八年一月であったとはいえ、厚生省の設立そのものは、本来日中戦争とは無関係に決定されたものであったということである。なぜなら厚生省の設立は、一九三七年六月四日に成立した第一次近衛内閣が、組閣後いち早く決定した「社会保健省」の設置方針（六月九日閣議決定）に基づくものであり、その組織と業務（＝官制）の骨格（五局＋一外局）は七月九日に閣議決定された「保健社会省（仮称）設置要綱」[2]（企画庁作成、図2）によって、ほぼ定まっていたからである。この「保健社会省」は同年一〇月一日の設立を予定したものであり、その関係予算は八月初旬の第七一帝国議会で承認を受けている。

ところが八月半ばには、七月七日の盧溝橋事件をきっかけに始まった「北支事変」が上海に飛び火して日中間の全面戦争となり(九月二日「支那事変」と命名)、政府がその対策に忙殺される中で新省の設立は延期されることになる。その後、新省の設立が再び具体化するようになるのは、上海方面における戦局が好転し、日本軍の優勢がはっきりし

大臣官房

労働局

①労働条件の改善に関する事項／②労働衛生の改善に関する事項／③労務需給の調整に関する事項

社会局

①社会施設の刷新拡充に関する事項／②救護・救療の普及に関する事項／③母性・乳幼児の養護及び児童の保護に関する事項

体力局

①体育運動団体の統制及び指導者の養成に関する事項／②国民体力向上施設の拡充に関する事項／③国民体力の検査に関する事項

衛生局

①環境衛生及び環境への適合に関する事項／②住宅の改良及び供給に関する事項／③栄養の改善及び食品の取締に関する事項

医務局

①医薬制度の改善に関する事項／②国民的疾病の防滅に関する事項／③伝染病の撲滅に関する事項

保険院(外局)

①社会保険の調査・企画・運営の基本に関する事項／②国営保険積立金の運用に関する事項／③生命保険事業の監督に関する事項／④医務及び保健施設に関する事項／⑤労働者健康保険に関する事項／⑥国民健康保険に関する事項／⑦簡易保険及び郵便年金に関する事項

注)「保健社会省(仮称)設置要綱」より作成.

図 2　「保健社会省(仮称)」案
(1937 年 7 月 9 日閣議決定)

た一一月のことであり、近衛内閣は一二月三日、枢密院に対して「保健社会省」官制案の審査を求める上奏を行った。「保健社会省」という名称の「厚生省」への変更は、この審査の過程において枢密院側から出された意見に基づいている(一二月二四日の閣議で名称変更を決定)。かくして新省の官制案は厚生省官制(および保険院官制)として正式決定され(一二月二九日)、一九三八年一月一一日の『官報』で公布、即日施行となった(図3)。

このように厚生省(保健社会省)は、日中戦争の勃発・拡大という事態がなければ本来一九三七年一〇月に設立されていたはずの官庁であり、当初から戦時業務が想定されていたわけではない。たとえば戦時下の重要業務である軍事援護事業を担当したのは臨時軍事援護部(一九三七年一一月内務省社会局に設置、厚生省設立と同時に移管)であり、それが「臨時」でなくなるのは、同部が傷兵保護院(一九三八年四月設置)と統合され軍事保護院(外局)となった一九三九年七月のことである。厚生省の官制は、基本的に「戦前」の発想によって設計されていたといってよい。いずれにせよ厚生省の設立は、日中戦争によって遅延させられたのであってその逆ではない。

確認しておきたい第二の点は、先述のように、厚生省のあり方を事実上決定した「保健社会省(仮称)設置要綱」(以下『設置要綱』)に至るプロセスである。厚生省の設立問題を保健衛生・社会行政を司る独立省の設置問題として捉えれば、そこで中心的役割を果たしたのは、やはり陸軍の「衛生省」設立論であった。陸軍による「衛生省」設立論は、

大臣官房(秘書課・文書課・会計課)

体力局(企画課・体育課・施設課)
①体力向上の企画に関する事項／②体力向上の施設に関する事項／③体力調査に関する事項／④体育運動に関する事項／⑤妊産婦・乳幼児及び児童の衛生に関する事項

衛生局(保健課・指導課・医務課)
①衣食住の衛生に関する事項／②衛生指導に関する事項／③医事及び薬事に関する事項／④その他国民保健に関する事項にして他の主管に属せざるもの

予防局(優生課・予防課・防疫課)
①伝染病・地方病その他の疾病の予防に関する事項／②検疫に関する事項／③精神病に関する事項／④民族衛生に関する事項

社会局(保護課・福利課・児童課・職業課)
①社会福利施設に関する事項／②救護及び救療に関する事項／③軍事扶助に関する事項／④母子及び児童の保護に関する事項／⑤その他社会事業に関する事項／⑥職業の紹介その他労務の需給に関する事項

労働局(労政課・労務課・監督課)
①労働条件に関する事項／②工場及び鉱山における労働衛生に関する事項／③国際労働事務に関する統轄事項／④その他労働に関する事項

保険院(外局：総務局・社会保険局・簡易保険局)
①健康保険、労働者災害扶助責任保険その他の社会保険に関する事項／②簡易生命保険及び郵便年金に関する事項／③前二項に掲げる保険の制度の企画並びに被保険者保健施設の企画及び統轄に関する事項

注)「厚生省官制」,「保険院官制」,「厚生省分課規程」より作成.

図3　厚生省官制(1938年1月創設時)

一九三六年六月一九日、広田弘毅内閣の閣議で寺内寿一陸相が「壮丁体位」の低下傾向を指摘してその対策を要望したこと、次いで六月二三日、この問題をより詳しく論じつつ、「保健国策」樹立と「衛生省」設置を訴えるアピール「再び衛生省設立の急務に就て」(3)(以下『衛生省』)が陸軍省医務局から発表されたことに始まっている。

こうした動きの中心にいたのは、当時の陸軍省医務局長・小泉親彦《こいずみちかひこ》(陸軍軍医総監、一九三七年二月より陸軍軍医中将と改称)であった。小泉は、徴兵検査における「不合格者」の増大傾向を根拠として日本国民の「体位」(「体力」)が低下していることを強調すると共に、第一次世界大戦後のヨーロッパ諸国が「衛生省を設置して人的民力の涵養拡充に尽して」いることを紹介し、日本においても今や「衛生軽視の政治、無力無統制の衛生行政機構」を刷新して国民「体位」低下への対策を樹立することが、「興隆日本の真姿を具現すべき庶政一新の先決根本問題」であると主張した(『衛生省』)。

このような問題提起を受けた広田内閣は、一九三六年八月二五日に決定した「七大国策十四項目」中に「保健施設の拡充」を掲げ、かねてから内務省が検討していた国民健康保険制度や保健所の設置などを中心とする「保健国策」を打ち出したが、「衛生省」の独立については、その母体となるべき内務省衛生局が消極的であり、衛生局の内務省外局への昇格が検討されるにとどまった。しかし陸軍の要求は「衛生省」の設立であり、こうした広田内閣の「保健国策」は、「正に羊頭狗肉の感があり、吾軍部で考へてゐるものとは余程縁遠いものでありまして遺憾限りない」(「佐官学生入校時寺師校長訓示要旨」『軍医団雑誌』第二八六号、一九三七年三月)と酷評されている。広田内閣の「保健国策」については、それを陸軍の要望に基づくものとする見解が広く流布しているが、陸軍が望んでいたのはあくまでも「衛生省」の設立だったのである。

内務省と陸軍の角逐

広田内閣の「保健国策」に失望させられた陸軍は、同内閣が総辞職(一九三七年一月二三日)すると、次の林銑十郎《はやしせんじゅうろう》内閣において「衛生省」設立論をあらためて展開した。すなわち林内閣では、一九三七年五月一〇日の閣議で、杉山元陸相が「壮丁体位」の低下を問題とし、さらに五月一三日の閣議終了後には小泉医務局長が閣僚に対して国民体力の現状に関する詳細な説明を行った。当時の報道によれば、「その後杉山陸相は林首相、河原田内相らと数次にわたり会談極力衛生省創設の要を説いた結果、両省《〔ママ〕》ともその主旨に賛成したので、かねて陸軍にて作成してゐた衛生中央行政機関試案を関係事務当局に配布し今後とも全力をつくして衛生省の実現に邁進することとなつた」(『大阪朝日新聞』一九三七年五月一九日)という。だがこのような報道がなされて間もない五月三一日、またもや内閣は総辞職することとなり、六月四日には第一次近衛内閣が成立する。

この政変に際し、陸軍は杉山陸相の留任を認める一方、新内閣に対しては「国防上の見地から杉山陸相がしきりに提唱しつゝある国民体力の増強を目的とする中央衛生行政機関の新設」を求めた（『東京朝日新聞』一九三七年六月六日）。このような陸軍の要求を受けた近衛内閣は、六月九日の閣議において、「陸軍がかねてより提唱してゐる国民の衛生保健に関する中央機関の設置問題」に関して、「国民保健及び社会施設に関し適切なる独立機関を設置すべきや否や」を諮った。その結果、「全閣僚とも独立機関の設置に賛成しここに国民保健及び社会施設に関して独立的な中央機関を設置する方針が決定」、「近衛首相は直ちに企画庁に対し至急具体案の調査立案を命じ、企画庁は関係各省と連絡を採つて具体案を作成の上、閣議に諮り、来る特別議会に提出することとなつた」（『東京朝日新聞』一九三七年六月一〇日夕刊）。

なお右の閣議決定を報じた記事によれば、企画庁における具体案作成の基礎とされるのは、「内務省に於て陸軍側の意向をも参酌して立案せる社会保健省の原案」であり、内務省社会局作成による草案の概要（大臣官房・労働局・社会事業局・衛生局・保険局・外局［＝簡易保険局］の四局一外局）が紹介されている。またその名称については「社会省、社会保健省、保健省、福利省、衛生省等」各種の意見があるものの、「社会省」がもっとも有力と報じられていたが（『東京朝日新聞』一九三七年六月一三日）、これは内務省側で新省設立を積極的に推進していたのが社会局だったからである。(4)

ところが陸軍は、こうした内務省社会局主導の動向に対し、「保健省《（ママ）》設置を提唱した所以《ゆえん》のものは、偏《ひとえ》に国民体力の増大、向上を願ふに外ならない。その手段、方法として社会施設の拡充を始め、職業指導、労働問題等も考へらるゝのは当然であるが、手段と目的が逆になつては絶対不可」、「名称の如きも当然保健省とすべきで、一歩譲つても保健社会省以外のものは不適当だ、社会省などといふが如きは、這回《しゃかい》の国民保健の問題から逸脱したものだ」(『医事衛生』一九三七年六月二三日)と反発し、六月一八日には陸軍の修正案である「保健社会省」案(七局一外局)を提出している。

以上のように、『設置要綱』の決定に至る過程において、陸軍が一貫して要求していたのはあくまでも「衛生省」(ないし「保健省」)の設立であったといえる。ではここまで「衛生省」の設立にこだわった陸軍は、「衛生省」を設立することによって、いったい何を行おうとしていたのだろうか。

2　「壮丁体位」低下の実像

「壮丁体位」低下問題に関する通説的理解

陸軍の「衛生省」設立論の意味を考えるためには、まずその独特の論理を読み解く必要がある。すでに触れてきたように、陸軍による「衛生省」設立論の核心をなしていたのは、国民の「体位」が低下の一途をたどっているという衝撃的な主張であり、その論拠とされたのが徴兵検査結果の推移であった。すなわち「衛生省」設立論の主唱者であった小泉親彦は、「徴兵検査の成績に依れば不合格者(丙、丁種)は……大正十一―十五年平均に於て千人に付二百五十人内外であつたが、昭和二―七年平均に於て三百五十人、昭和十年には四百人に劇《(ママ)》増して居るのであつて、此趨勢を以て推移せんか数十年ならずして国民の大半は丙、丁種の体位劣弱者たるに至るであらう」(『衛生省』)と主張したのである。徴兵検査における「不合格者」の激増という「事実」は、「衛生省」設立論における立論の基礎をなすものであったといえる。

　日本人男子の義務であった徴兵検査の結果は、戦前期成年男子の体格に関する最もまとまった統計的資料であり、それに依拠しながら国民「体位」の低下を説く小泉の主張には説得力があった。それゆえ小泉の主張は、日本社会に多大な反響を引き起こしたのであり、戦後においても厚生省設立問題に論及した研究のほぼすべてが、小泉の指摘を事実として受けとめてきた。その理解には一定のパターンがあり、次のような叙述はその典型的事例である(相澤與一『日本社会保険の成立』山川出版社、二〇〇三年、五九―六〇頁)。

> 　第一次世界大戦後の一九二〇(大正九)年の反動恐慌以降、日本経済はあいつぐ不況・恐慌のあいだをよろめいてきたが、とくに二九(昭和四)年以降のアメリカ発世界大恐慌は、わが国の貿易と経済にも決定的な大打撃をあたえた。……それらの結

果として貧窮した農家の娘の売春宿などへの身売りや一家心中があいつぎ、子どもたちは飢えに泣き、家族全員が栄養失調と病気の蔓延と医療飢餓にあえいだ。

そのために農民家族の死亡率が高まり、都市住民との保健状態の格差も開いた。一九三二(昭和七)年における人口一〇〇〇人当りの死亡率は、市部の一三・八人に対し、郡部が一九・四〇人だった。農村の健康状態は悪化し、トラホーム・寄生虫病や結核などが蔓延した。なかでももっとも深刻な結核の蔓延は、出稼ぎ先の劣悪な労働および生活条件によって罹病させられた「結核女工」が解雇・帰村させられ、栄養および衛生状態の悪い農村に急激に広く伝染させられたためであった。農民の極度の窮乏化と健康破壊は……壮丁(徴兵)検査の成績を著しく悪化させ、急激な兵力増強を求めていた軍部を震撼させることになる。

明らかなように、ここでは「壮丁体位」の低下は日本資本主義の「矛盾」の結節点である農村の「窮乏化」と農民の「健康破壊」の帰結として捉えられている。このような理解は、大河内一男や風早八十二に代表される同時代の社会政策学の議論を引き継ぐものであり、そしてそのベースにあるのは、日本の社会科学に大きな影響力を持っていた「講座派」マルクス主義の日本資本主義像である。つまり小泉が提起した「壮丁体位」低下問題は、マルクス主義による一九三〇年代の日本社会理解(資本主義の矛盾=「危機」の深化)と適合的なものであり、むしろそれを例証するものとして受けとめられてきたといえる。

ところがこのような通説的理解に対し、抜本的な疑義を提示したのが社会学研究者らによる福祉国家研究であった。樫田美雄「衛生行政・社会行政」(副田義也研究代表『戦後日本における社会保障制度の研究――厚生省史の研究』文部省平成三・四年度科学研究費補助金(総合A)研究成果報告書、一九九三年)がそれであり、同論文において樫田は、当時の統計を冷静に観察すれば、陸軍が主張したような徴兵検査不合格者の一貫した増加は認められず、また身長・体重は共に増加傾向にあり一般的には青年の体格が悪化していたとは言えないことを指摘した。そして昭和期に入ってから「不合格者」(丙種・丁種)が増加した要因としては、①一九二八年の法規改正により合格身長基準が繰り上げられたこと(合格基準の形式的変更＝一四五・五cm→一四八・五cm)、さらに②一九二〇年代に行われた陸軍軍縮により定員に余裕ができた状況を背景に、もともとフレキシブルに運用されていた徴兵検査の合格基準が「精兵主義」の観点から厳格に適用されるようになった可能性(合格基準の非形式的変更)を指摘し、量的には②がより重要であるという「仮説」を提出した。

樫田の研究は、小泉ら陸軍の主張の論拠が統計的に危ういものであることを指摘したという点では画期的なものであった。しかし樫田自身が認めるように、その論証は十分な史料的裏付けがない「仮説」であり、実際いくつかの事実誤認を含んでいる。

「壮丁体位」低下の実態

「壮丁体位」問題を考える作業の手始めとして、まず壮丁の実際の体格(身長・体重)がどのように推移していたのかを確認してみよう。このことを検討するため、『陸軍省統計年報』が掲げる壮丁の平均身長・平均体重をもとに作成したのが表1および図4である。この表・図からは、一九二〇年から一九三五年に至る一五年間において、壮丁の体格は一貫して向上する傾向にあり、平均身長は一・五㎝増加していたこと、平均体重もまた約九〇〇グラム増加していたことが判明する。

とはいえ陸軍＝小泉が、こうした事実を無視していたわけではない。すなわち小泉らが問題としていたのは、「身長と体重とは共に増加し一見好成績の様であるが、体重の増加は身長のそれに伴はず所謂ひょろ長い痩軀となりつゝある」(『衛生省』)ことだったからである。そこで身長あたり体重(比体重)について、当時の手法(体重[kg]÷身長[㎝]×一〇〇)で算出してみると(表1)、全体としてみれば、「比体重」は漸増の傾向にあったことが判明する。つまり壮丁の体重の増加が身長のそれに伴っていないという小泉らの主張は、比体重の面からは検証することはできず、少なくともそれを壮丁の身体がやせ細りつつあるという意味で受け取ることは誤りであるといえる。

ところで右の検証は全国平均値についてであり、地域ごとの相違も十分想定できる。

表 1　壮丁平均身長・体重の推移(1)

年	身　長 (cm)	体　重 (kg)	比体重 (kg/m)	年	身　長 (cm)	体　重 (kg)	比体重 (kg/m)
1920	158.8	52.04	32.8	1928	159.6	52.64	33.0
21	158.8	52.13	32.8	29	160.2	52.82	33.0
22	159.1	52.11	32.8	30	159.8	52.73	33.0
23	159.1	52.22	32.8	31	160.0	53.01	33.1
24	159.4	52.36	32.8	32	160.0	52.84	33.0
25	159.4	51.85	32.5	33	160.2	52.82	33.0
26	159.4	52.50	32.9	34	160.3	52.99	33.1
27	159.7	52.48	32.9	35	160.3	52.95	33.0

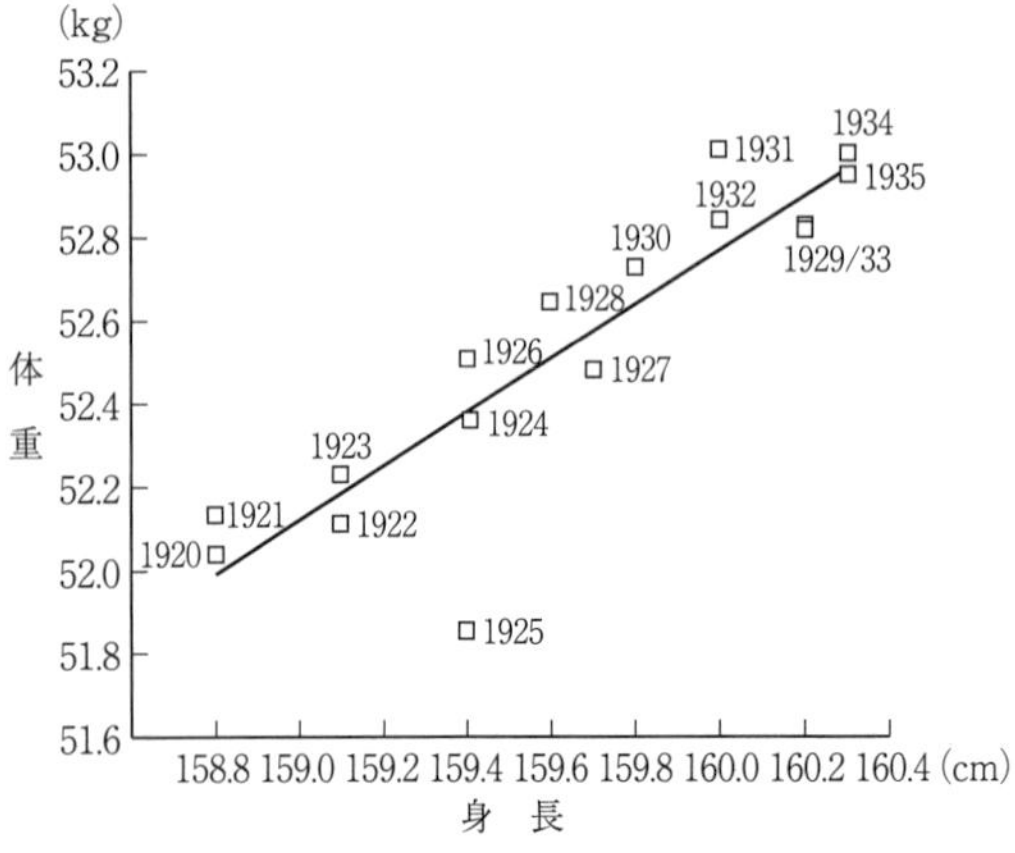

図 4　壮丁平均身長・体重の推移(2)

注)『徴兵事務摘要』『陸軍省統計年報』より作成.

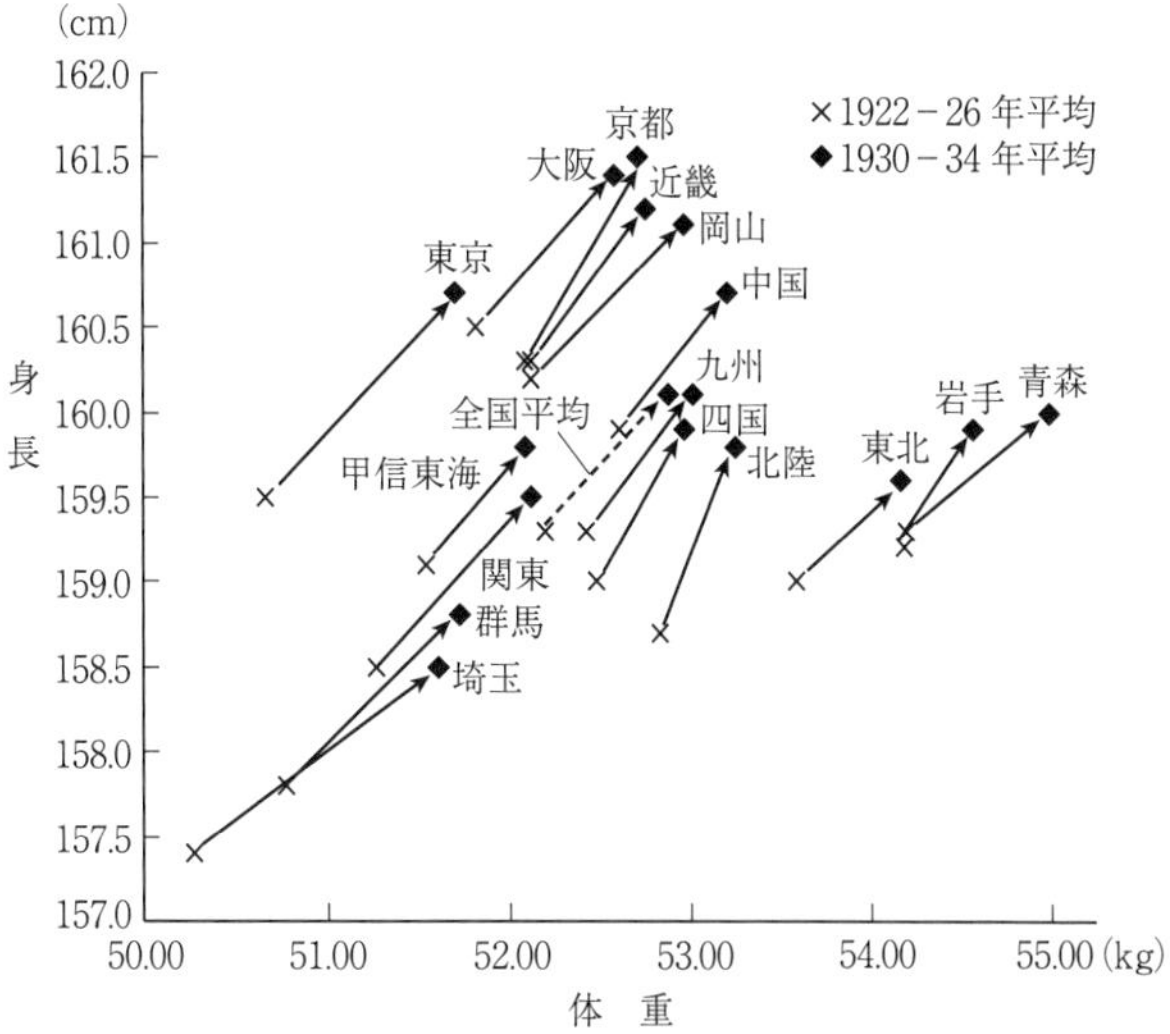

図5　壮丁平均身長・体重の推移(地域別)

そこでデータの偏差が大きい北海道と沖縄県を除く四五府県を八ブロックに分け、一部特徴的な府県を加えて各地域の身長・体重の推移を一九二二―二六年、三〇―三四年の各平均について比較してみたのが**図5**である。

この図からみてとれるように、地域ごとの平均身長・体重の偏差は身長で最大三㎝、体重で三―四kgに達するものであり、身長が高く相対的に体重が軽い(比体重が小さい)近畿や中国地方および東京、身長は低めながら体重がある(比体重が大きい)東北地方、身長・体重ともに少ない関東地方(東京を除く)を三角形の極とする分布を示すものであった。戦前において「良兵」の「産地」として知られたのが東北地方であったのは、東北地方におけるこうした壮丁体格の特徴(比体重の大きさ)から説明することができよう。しかしこうした偏差を伴いつつも、身長・体重はいずれの地方においても例外なく**図5**の右上方に向かって遷移しているのであり、一九二〇―三〇年代の壮丁体格は全国的に一貫して向上しつつあったといってよい。

なおこの時期には国民の衛生状況も改善される方向にあり、たとえば第一次世界大戦後の死亡率は欧米諸国の水準からすればなお高率であったとはいえ、市部・郡部ともに確実に低下しつつあった(**図6**)。また農村部における「不衛生」の象徴であったトラホームについてみても、徴兵検査における壮丁の罹患率は第一次世界大戦後に一時期上昇した後に減少に転じ、一九三五年には一九二二年の六割弱程度まで低下している(**図7**)。第一次世界大戦後の衛生状況は、一般的には着実に改善されつつあったのであり、「壮丁体位」の「低下」を日本資本主義の発展に伴う国民(とりわけ農村)の窮乏化と健康破壊の帰結として理解するか

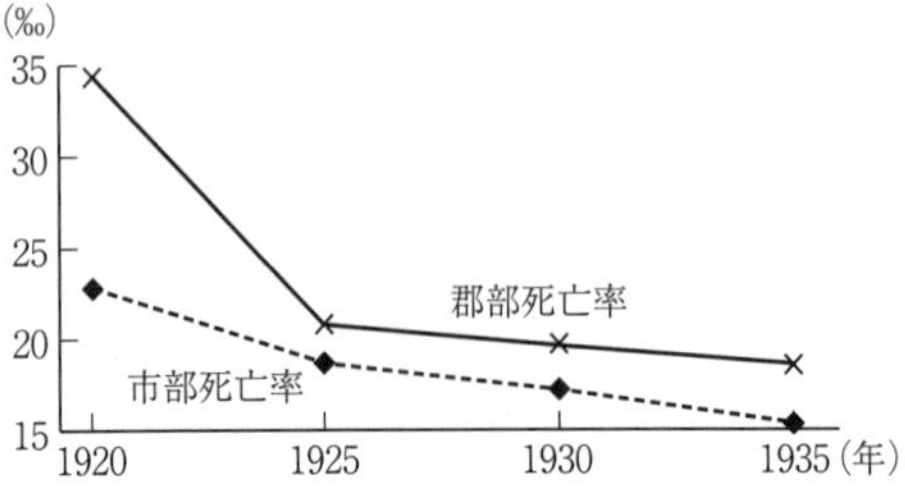

図6　郡市別死亡率の推移

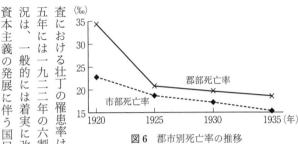

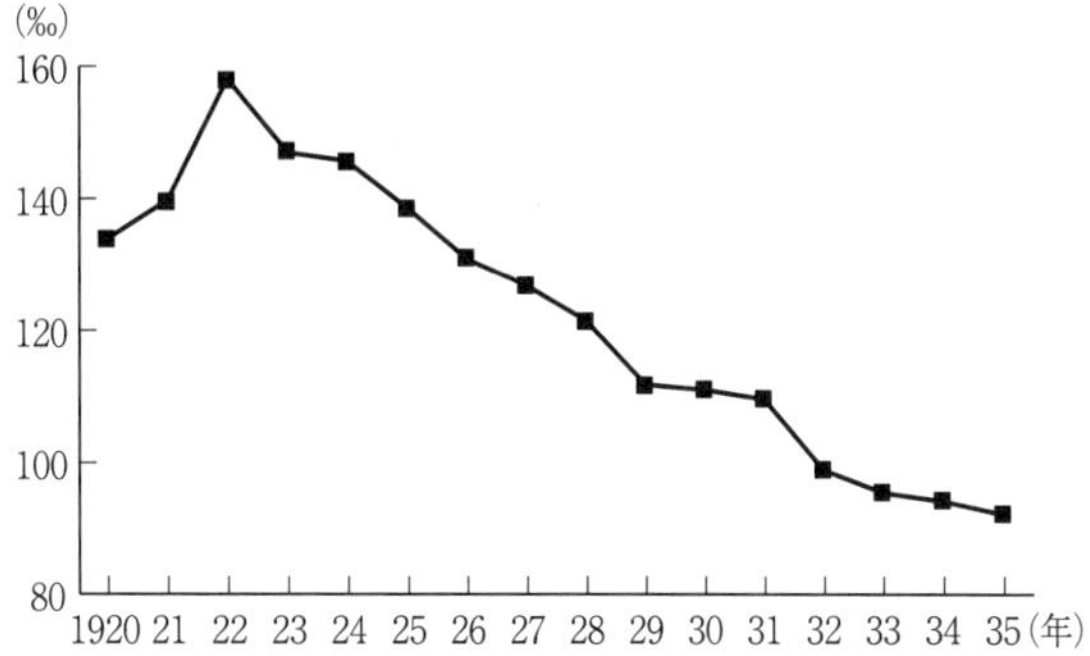

図7　徴兵検査におけるトラホーム患者の推移

っての通説は、このような面でも事実に反している。

それでは以上のような壮丁体格の向上傾向にもかかわらず、徴兵検査「不合格者」が増加したのはいったいどのような理由によるものだったのか。この問題を検討するため、まず従来の議論が基礎としてきた徴兵検査における「体格等位」(小泉の用いた「体位」という用語はこの体格等位の略語とも解されていたが、後述するように別の意味合いを含んでいる)ごとの比率の変化を、**表2**に示してみた。

ここで体格等位の一般的意味について確認しておくと、甲種とは体格要件が現役兵に適すると判定された者であり、実際に入営する現役兵はこの甲種によって充当すべきものとされていた。また乙種とは、現役兵に適するものの甲種より劣ると判定された者であり、そのうち第一乙種は第一補充兵役(現役兵の欠員および戦時動員に即応する補充

表 2　徴兵検査結果の推移(1)

(単位：‰)

年	甲種①	乙種②		①+②	丙種③	丁種④	③+④	戊種⑤
		一乙	二乙					
1912	367	167	165	699	225	62	287	14
13	365	155	177	697	231	59	290	13
14	357	148	188	693	238	59	297	10
15	358	154	185	697	234	61	295	8
16	372	154	183	709	228	54	282	9
17	349	150	189	688	246	57	303	9
18	333	152	201	686	251	54	305	9
19	332	148	236	716	223	52	275	9
20	361	147	227	735	217	43	260	5
21	368	147	232	747	207	42	249	4
22	362	128	249	739	216	42	258	3
23	335	140	263	738	220	40	260	2
24	340	139	265	744	214	40	254	2
25	337	137	247	721	239	38	277	2
26	354	135	241	730	230	38	268	2
27	341	120	219	680	280	39	319	1
28	302	114	211	627	302	70	372	1
29	300	118	204	622	305	70	375	2
30	293	116	205	614	315	69	384	2
31	288	117	202	607	323	68	391	1
32	280	115	203	598	334	67	401	1
33	284	115	210	609	326	64	390	1
34	289	114	211	614	322	64	386	1
35	297	115	205	617	318	63	381	1

注)『陸軍省統計年報』より作成.

要員)に編入され、第二乙種は一部が第一補充兵役に、残りが第二補充兵役(第一補充兵役に次ぐ戦時要員)に編入されるのが通例であった。これらに対し丙種とは、現役兵には適さないが国民兵役(第二国民兵役)に適すると判定された者であり、建前上その該当者は「丙種合格」者であった。徴兵検査における公式の「不合格」とは兵役に適さない者のことであり、これに該当するのが丁種である(小泉が丙種・丁種を「不合格者」としたのは、丙種合格者が現実には徴集される可能性がほとんどないという実態に即した発言であった)。なお戊種とは病気療養などのため、「次年に於て徴集し得べき見込ある者」(「身体検査規則」)とされた徴集延期対象者の一つであったが、**表2**にみられるように、一九一五年以降はその数は一％未満ときわめて少数であった。

右のような事情を念頭において**表2**を検討すると、たしかに昭和期に入ってからの甲種の減少と丙種の増加は顕著である。しかしそれらの変動に一貫した趨勢を見てとることは困難であり、一九二七―二八年を境とする大きな変動(一九二二―二六年平均と一九二八―三二年平均を比較すると、甲種・乙種が合計約一二％減少、丙種が九・三％、丁種が二・八％増加)が際立っている。

このような変動の意味を考えるため、まず検討すべき要因は、樫田の指摘する一九二八年の法規改正による合格身長基準の繰り上げである。この時の法規改正とは、一九二七年に行われた「徴兵令」の全面改正＝「兵役法」(一九二七年法律第四七号、同年一二月施行)の制定、およびそれに伴う諸規程の改定であり、そこでなされた合格身長基準の改定とは、正確には以下のようなものであった。

まず一九二七年までの体格等位は、①甲種が「身長五尺以上にして身体強健なる者」、②乙種が「身長五尺以上にして身体甲種に亜《つ》ぐ者」でそのうち「其の体格比較的良好なる者」が第一乙種、残りが第二乙種、③丙種が「身長五尺以上にして身体乙種に亜ぐ者及身長五尺未満四尺八寸以上にして丁種又は戊種に該当せざる者」、④丁種が「身長四尺八寸に満たざる者及疾病変常の為服役に堪へざさる者」と定められていた(「徴兵検査規則」第二条)。つまり一九二七年までの身長基準＝「身長定限」は、現役(甲種・乙種)の要件が五尺＝約一五一・五cm、兵役(甲種—丙種)の要件が四尺八寸＝約一四五・五cmだったわけである。

ところが一九二七年に定められた「兵役法施行令」(勅令第三三〇号、同年一二月施行)では、①「現役に適する者」(甲種・第一乙種・第二乙種)が「身長一米五十五以上にして身体強健なる者」、②「国民兵役に適するも現役に適さざる者」(丙種)は「身長一米五十五以上にして身体乙種に亜ぐ者及身長一米五十以上、一米五十五未満の者」で丁種・戊種に該当しない者、③「兵役に適さざる者」(丁種)は「身長一米五〇未満の者及左に掲ぐる疾病其の他身体又は精神の異常ある者」とされ、現役要件が一五五cm(＋三・五cm)、兵役要件が一五〇cm(＋四・五cm)へとそれぞれ引き上げられていた(第六八条)。なお実際の徴集については、「現役兵及第一補充兵は甲種及乙種の者にして身長一米六十五以上の者より之を徴集す」、「但し身長一米六十五以上の者を以て配賦人員を充たすこと能はざるときは各体格等位に付一様に逓次身長を繰り下げ配賦要員を充足することを得」(第七四条)と定められており、右の現役要件とは別に身長一六五cm以上という徴集基準が設定されていた。総じて一九二七年の「兵役法」で重視されていたのは、壮丁の身長であったといってよい。

一九二七年度の『陸軍省統計年報』によれば、五尺(約一五一・五cm)以上、五尺一寸(約一五四・五cm)未満の壮丁は一〇・〇三%、同じく四尺八寸(約一四五・五cm)以上、四尺九寸(約一四八・五cm)未満の壮丁は一・六六%であり、先にみた一九二七—二八年を境とする一二%前後の甲種・乙種の減少(丙種・丁種の増加)とほぼ照応する。一九二七—二八年に生じた甲種・乙種の減少と丙種・丁種の増加、とりわけ丙種の激増は、こうした身長定限の変更(「合格基準の形式的変更」)によって一応説明することができるかにみえる。しかし先の**表2**をよくみれば、丙種の増加率は一九二七—二八年(+二二ポイント)より二六—二七年(+五〇ポイント)の方が大きいのであり、それと裏腹の関係にある第一乙種・第二乙種の減少も同様である。つまり徴兵検査結果の変動は、一九二七年から始まっていたのであり、こうした変動を「兵役法」の施行に伴う身長定限の変更から説明することはできない。

体格等位の変動の意味するもの

ではこの時期の変動をもたらしていたのは、樫田が想定したような徴兵検査における合格基準適用の厳格化（「合格基準の非形式的変更」）だったのだろうか。結論からいえば、答えは否である。図8は、このことを説明するために、一九二〇年度の各体格等位該当者および現役基準未満・兵役基準以上身長層、兵役基準未満身長層の実数を基準にとり、以後一五年間の増減をグラフ化したものである。この図に示されるように、徴兵検査の結果（実数）には、一九二四―二六年の時期に大きな断層が存在する。その要因となっているのは、この時期における徴兵検査受検者数の落ち込みであるが、これは日露戦争期における出生数減少の影響が現れたものであり、二七年に急増した受検者は日露戦後の「ベビーブーマー」に相当する。このことを踏まえた上で図8を眺めると、①一九二七年から三四年にかけての受検者数は大局的には増加の一途をたどっていたこと、②一九二七年から三二年にかけての丙種合格者の急増はこうした受検者数の増加とほぼ一致すること、③しかし現役対象である甲種・乙種合格者の変化は、一九二八年から三二年にかけてはほぼ安定（甲種）ないしは微増（乙種）にとどまっていること、④不合格者である丁種の変化は、兵役基準未満身長層の実数とほとんど一致していること、の四点が確認できる。ここから導かれるのは、一九二七年以降の丙種の急増とは、徴兵検査受検者の

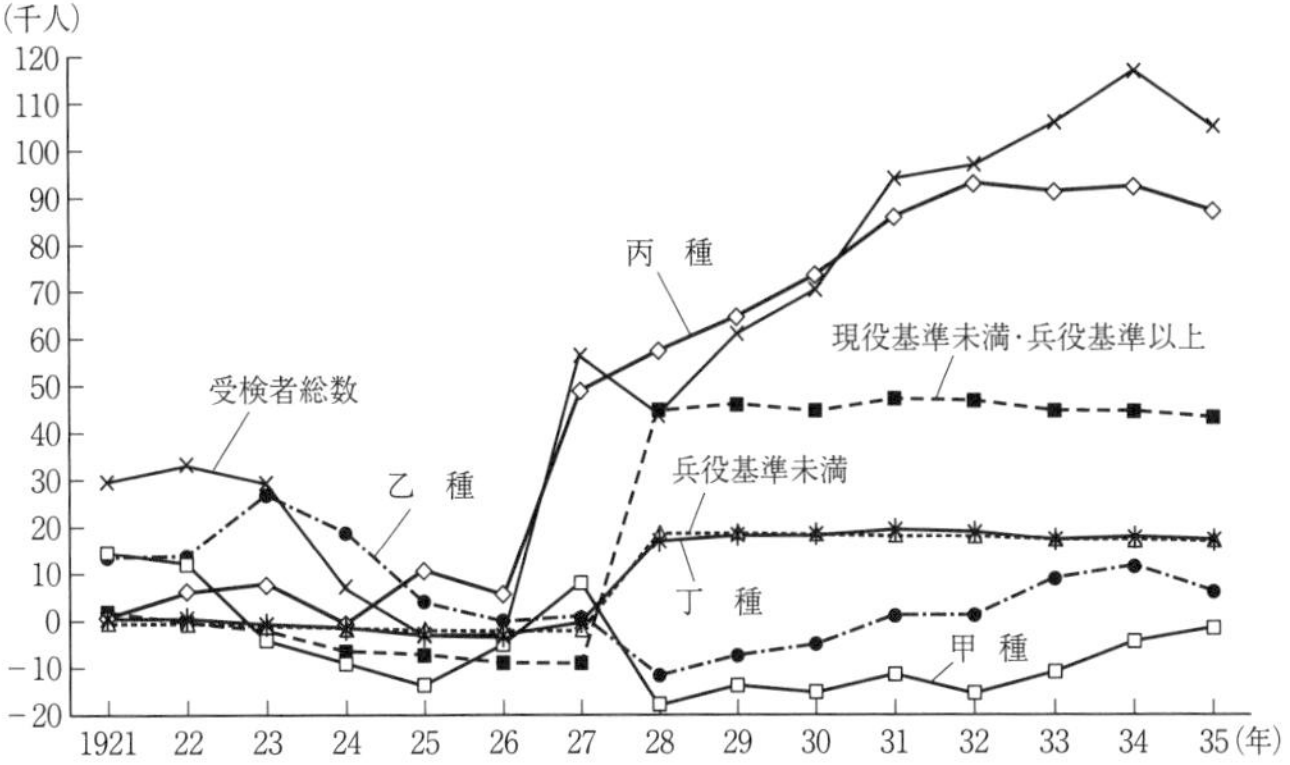

図8　徴兵検査結果の推移(2)

増加の下で、一定の幅で決定される現役対象者(甲種・乙種)とほぼ自動的に決定される不合格者(丁種)の双方に当てはまらない、いわば中間層が増加した結果ではなかったかという推論である。

私たちは、甲種・乙種・丙種といった体格等位は客観的な身体検査の結果であり、その動向は壮丁の体格の変化を反映していると考えてきた(少なくとも筆者はそうであった)。ところがよく考えてみれば、徴兵検査における体格等位とは軍の必要とする兵員を確保するための目安に過ぎず、その基準はあくまでも相対的なものである。実際、毎年徴集されるべき現役兵・第一補充兵数は、当該年度の徴兵検査に先立って、軍の必要(正確には当該年度の予算)に応じた人数が決定され、地域ごとの負担の均等を考慮した上で、各師団管区へ配賦(割当)されていた。こうした現役兵・第一補充兵の配賦数(陸軍志願兵分は差し引いた)と、甲種・乙種合格者数の推移を比較して図示したのが**図9**である。この図では、①一九二二年から二五年にかけて現役兵・第一補充兵の配賦数が合計で八万人近く減少しているが、これはこの時期に進められた陸軍軍縮(いわゆる「山梨軍縮」「宇垣軍縮」)の結果であり、②一九二八—三〇年にみられる若干の回復は、「兵役法」によって現役期間が三年から二年へと短縮されたことにより、単年度あたり現役要員が増加したことの反映、③また一九三三年、三五年の増加は満洲事変後の「軍拡」に伴うものである(三四年度の数値は不明)。甲種・乙種合格者数は、基本的にはこのような所要兵員数の変動とゆるやかに連動した動きを示しており、両者の数値を比較すると兵員数が急減した時期を例外として、満洲事変以前の甲種合格者は現役兵数のほぼ一・六倍前後、甲種・乙種の合計は現役兵・第一補充兵の合計のほぼ一・二—一・三倍の範囲で推移していたことが判明する。このような甲種・乙種合格者数と現役兵・第一補充兵数の関係からすれば、徴兵検査における甲種・乙種の合格者数とは、各年度における優良体格者の多寡によってではなく、軍が必要とする現役兵・第一補充兵の「定員」を基準とし、それを充足するために必要な範囲で決定されていたと考えられる。(5)

甲種・乙種の意味が右のようなものであれば、いかに徴兵検査受検者数が増加しようとも、軍の「定員」が増大しない限り、必要以上に甲種・乙種が増加することはなく、

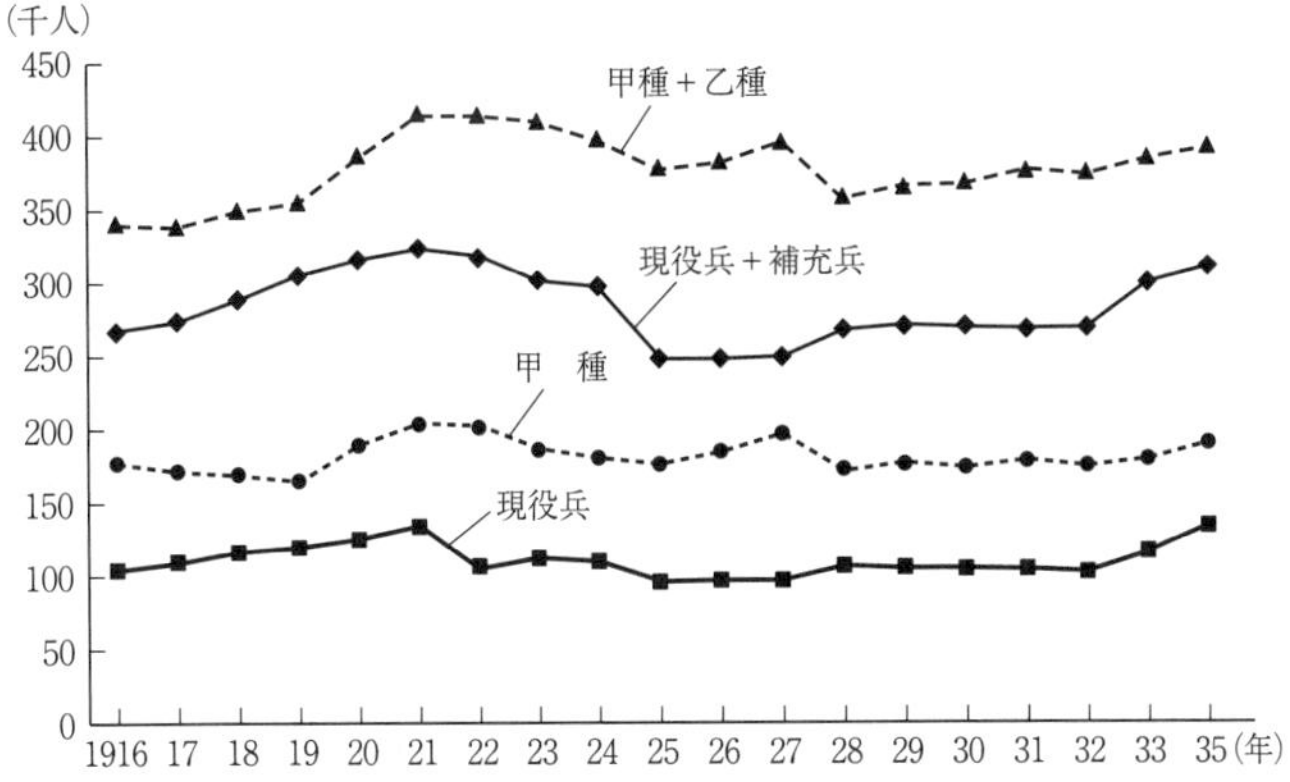

図 9　甲種・乙種合格者数と現役兵・補充兵数

いわば「余剰人員」が増加するだけである(漠然と甲種・乙種を増加させれば、選兵のための事務作業を無意味に増大させることになる)。先述のように、一九二七年から三二年にかけて、徴兵検査受検者の急増と比例してほぼ同数の丙種合格者数が増加し、三三年から軍の「定員」が増大するようになるとその増加が停止していた事実は、このような「余剰人員」の多くが丙種に編入された結果と考えることで、はじめて合理的な理解が可能になる。先にみた一九二七年の身長定限の引き上げとは、右のような「余剰人員」の大量発生が長期にわたって継続する(＝軍拡が不可能)という展望の下で、徴兵検査における選兵作業の合理化に一定の制度的根拠を附与すべく実施された一つの手続に過ぎず、徴兵検査結果の変動をもたらした根本的要因は、徴兵検査受検者数の増大にあったのである。

以上検証してきたように、一九二〇年代後半から一九三〇年代前半にかけて生じた徴兵検査結果＝体格等位の変動は、①軍縮による軍「定員」の削減と一定水準への抑制、②および二〇歳男子人口の増加を基本要因として生じた、いわば見かけ上の変化であり、そのこと自体が「壮丁体位」の低下を意味するものではなかったと結論することができる。その意味で、陸軍＝小泉が「衛生省」の設立を主張する際に立論の根拠とした、徴兵検査における「不合格者」の激増＝「壮丁体位」の低下という「事実」は明らかなフィクションであり、とりわけ小泉が「不合格者」激増の趨勢を示すために用いた体格等位のデータが、実際の統計数値の意味を大きく歪める作為的なものであったことは明白である。

しかしながら右の結論は、徴兵検査「不合格者」の増加は「壮丁体位」の低下を示す証拠とはなり得ないということであって、小泉らの「壮丁体位」低下論がまったくのデマゴギーであったということではない。なぜなら小泉親彦は、すでに一九二七年刊行の自著において、「本邦壮年男子の体格は……一言以てすれば漸次劣弱に傾きつゝあることを認むるのであつて、今の間になんとか適当な対策を樹立しなければならない」（小泉親彦『軍陣衛生』金原書店、一九二七年、一六二頁）と述べており、先述のような壮丁体格の向上傾向や体格等位変動の実態如何にかかわらず、「壮丁体位」低下論が小泉の一貫した持論であったことは否定できないからである。ではこのような「壮丁体位」に関する危機意識を持ち続けた小泉親彦とは、いったいどのような人物だったのであろうか。

3　陸軍省医務局長・小泉親彦

小泉の提唱した軍陣衛生学

小泉親彦は一八八四年、小泉親正・やすの三男として、父の任地である大阪で出生した(6)(本籍地は福井県今立郡鯖江町)。父の小泉親正は旧鯖江藩の藩医であり、当時は陸軍軍医(二等軍医正)をつとめていた。こうした環境の下で成長した親彦は、第六高等学校(岡山)を経て東京帝国大学医学部に進学(一九〇四年)、在学中に、陸軍から学費を給付される依託学生となり、一九〇八年卒業と同時に陸軍見習医官として近衛歩兵第三聯隊に配属されている。しかしその後の彼は、一九一四年に陸軍軍医学校教官(軍陣衛生学教室)となって以来、隊付き勤務をほとんど経験することなく、「軍陣衛生学」の研究と指導に専念する立場にあり、一九二一年には医学博士の学位を授与されている。また一九三三年には、日本学術振興会の学術部委員にも就任している。つまり小泉は単なる軍医としてではなく、陸軍軍医学校に籍を置く医学研究者としてキャリアを積んだ人物だったのである。

このような小泉が研究・発展させた「軍陣衛生学」は、従来の軍隊医学のあり方とは異質な面を持つものであった。一九二〇年代の陸軍軍医学校で小泉の指導を受けた河野正一(元軍医少将)によれば、小泉「軍陣衛生学」の特色は、「従来やや診療、防疫に重点があつた陸軍医学に衛生といいますか保健と申しますか、その方面のことを強く押し出」した点にあった(「座談会・小泉親彦先生を語る」『日本医事新報』第一六五一号、一九五五年一二月一七日)。

つまり小泉の発想の独自性は、診療(治療)と防疫を主な任務としてきた従来の陸軍医学に対して「衛生」「保健」をより重視した点、別の言い方をすれば、医学の応用に積極的だったことといえる。

しかし小泉「軍陣衛生学」の最大の特徴は、こうした「衛生」「保健」の重視が、なにより医学の活用による「人的戦力」の強化を目指すものだったことにある。一九三四年、陸軍衛生行政のトップである陸軍省医務局長に就任した小泉は、「皇軍」は「世界に冠絶せる皇国医学の特性を活用して戦術の医学化、人的戦力、機動力の優越化の為め一意邁進」すべきことを主張した(「小泉軍医団長口演要旨」『軍医団雑誌』第二六九号、一九三五年一〇月)。その含意について、小泉は一九三六年の時点で次のように語っている(小泉「国策遂行に関し人的民力の現状に就て」『文部時報』第五五六号、一九三六年七月)。

欧米の列強は……世界戦争の経験に捉はれ過ぎまして将来に対する準備なるものは

機械万能主義、物質万能主義でありまして、人的要素と云ふものに著意をし之に対する準備を奨めつゝあるものは極めて少いのであります。……此間に処しまして、欧米に斯くの如き欠点があるならば、其欠点を以て直に我が得意点たらしめ……即ち彼等の欠点である人的要素を整備致しまして、其充実拡充に依り、彼等の一歩上に出なければならないと思ふのであります。立遅れたる日本の工業を以て現在の日本の経済力に於て、物的準備をして彼等に絶対的優位を確保しやうと云ふことは非常なる困難であります。然し彼等の欠点である所の人的要素の整備に我等が邁進すると云ふことは非常に容易なことであると考へるのであります。蓋し人的要素の整備の中核を成すものは……申すまでもなく医学であります。……之に自然科学或は人文科学が加はりまして初めて生活科学或は人的要素の整備が出来るのであります。

〔傍点引用者〕

つまり日本の工業力・経済力の現状では、装備(物的要素)の面で欧米の軍事力に対する優位を確保するのは「非常なる困難」であるが、それゆえに列強が軽視している兵士の「人的要素」を強化し、この面において欧米の「一歩上に出なければならない」。それは世界でもトップ水準にある日本の医学を応用すれば、「非常に容易」であるというわけである。要するに小泉が目指そうとしていたのは、医学を中核とした「生活科学」(「人間科学」)の力によって、世界最高の「人的要素」を持った兵士(=「人的戦力」)を創り出すことだったのである。

荒川章二によれば、昭和期の陸軍は火力の強化や機械化の立ち遅れを自覚する中で、装備の劣勢を「精神主義」と「奇襲・奇策、夜間を利用した敵陣への肉薄、切り込み」といった戦術によって克服する方向へと向かうようになったとされる（荒川章二「兵士たちの男性史」阿部恒久・大日方純夫・天野正子編『男性史２　モダニズムから総力戦へ』日本経済評論社、二〇〇六年）。右のような小泉の「人的戦力」論は、こうした陸軍の新たな「歩兵中心主義」と符合するものであり、個々の兵士の能力を可能な限り高めることで、欧米の軍隊に対する戦闘力・機動力の「優越化」を目指すものだったと考えられよう。

「人的戦力」とは何か

では小泉が強化すべきとした「人的戦力」とは、いったいどのような内容を持つものだったのか。小泉が用いた「人的戦力」や「体位」という用語は、彼独特の造語であったが、そうした「小泉語」の中で「人的要素」の内容に対応するのは「体力」という言葉である。小泉自身の説明によれば、彼の用いる「体力」とは、「体格」、「作業能力」、「精神的能力」という三つの内容を含む総合的な概念であった。このうち「体格」とは、主として身長・体重・胸囲など身体の「形態的体力」のことであるが、そこでは「身体の外郭が大きくても中に貧弱な心臓が、ピク〳〵動いて居るのでは駄目で……心臓も肺臓も肝臓も腎臓も総てが、立派な体格でなければならない」ことも強調されている(小泉「青年団長に望む」『軍医団雑誌』第二八七号、一九三七年四月)。それゆえ「体格」とは「身体内外の形態的体力」であるという説明がなされるのであるが、これは要するに兵業に堪え得る身体的条件のことであろう。

次の「作業能力」とは、「機能的能力」とも「勤労能力」とも言い換えられているが、小泉はこれを自らが行った「活動力」(一〇〇m走、登攀力、全身筋力、肺活量など)、「持久力」(一〇〇〇m走、投擲、幅跳など)の調査結果を用いて説明しており、陸軍の要望に応じ得る身体的能力のことと考えてよいだろう。

最後の「精神的能力」は、いわゆる「精神力」という文脈で用いられている場合もあるが、小泉がとくに「精神的能力」として挙げていたのは、認識能力、「注意、記銘力」、計算能力、成文能力、推理能力などであり、そこで問題とされていたのは今日でいうところの「知能」であったといえる[7]。

ともあれ小泉が強化すべきとした陸軍の「人的要素」=「体力」とは、このような「体格」(身体的条件)、「作業能力」(身体的能力)、「精神的能力」(知能)を包含するものであり、そして小泉は「生活科学」(「人間科学」)の活用によって、これらすべての要素を向上させることが可能であると考えていたわけである。

右のような「人的要素」=「体力」至上主義を唱える小泉は、医務局長に就任すると自らの抱負を実現すべく、陸軍衛生行政の刷新に乗り出している。その際に小泉が強調したのは、「軍隊保育は軍陣医学を基調として始めて其意義が成立する」(前掲「小泉軍医団長口演要旨」)ということであった。軍隊における「保育」とは、もっぱら兵士の生活管理を意味する用語であったが、小泉は「軍隊被服、糧食、居住等の如きも保育の一部」であるとし、軍隊保育がその目的を達成するためには、「一般被服、糧食、兵器、建築物等も皆軍陣医学を攻究した者の手で解決しなければならぬ」とした。小泉は「保育」の概念を兵士の兵営生活全体に拡張すると共に、軍隊保育における医学的要素の重要性を強調することで、軍陣医学に立脚した兵営生活の「人間科学的管理」を実現しようとしたのである。

以上のように、小泉の構想した「軍陣衛生学」とは、兵業のみならず兵士の衣食住すべてを視野に入れ、その医学的管理を通じて兵士の「体力」(身体的条件・身体的能力・知能)全般の向上＝「人的戦力」の強化を目指す特殊な総合医学(「生活科学」、「人間科学」)であったといえる。しかも小泉は、こうした「軍陣衛生学」こそが真の意味での「衛生」であるとし、麾下の軍医たちに対して旧来の「衛生」観念を刷新することを強く求めていた。つまり小泉が「衛生」について述べる際、その「衛生」という用語は右のような小泉「軍陣衛生学」の文脈で用いられていたのであり、彼が提唱した「衛生省」の性格も、こうした彼独特の「衛生」観を踏まえて理解する必要がある。そしてこのことは、小泉の強調した「壮丁体位」低下論についても当てはまる。

すでに確認したように、徴兵検査統計にみられる壮丁の体格は、客観的には向上しているといってよいものであった。しかし小泉が問題としたのは壮丁の「体位」であり、そしてこの小泉独特の用語は主として彼がいうところの「体格」(兵士としての身体的条件)とほぼ同義に、場合によっては「体力」全般を指して用いられていた。つまり小泉の「壮丁体位」低下論とは、あくまでも彼の「体力」至上主義的「人的戦力」論に基づくものであり、このような文脈から彼は「人的戦力」の基礎をなす「人的民力」が「退化」しつつあると論じていたのである。

小泉の「壮丁体位」低下論が右のような性格を持つものであるならば、続いて検討されるべきは彼が「壮丁体位」の低下をどのような現象として捉え、またそれをどのような対象と結びつけて問題化していたかであろう。次にこうした観点から、小泉の言説をあらためて整理してみよう。

4　小泉の「壮丁体位」低下論

「筋骨薄弱者」と結核

小泉が「壮丁体位」低下問題を論じる際、その核心的課題としていたのは、「筋骨薄弱者」の増加と結核性胸部疾患の増加であった。このうち「筋骨薄弱者」とは、体格が弱々しい者のことであり、「陸軍身体検査規則」(一九二八年三月制定)の規定によれば、「筋骨僅《わずか》に薄弱」は第一乙種、「筋骨稍《やや》薄弱」は第二乙種、「筋骨薄弱」は丙種、「筋骨甚《はなはだし》く薄弱」は丁種に該当するとされていた。このような「筋骨薄弱」は、丙種該当理由の最大のものであり、一九二〇年代前半では丙種該当者の四〇％前後であったが、三〇年代には四六―五〇％を占めるまでに増加していた。つまり一九二〇年代末からの丙種の激増は、統計上は「筋骨薄弱者」の激増でもあったのである。もっとも「筋骨薄弱」を判定する明確な基準は設けられておらず、その判断は検査を担当する現場に委ねられていた。また先に確認したように、一九二〇年代末からの丙種の激増は、「余剰人員」の増加に起因すると考えられるものであり、右のような「筋骨薄弱者」の増加は、こうした「余剰人員」を丙種とする便宜上の理由として「筋骨薄弱」が用いられた結果であった可能性が高い。

しかし右のような事情はどうあれ、小泉にとって「筋骨薄弱者」が増大傾向にあること、すなわち「ヒヨロ〳〵した物の役にも立たぬ者」(前掲小泉「青年団長に望む」)が増加しつつあることは疑い得ない事実であり、またそのことは徴兵検査に従事する軍医たちの実感するところでもあったようである。このような評価がなされた理由は、小泉らの関心が壮丁体格の一般的動向にあったのではなく、兵業に堪えることができる「体格」

か否かという一点に絞られたものであったためといえるが、その意味については後に検討する。

「筋骨薄弱者」の増大が問題とされたいま一つの理由は、それが結核性胸部疾患の増加と密接な関わりがあると考えられていたためであった。当時の徴兵医官は、精密検査に必要な「レントゲン」などの器機を与えられないまま、検査場における即時の判定が求められていた。そうした環境の下で胸部病変に対する正確な診断は困難であり、「徴兵検査場裡匇忙《ママ》の間に病名を附するは却て誤にして、寧ろ壮丁の外見に基き筋骨薄弱の故を以て相当等位を低下せしむる」のが「至当」とも言われていた(医務局医事課「徴兵検査交見会の記」『軍医団雑誌』第二七六号、一九三六年五月)。つまり「筋骨薄弱」という判定には、診断困難な結核性胸部疾患が含まれている可能性があったのである。他方、徴兵検査において「気管支、肺、胸膜の慢性病」と判定された者は、一九一〇年代には一〇‰未満であったのが、一九二〇年代後半には二〇‰台に、一九三〇年代に入ると三〇‰前後に達するようになり(『陸軍省統計年報』)、統計上では「筋骨薄弱」に次ぐ体格等位の低下要因となっていた。こうした結核性胸部疾患の増大は、それが体格等位を低下させるという意味で、たしかに「壮丁体位」低下の要因であったといえる。

「壮丁体位」低下の社会的要因

それでは小泉は、以上のような「壮丁体位」低下の社会的要因を、どのように考えていたのだろうか。この問題に関する小泉の論説は、その真因を必ずしも明言してはいないが、いかなる壮丁の「体位」が劣悪であるかについては明確に指摘している。すなわち徴兵検査結果を観察すれば、「都会を中心として、産業の勃興を中心として、工場を中心として将又《はたまた》人の集中を中心として逐次その周域に体格不良者が瀰漫しつゝあることをはつきり認識する事が出来る」のであり、職業的にみれば「学生、職工、店員等は都会生活者でも田舎居住者でも何れに於きましても断然不良」、「俸給生活者」も「地方に依りては同様不良」とされている(小泉「壮丁の体力より観たる都鄙衛生問題に就て」『都市問題』第二三巻七号、一九三六年一一月)。つまり「壮丁体位」に悪影響を与えているのは、①都市という生活環境、②職業の形態(「職工」「店員」「俸給生活者」)、③および学歴の高さ(「学生」=高等教育機関在学者)であるというのである。

このことを小泉は、表3や表4を用いて繰り返し強調している。このうち表3は、小泉が壮丁の生育環境と「体格」の相関を示すため、一九三六年度徴兵検査受検者のデータをもとに作成したものであり、表中の「都会(人口七〇万以上)」とは六大都市(東京、大阪、名古屋、京都、神戸、横浜)を、「都会より田舎に移りたる者」「田舎より都会に移りたる者」とは小学校卒業後における転住歴を指している。その意味するところは、「都

表 3　都鄙別にみた壮丁体格表(1936 年)

(単位：%)

	壮丁数	甲　種	丙丁種
都会(人口 70 万以上)に育ちたる者	10.32	23.34	40.83
都市(人口 15-30 万)に育ちたる者	2.24	20.35	40.68
田舎に育ちたる者	77.85	34.56	31.52
都会より田舎に移りたる者	0.30	28.49	41.33
田舎より都会に移りたる者	9.29	21.82	38.49

注）小泉親彦「青年団長に望む」『軍医団雑誌』第 287 号より作成.

表 4　職業別にみた丙種・丁種該当者の比率(1935 年)

(単位：%)

	東京	大阪	北海道	東北	北陸	四国	九州	平均
農　業	35.3	32.3	31.0	36.9	37.4	37.1	38.4	35.5
漁　業	34.6	28.3	22.6	30.0	30.3	34.5	20.8	28.7
鉱　業	28.6	—	29.0	30.7	26.2	36.6	30.5	30.3
職　工	45.6	41.0	36.9	42.6	41.7	42.4	37.0	41.0
店　員	44.4	41.3	37.0	42.8	39.0	44.6	40.5	41.4
俸給生活者	40.7	36.8	53.9	35.6	32.6	33.5	31.3	37.8
学　生	57.4	59.6	56.0	53.0	52.1	52.5	49.7	54.3

注）小泉親彦「国民体力の現状に就て」『軍医団雑誌』第 284 号より作成.

会」育ちの者は「体格」が悪く、「田舎」育ちの者は良いという明快なものであり、しかもたとえ「田舎」に生まれても都会に移住すれば「都会生活」の悪影響を受けて「体格」が悪くなり、逆に都会生まれの者は「田舎」に移住したとしても幼少年時代の「都会生活」の影響から脱することができないなど、「都会生活」が「体格」に及ぼす恐るべき悪影響が強調されている。

そしてこうした「都会生活」の悪影響の結果、「都市居住者は田舎の者に較べると背が高い……併しながら虚弱であるといふ事は何処の地方にも認むる事実であり……所謂筋骨薄弱者が非常に多い」という特徴があるというのである。ここで小泉が問題としているのは、先の**図5**(四一頁)でいえば大阪・京都・東京などに典型的にみられる身長が高く体重が少ない左上のグループに属する体格であろう。

他方**表4**は、小泉が壮丁の「職業」と「体格」の相関を示すべく、一九三五年度徴兵検査受検者のデータから作成したものであるが、みての通り全体を通じて最悪なのが「学生」であり、職業としては「店員」と「職工」がほぼ同率で最悪、次に悪いのが「俸給生活者」ということになる。小泉は、東京市の場合、とくに「体格」不良者(「筋骨薄弱者」)が多いのはこうした「職業階級の者の住居地」、具体的には「学生町である所の本郷区、工場地帯であります所の深川区、荒川区」であり、またこれらの地域には「結核性疾患と視力異常」も多いと述べている。

なお「学生」については、これらとは別の図を用いて「徴兵検査の不合格率は小学校卒業者よりも中学校卒業者、中学校卒業者よりも専門学校高等学校卒業者よりも大学卒業者に於て逓増する」ことが示され、教育程度の進むに従って不合格者(とくに「筋骨薄弱者」)が増加するのは「学校教育方面の大なる欠陥」であると批判されている。

以上のように、小泉が「壮丁体位」低下の震源とみなしていたのは、①都市生活者、②商工業労働者、③高学歴者という、総じて都市的(非農業的・非農村的)な存在であったといえる。ここで注目しておきたいのは、これら三つのカテゴリーが、一九二〇—三〇年代に生じていた社会的変化の重要なファクターであったということである。

よく知られているように、第一次世界大戦による経済成長を経て、日本社会は本格的な都市化と産業化の時代を迎えるようになっていた。これをまず都市人口(ここでは人口一万人以上の市町村を仮に「都市」とする)についてみると、一九二〇年に内地総人口の約三二％であった都市人口は、一九三〇年には約四〇％、一九三五年には約四五％を占めるようになり、農村人口とほぼ拮抗するようになっていた。またこうした都市人口のうち、この時期にとりわけ大きく増大したのは東京市(一九三五年人口約五九〇万)、大阪市(同約三〇〇万)、名古屋市(同約一一〇万)、京都市(同約一一〇万)、神戸市(同約一〇〇万)、横浜市(同約八〇万)の六大都市であり、これら六大都市人口は一九三五年には都市人口の四割、内地総人口のほぼ二割に達していた。

また産業化の趨勢を国勢調査の有業人口についてみれば、一九二〇年の第一次産業人口は五三・五％、第二次産業人口は二〇・七％、第三次産業人口は二三・八％であったのが、一九三〇年にはそれぞれ四九・四％、二〇・四％、二九・九％となっている。一九三五年については国勢調査データが存在しないが、梅村又次らの推計によれば、第一次産

表5　徴兵検査における壮丁職業調査結果(1)

(単位：人，％)

年	農林水産業	鉱業	工業	商業	交通・運輸業	公務自由業	その他	合計
1928	218,008 (38.3)	6,293 (1.1)	164,214 (28.9)	78,988 (13.9)	33,087 (5.8)	34,034 (6.0)	34,172 (6.0)	568,796 (100.0)
1930	219,234 (36.8)	6,768 (1.1)	171,997 (28.9)	87,619 (14.7)	34,923 (5.9)	33,577 (5.6)	41,387 (6.9)	595,505 (100.0)
1935	218,462 (34.5)	7,633 (1.2)	188,512 (29.7)	98,652 (15.6)	31,359 (4.9)	45,047 (7.1)	44,221 (7.0)	633,886 (100.0)

注）陸軍省『徴兵事務摘要』より作成.

業人口は四七・四％、第二次産業人口は二一・二％、第三次産業人口は三一・四％となる(梅村ほか『長期経済統計2 労働力』東洋経済新報社、一九八八年)。ただしこれらは有業人口全体の構成であり、徴兵検査受検者(二〇歳の男性)に即してみれば、第一次産業従事者はさらに少なくなっていた。陸軍省『徴兵事務摘要』から作成した**表5**にみられるように、農林水産業(その九割が農業)に従事する壮丁の比率は一九二八年の時点ですでに四割を切っており、一九三五年には三五％を割り込んで工業従事者の比率(約三〇％)と接近するようになっている。青年男性の就業構造の重心は、日中戦争以前の段階ですでに商工業へと移行しつつあったのである。

都市化・産業化の趨勢と同様に、「学生」＝高等教育機関進学者の増大も、一九二〇―三〇年代の大きな特徴であった。高等教育機関進学者が増大するようになった起点は、第一次世界大戦期の経済成長がホワイトカラー層に対する需要を増大させたことにあり、一九二〇年には約八万人であった高等教育機関在学者数は、一九三五年には二・三倍の約一九万人に達している。こうした高等教育機関の拡大は世界的にみても顕著なものであり、人口一万人当たりの高等教育機関在学者数でみれば、日本は一九三〇年代にヨーロッパを追い越してアメリカに次ぐ水準に到達していたという(伊藤彰浩「高等教育機関拡充と新中間層形成」安田浩ほか編『シリーズ日本近現代史3　現代社会への転形』岩波書店、一九九三年)。

ただし高等教育機関への進学率は一九三五年の段階で五%前後であったと推定され、四年制大学への進学率が五〇%を超えた今日からみれば、高学歴化がなお初発的な水準にとどまっていたことも確認しておかねばならない。

右のような社会の都市化・産業化や初発的な高学歴化の進行は、資本主義の発展に伴う日本社会の不可逆的な変化=「近代化」の趨勢であったといえるだろう。ところが小泉によれば、こうした変化こそが「壮丁体位」を「低下」させている社会的要因であった。このような小泉の「農本主義」的立場は、日本陸軍に根強く存在した農村中心主義(8)と無関係ではないであろう。しかし小泉の議論に即していえば、彼の発想を規定していたより重要な要因は、軍事組織としての日本陸軍の特性であったと考えられる。先述のように小泉の「人的戦力」論は、装備面における欧米諸国への対抗の限界を意識した「歩兵中心主義」と連動したものであったが、それは諸外国に例をみないほどの個人装備を背負ってひたすら自分たちの足で移動するという、旧態依然たる軍隊のスタイル(9)を温存するものであった。そしてこのような前提の下で兵士の身体的要件とされていたのは、「脚力強健にして労力に堪へ……る者」(歩兵)、「脚力強健聴力完全膂力《りょりょく》ある者」(山砲兵)、「膂力ある者」(工兵)など、「脚力」や「膂力」(＝筋力)それに「労力に堪へ」得る頑健・屈強な身体であった(「兵役法施行規則」)。こうした要件を前提に「人的戦力」の強化を目指す小泉からすれば、都市生活者、商工業労働者、高学歴者らが、「ヒヨロ〱した物の役にも立たぬ者」とみなされるのは当然であったといえる。

つまり一九二〇―三〇年代には、陸軍＝小泉が求めるあるべき兵士(壮丁)像と、日本社会の「近代化」の趨勢との間に深刻な乖離が生じるようになっていたのであり、小泉の「壮丁体位」低下論とは、こうした現状に対する危機意識の表明であったといえるだろう。

5　「衛生省」構想の特徴

モデルとしての「全体主義」国家

それでは以上のような文脈から設立が唱えられた「衛生省」とは、いったいどのような官庁であったのか。小泉が唱えた「衛生省」構想にはいくつもの特徴があるが、まず注目されるのは、彼が「衛生」とは「自由主義に出発する資本主義経済とは相容れざるもの」であり、「宜しく長夜の個人資本主義的迷夢より醒め……新に衛生省を設置して真乎の衛生行政を確立強化」しなければならないと主張していたことである(小泉「国防上衛生省設置の緊要性に就て」『軍医団雑誌』第二八六号、一九三七年三月)。もっとも、こうした反資本主義的主張において批判の対象となっているのは、資本主義そのものではなく、一九世紀的な自由主義的国家のあり方であった。小泉によれば、衛生の軽視はかつては世界諸国に共通するものであったが、「世界大戦を契機として、過去の自由主義的経済観念が清算されたのと、大戦の創痍を医する為にも……衛生刷新を必要としたのと両々相俟て、何れの国も、大戦後数年ならずして新に衛生省を設置し、人的民力(体力)の涵養拡充に尽すことゝなつた」とされる。ここで参照されているのは、第一次世界大戦後の欧米諸国における行政領域の拡大＝「社会国家」化の進展であろう。

　ただし小泉がとりわけ注目していたのは、欧米諸国の動向一般ではなく、「個人主義的資本主義経済を打倒せる蘇聯邦や独逸」の動向であった。すなわち両国では、軍備の強化と衛生の刷新とが、「国是遂行を目標とする車の両輪の如きもの」とされており、そのためソ連における「人的民力は頓に強化拡充せられ、壮丁の体格の如きも帝政時代に比し隔世の観〔ママ〕あるまでに向上」し、ドイツではナチス政権の確立と共に「資本主義的現状維持国にとつては驚異的な巨額の国帑を傾注して、一意国民体力の増進に向て国家的統制を強化し」た結果、「世界大戦間、世界一の結核国となつた頽勢も、既に輒《たやす》く挽回せられて、今では衛生一等国の範に入ることに成功して居る」というのである。

同時期の陸軍は、当時自らが標榜していた「広義国防」の意味を、「日本精神を基調として近代国防の要諦に合致せる全体主義的国家の体制」を整備するものと説明していたが（陸軍省新聞班『陸軍軍備の充実と其の精神』一九三六年、八六―八七頁）、小泉が「衛生省」設置を論じる際にモデルとみなしていたのもまた、ソ連やナチスドイツの如き「全体主義」的「社会国家」のあり方であったのである。

衛生主義的「社会国家」

このように「全体主義」的志向を持った小泉の「衛生省」構想は、きわめて独特なものであった。「衛生省」の具体的組織としては、すでに『衛生省』において、「各省の割拠的旧套保守を打破し……現制の衛生行政に関する省部局課を統合し、労働、保険、防疫、医療、体育等の事務を統制強化」すると共に、その業務内容に①「人口と食糧及生活資源の分布調整、移植民の人的事項」、②「国民の勤労能率及持久性増進に関する事項」、③「国民生活必需条件に関する事項」、④「服飾居住其他の合理化統制に関する事項」、⑤「環境への服合《ママ》に関する事項」、⑥「衛生教育（心身陶冶、能率増進、防空、防毒、防疫等）に関する事項」、⑦「社会衛生事業の指導監督」、⑧「病院医師等人的資源の統制運用に関する事項」、⑨「生活科学研究機関の指導監督」の九項目を加えるべしという構想が示されていた。一九三七年五月一三日の閣議後、関係事務当局に配付されたという「衛生中央行政機関試案」＝「衛生省」案は、こうした小泉のコンセプトをそのまま具体化したものといえる[10]。これに対し、近衛内閣期に進められた内務省主導の「社会保健省」案に対抗して提出されたのが「保健社会省」案(図10)であるが、各局課の管掌事項についてみればその内容は「衛生省」案とほぼ同様である。「衛生省」の内容に関する小泉の主張は、終始一貫していたといってよい。

こうした「衛生省」(「保健社会省」)案について、第一に注目されるのは、「国民の体力向上・改善」などを行う「体力局」が置かれていること、さらにその管掌事項の中に、「体力検査」や「体力簿」という言葉が具体的に記されている点である。これは小泉が構想していた「国民体力管理制度」の実現を前提としたものにほかならない。

「国民体力管理制度」とは文字通り、国家が国民の「体力」の現状を把握・管理する制度であるが、こうした制度の創設が公式に提起された最初は、陸軍の「衛生省」案(第一次案)が提示される直前の一九三七年五月六日、日本学術振興会からなされた「国民体力管理法制定に関する建議[11]」においてである。「国民体力管理法」を制定して「国民に定期体力検査を受くるの義務を課し同時に体力簿を作成して以て体力の現勢を明にし其の向上改善に必要なる指導を行」うことを求めたこの建議は、一九三六年七月より設置されていた国民体力問題考査委員会の決議(一九三七年三月二九日)を受けてなされたものであった。しかしこの決議を要請し、かつ建議案の作成に当たったのは、一九三六年一一月に新設されたばかりの国民体力研究を課題とする第二二小委員会(委員長＝林春雄)であり、そして同委員会の中心にいたのは小泉親彦であった。小泉は日本学術振興会という学術的「権威」をも動かす熱意を有していたわけであるが、ともあれ小泉が「衛生省」の設立と「国民体力管理制度」の実現とを一体のものと考えていたことは間違いない。なおこの建議は林内閣に支持され、近衛内閣も一〇月に新設予定の「社会保

医事局：医療並びに運用に関する事項を管掌す
- 医務課：現(内務省)医務課及び(社会局)医療課を合併／現(農林省)産業組合(医療組合病院)に関する事項
- 運用課：病院・医師其の他人的資源の統制運用に関する事項
- 交通課：船舶衛生／航空衛生及び施設並びに国際航空衛生に関する事項
- 優生課：国民資質の改良に関する事項

社会局：労働及び社会に関する事項を管掌す
- 労政課：現(社会局)労政・労務二課合併(但し扶助事項を除く)
- 監督課：現(社会局)監督・監理二課合併
- 保護課：現(社会局)保護課のまま
- 福利課：現(社会局)福利・職業二課合併

保険局：保険に関する事項を管掌す
- 企画課：現(社会局)のまま
- 監理課：現(社会局)のまま
- 組合課：現(社会局)のまま
- 監督課：現(商工省)監督課のまま／保険会社施設(診療所・健康相談所を含む)の監督に関する事項

簡易保険局(外局)
現(逓信省)簡易保険局並びに其の所管事務一般

注)『医海時報』2235号(1937年6月26日)より作成.

大臣官房
秘書課
庶務課：庶務一般，人事に関する事項
整備課：衛生予算の一般統制／総合的企画／諸統計の整備に関する事項
経理課：経理事項に関する事項
宣伝課(教育課)：宣伝／衛生教育／実地指導に関する事項

衛生局：公衆衛生並びに其の施設に関する事項を管掌す
保健課：現(内務)のまま
予防課：現(内務)のまま
防疫課：現(内務)のまま

体力局：国民の体力向上・改善並びに施設の国家的統制に関する事項
検査課：検査機関／体力検査／生計調査に関する事項
管理課：体力簿／体力向上施設に関する事項
統制課：国民体力の国家的統制／国民運動指導者の教育／運動団体に関する事項
統計課：国民体力の統計に関する事項

保育局：学校衛生並びに保育に関する事項を管掌す
学校課：学校内施設の衛生に関する事項
保育課：虚弱者及び精神病弱者の養護／乳幼児保育並びに母体養護に関する事項
体育課：教授衛生／青少年の体育に関する事項

生活合理化局：業務及び環境の衛生，生活の合理化及び移住，移殖民の新環境服合に関する事項を管掌す
都市課：都市衛生及び居住民生活の合理化に関する事項
地方課：農山漁村衛生及び居住民の生活合理化に関する事項
工務課：工場衛生及び工務員生活の合理化に関する事項
商務課：商店・百貨店衛生及び店員の生活合理化に関する事項
移住課：移住衛生及び新環境への服合及び克服に関する事項
資源課：衣食住其の他生活資源の調査／生活資源の分布調整及び動員／生活資源の整備運用に関する事項

図 10　陸軍の「保健社会省」案(第 2 次案)

健省」を通じて、一九三七年末開会の通常議会に「国民体力管理法」案を提出する方針を決定している。

第二に注目されるのは、「衛生省」案における業務局、「保健社会省」案における生活合理化局などの存在である。両案を通じて目指されているのは、衣食住などの国民生活の「合理化」と、「生活資源」の整備運用・分布調整・動員であるが、これらは「生活科学」の観点から日本社会の「不合理性」を強調していた小泉の持論に基づくものであった。小泉によれば、①日本人の生活は「食物の関係ばかりでなく、被服でも、家屋でも、町村でも、其形式、業態に於きまして、日本独特の気候風土、生活様式、或は又生活体系に則ることが必要」であり、②また「各地方に別ち、各個に県、町、村を一つづゝ、生活資源の生産高、分布或は消費関係等一々調べて見ましたならば……非常に欠陥の多いことに気付かなければならぬ」とされていた(前掲、小泉「青年団長に望む」)。このうち①は外国模倣の消費文化批判であり、②は経済の「需給法則」に基づいた産業(とりわけ農業)立地の自由主義的性格への批判といえるが、小泉はこの両者を常にセットで論じている。いずれにせよ小泉は、こうした日本社会の「不合理性」を国民「体力」低下の基盤とみなしており、社会全体の「生活科学」的管理によるその「合理」的再編が目指されていたといえる。

このように小泉の「衛生省」構想は、「壮丁」の「体力」向上を主眼としつつ、それを国民「体力」、さらには日本社会全体の「生活科学」的管理を通じて実現しようとするものであった。小泉は国民「体力」の低下を論じる際、「単に教育、体育、労働、産業、都市等の一部的改善或は医療普及、健康保険等の社会施設の促進だけでは到底この国民体力衰微の頽勢を挽回する事は出来ない」と断言し、「国民生活に即したる、もつと〳〵徹底した方策を講じなければならない」と主張していたが(小泉「国民体位の向上は現在の医療制度では断然不可能」『医療及保険』第二巻四号、一九三七年五月)、彼が構想する「徹底した方策」とは、要するに右に述べたような国民生活に対する「生活科学」的管理であったと考えられる。

なおこうした「衛生省」構想の性格との関連で注目されるのは、「保健社会省」案を提示した当時の陸軍が、「徴兵事務の如きはその大部分を軍より保健省に移してもよい」(『医事衛生』一九三七年六月二三日)という意向を表明していたことである。陸軍が、兵役に関する最重要業務であり、軍事機密とも関連する徴兵事務を移管してもよいとするような官庁は、陸軍と人事や組織の面で一体化していることが大前提とされていると考えざるを得ない。小泉がその設立を強く望んでいた「衛生省」(「保健社会省」)とは、陸軍(衛生部)の意図を忠実に実現・遂行する、陸軍省の別働隊ないし出先機関的な官庁であったといえよう。

以上のように、陸軍＝小泉の「衛生省」(「保健社会省」)構想はきわめて小泉色の強い官庁構想であり、その目的は「衛生省」の設立を通じて、保健衛生行政を国民の「体力」向上という一点に向けて再編・強化し、国民生活を「生活科学」的に管理する「衛生」中心的な「全体主義」的「社会国家」、いわば衛生主義的「社会国家」を創り出すことにあったと考えられる。こうした狙いを持つ陸軍＝小泉の「衛生省」設立論は、広田―近衛内閣期を通じて展開された陸軍の「全体主義」的軍事国家＝「国防国家」体制実現へ向けた動きの一環として位置づけられるべきものであろう。ではこのような陸軍＝小泉の意図は、厚生省の設立によってどの程度達成されたのであろうか。

6　衛生主義的「社会国家」構想の挫折

「保健社会省」設置の理由

本章第1節で述べたように、厚生省の骨格を事実上決定した『設置要綱』＝企画庁「保健社会省」案(図2、二九頁)は、名称・形式の上では陸軍の「保健社会省」案(図10、七三頁)に倣った部分が多いものであり、体力局の業務の中には「国民体力管理」(国民体力検査)の実施も織り込まれていた。ところが『設置要綱』決定の際、同要綱に付された「保健社会省(仮称)設置の理由」[12]は、その前段において国民の「体位」が「逐年低下」している趨勢を挽回するため、新省の設立を必要としつつも、後段において次のように述べている。

……翻て考ふるに、凡そ国民の体位なるものは国民の生活状態を反映する一大指標と認むべく、従て国民体位の低下なる現象は国民生活の根柢に横〔た〕はる不合理性を原因として生じたる結果に外ならざることに想到らざるべからず。即ち国民体位の向上は単に直接体位の維持増進を目的とする諸方策の拡充強化のみに依りては其の全きを期し難く、広く国民生活に於ける不合理性の改善なる見地より国民生活の根柢に遡り職業及労働、社会救護及社会福利施設、社会保険制度等所謂社会問題を根本的に解決することに依り初めて其の全きを得ることを知るべきなり。故に新設すべき省には体育及保健衛生に関する行政のみならず労働及社会問題に関する行政を綜合して、国民生活に於ける不合理性の改善なる指導方針の下に、現下我国の最大欠陥とする国民体位の改善其の他国民資質の改善充実を図らしむるを要す。

明らかなように、ここでは国民の「体位」は国民の「生活状態を反映する」指標・現象であるとされ、その改善のためには「職業及労働、社会救護及社会福利施設、社会保険制度」などによる「社会問題」の解決が先決問題であること、つまり「社会政策」の重要性が強調されている。もちろんこの後段部分は、同文書を閣議決定した近衛内閣(内務省・企画庁)の立場を示すものである。このことは、「保健社会省」＝厚生省設立の「推進力」となった陸軍の役割の大きさと同時に、新省がなすべき「政策」の理解において、近衛内閣が陸軍の主張を認めつつも、自己の主張を貫いていたことを示している。また組織面においても、企画庁案では陸軍案の大きな特徴であった「生活科学」行政部局は排除されており、陸軍が提示していた徴兵検査の新省への移管案も、「徴兵検査に関する事項は軍の統帥事項と密接不可分の事項」であるという理由を以て、丁重に退けられていたのである(企画庁「第七十一回帝国議会保健社会省に関する質疑応答」(想定問答)前掲石川『国家総動員史　資料編4』七〇八頁)。

陸軍の巻き返しと大臣人事

こうした近衛内閣の「保健社会省」案に対し、陸軍側は当然のことながら反発した。たとえば新省設置のために設けられた準備委員会の初会合(七月一七日)において、陸軍側を代表して委員に任命された神林浩大佐(陸軍省医務局衛生課長)は、大要次のように述べたと報じられている(明暗生「更に軍の推進力に期待せん」『日本医事新報』一九三七年八月二一日)。

陸軍が新省に要望したものは国民体力を向上せしめるための衛生行政の国家的統一である、それは指導的であり積極的であるべきだ、然るに今や生れ出んとする新省は従来より存在せる衛生行政を、常識的に寄せ集めたゞけのものであつて、吾人は此の中から新しい何らの意図をも求めることは出来ない、尚ほ一層吾人の不快とすることは、当初の最高目的たる国民体力の向上を図ることは今や等閑に附され、却つて其の派生的要件たる社会施設的方面が第一義的に取り上げられてゐることである、これは本末転倒も甚しきものである……。

このような批判にさらされた準備委員会は、陸軍の不満を鎮めるべく法制局に依頼して官制案の修正を行った(八月三一日)。それは『設置要綱』では労働・社会・体力・衛生・医務の順となっていた条文上の局の配列を、体力・衛生・予防(医務局を修正)・社会・労働の順へと置き換えたものであり、体力局を筆頭に「衛生」関係諸局を序列の上位に配置することで、陸軍の面子を立てようというものであった。以後の準備委員会の議論は、この法制局修正案をもとに進められ、冒頭で掲げた厚生省官制(図3、三一頁)として実現することになる。

もちろん、局の配列を置き換えることで新省の業務や性格が変わるわけではない。そこで陸軍側は準備委員会の場で批判を展開する一方、新省の人事を掌握することによって形勢の逆転を狙っていた。この問題について近衛首相は、八月一九日、「陸軍省は〔新省の大臣に〕小泉医務局長を持つて来ようとしてゐるが、内務省はとにかく一時内務大臣の兼任で行かうといふので、内務と陸軍の奪ひ合ひのやうな形になつてゐる」(原田熊雄述『西園寺公と政局6』岩波書店、一九五一年、七九頁)と語っている。そしてこの発言と同じ頃、先の神林は、「〔新省設立〕問題の重点は……初代大臣に何人がなるかと云ふことである。大臣の考へに依つてどうにも方針が決定するのであるから、この際大臣の人物如何は衛生行政の将来を決定する」(『医事衛生』一九三七年八月一八日)と、大臣の人選を最重要視する発言を行っている。明らかに陸軍は、小泉を「保健社会省」大臣とすることによって、自らの狙いを達成しようとしていたのである。

だがこうした陸軍側の策動も、結局実を結ぶことはなかった。その間の経緯について、木戸幸一(一九三七年一〇月より文部大臣)は戦後になって次のように述べている(木戸「日記に関する覚書」昭和一三年一月四日条、木戸日記研究会編『木戸幸一関係文書』東京大学出版会、一九六六年、一一四―一一五頁)。

陸軍は……国民体位の向上を端的に目的とする極めて時局的なものとして運営せんと欲して、此省を自己の傘下に取入れんとして、其の大臣に小泉医務局長を熱心に推薦して来た。然し之は近衛公の好むところではなく、近衛公は仮令《たとえ》時局柄とは云へ、社会保健省の運営は飽く迄も福祉国家の育成にふさはしいものにしなければならぬと熱心に希望して居られた。さう云ふことから(一九三八年)一月四日には態々《わざわざ》訪ねて来られて厚生大臣の人選について相談したが、中々適当な人材は見つからず、再考を約して別れた様な次第で、人選難に陥って居ったのであった。処が六日に首相から電話で面会を求められたので官邸に訪問して見ると、「厚生大臣の人選は其の後種々考へたがどうしても適当な人が得られない。小泉氏では困る。十日には愈々《いよいよ》発足せしめなくてはならないので、此の際兼任で引受けて貰ひたい」とのことであった。

これは戦後の回想であるが、近衛首相が陸軍の推す小泉をあくまで避けようとしていたのは確かであろう。かくして陸軍の要求は退けられ、初代厚生大臣は木戸文相が兼任することとなったのである。

なお厚生省の発足後間もなく、厚生省は内務省と「人事一体」の協定を結んでいる。「内務省所属の官吏より厚生省(保険院を含む)官吏に任用せられたる者及今後内務省の推薦に依り厚生省に於て採用せられたる者の人事に関しては内務省部内官吏と区別することなく内務省及地方庁に任用する様内務省に於て取計ふ」、「厚生省部内の官吏は原則として将来内務省部内に於て経験を有する者より之を採用する」といった内容からなるこの協定は、直接的には新設の厚生省に優秀な人材を確保することを主眼とするものであったとされている(厚生省二十年史編集委員会編『厚生省二十年史』厚生問題研究会、一九六〇年、一一八―一一九頁、厚生省五十年史編集委員会編『厚生省五十年史(記述篇)』厚生問題研究会、一九八八年、三九八―三九九頁)。しかし本章で検討してきた文脈からすれば、こうした協定は、厚生省の人事を内務省系で掌握することにより、厚生省に軍人が進出する可能性を断ち切るものでもあったといえる。実際、戦時下に現役軍人の一般官庁への進出が広がりをみせる中で、こと厚生省に関しては軍事援護事業を担当する軍事保護院を別として、戦時期を通じて現役軍人が任用されることはなかった(13)。これは本章で確認してきたような厚生省の設立経緯からすれば注目すべきことであり、陸軍の影響力が厚生省に及ぶことは強く警戒されていたといえよう。

「衛生省」構想の挫折

以上のように、近衛内閣によって設立された厚生省は、「国民体位の向上」をその目的に掲げつつも、制度・人事の両面で陸軍の要望を満たすものではなかった。こうした厚生省の実態を端的に示すのは、陸軍の要求に応えるものとして設置された「体力局」のあり方である。厚生省が発足した際、「体力局は厚生省構成の骨格とも云ふべき中枢機関」、「厚生省の新設された動機も体力局の新設が眼目」(沼佐隆次『厚生省読本』政治知識社、一九三八年〔『戦前期社会事業基本文献集47』日本図書センター、一九九七年として復刻〕三七頁)などと、その重要性が喧伝されていた。しかしこれは建前上のことであり、発足時の体力局には新規予算が認められず、しかもわずか八九万円の予算(決算)のうち七六万円は「第十二回オリンピック大会助成費」が占めていた。実際、当初の「体力」行政を主導したのはスポーツ界(大日本体育協会)であり、その目標とされていたのは一九四〇年に予定されていた東京オリンピックを成功させることであったと考えられる(高岡裕之「大日本体育会の成立」坂上康博・高岡裕之編『幻の東京オリンピックとその時代』青弓社、二〇〇九年)。しかし東京オリンピックは、一九三八年七月に「返上」することが決定されたため、体力局(とくに施設課)の「本来の所管行政は内容が流出状態に至った」(瀬木三雄「日本における「母子衛生」の発達(二)」『産婦人科の世界』第九巻一号、一九五七年一月)とも評されている。その一方、小泉が即時制定・実施を望んでいた「国民体力管理制度」は、体力局の下で白紙状態から調査研究されることになり、それが「国民体力法」として公布されるのは一九四〇年四月のこととなる。厚生省の設立により強力な「体力」行政が始動したとする従来広く流布しているイメージは、陸軍の批判をかわそうとする厚生官僚の「作文」に引きずられたものに過ぎない。

他方陸軍は、厚生省が発足した際、表向き歓迎の意を表明している。しかし「衛生省」設立を推進した小泉親彦が、厚生省のあり方に強い不満を抱き続けていたことは、彼が一九三八年九月、第一二回日本産業衛生協会総会で行った講演に明らかである。すなわちこの講演において小泉は、新設の厚生省が「傷痍軍人、出征軍人遺家族といふものに対する保護対策といふやうなことの為には相当巨額の予算と、これに伴ふ施設とが進められつゝある」ことを評価しつつも、他の面では「過去幾年か相当捏ね廻した手形で汚れ切つた所謂店晒し案といふやうな風の一般立法以外には、そこに国民体力の向上といふやうなことのための綜合対策がない……即ち従来各省に於てばらばらに取扱つて居つたところの保健行政を綜合統一した保健対策は遺憾ながらその片鱗だに窺ふことの出来ない状態」であるとし、現在のような厚生行政のあり方は「黙視するに堪へない」と痛烈な批判を展開した(小泉「保健国策の根本問題」『日本産業衛生協会会報』第九一号、一九三八年一二月)。こうした小泉の厚生行政批判は、厚生省の実態が彼が構想していたあるべき「衛生」行政＝衛生主義的「社会国家」の姿とかけはなれたものであったことを雄弁に物語っている。

以上検討してきたように、陸軍＝小泉の「衛生省」設立論は、厚生省の設立を導く役割を果たしたものの、その本来の目的の達成という面においては挫折していたといえる。このことは広田―近衛内閣期における陸軍の「広義国防」＝「全体主義」的国家路線の限界に照応するものといえ、そしてこのような意味において厚生省設立過程における陸軍＝小泉の役割は、「推進力」にとどまるものであったと考えられる。もっともこうした結論は、あくまで「衛生省」設立論を軸とした検討の結果であって、当該期の「社会政策」の動向全体に対する考察は、次章であらためて行いたい。

なお小泉親彦は、右の講演を行って間もない一九三八年一二月一〇日、突如として陸軍省医務局長を解任され、さらに一二月二八日には予備役へ編入されている。この異例な人事[14]の真相は定かではないが、いずれにせよそれは厚生省問題をめぐる小泉の役割が終わったことを意味するものであった。しかしこのことにより、小泉と厚生省の関係が絶たれたわけではない。なぜなら小泉は、彼の失脚から二年半後の一九四一年七月、厚生大臣に就任することになったからであり、そして彼を抜擢したのは一九三七―三八年の時点では小泉を忌避し続けた近衛文麿首相(第三次内閣)その人であった。このことは、一九三七―三八年と一九四一年とでは、政府と陸軍の関係、さらには厚生行政のあり方そのものが大きく変容していたことを示しているが、小泉厚相時代の厚生行政については、第五章において検討してみたい。

第二章

広田―第一次近衛内閣期の「社会政策」と「社会国家」

中越医療利用組合の人々(前列中央・賀川豊彦，一人おいて三宅正一)(三宅正一追悼刊行会編『三宅正一の生涯』1983年，口絵)

前章で確認したように、陸軍による「衛生省」設立論には、第一次近衛内閣の側から「社会政策」の必要が対置されていた。では当時の「社会政策」とは、いったいどのようなものだったのか。

前章でも触れたように、この問題に対する近年の福祉国家研究では、「福祉国家」的構想を抱いていたという近衛首相の役割が強調される傾向がある。たしかに厚生省の設置に乗り出した近衛文麿は、一九三七年六月、首相に就任するや、「社会正義に基づく施策」の実施につとめることを表明しており、その「社会政策」重視の姿勢は同時代においても注目されていた。たとえば風早八十二は、「近衛内閣こそは「社会政策＝国民生活安定」に対して、従来のいかなる政府にも未だ嘗て見なかつたほどの真剣な態度を示してゐる」と評している(風早『日本社会政策史』日本評論社、一九三七年、一〇頁)。しかし風早が同時に指摘しているように、「社会政策」の必要が強調されるようになったのは、二・二六事件後、「国民生活の安定」を政綱の一つに掲げて登場した広田内閣以来の特徴であった(同、九―一〇頁)。広田―第一次近衛内閣期は、「社会政策」が時代の要請として脚光を浴びるようになった時代だったのである。

このような広田―第一次近衛内閣期の「社会政策」の動向は、厚生省設立問題の背景として、また戦時期に進行する「社会国家」化の出発点として重要な位置を占めている。だがこの時期の「社会政策」に関する研究は、いまだ大河内一男らによる同時代の評価に強く規定されている。

大河内の把握によれば、一九三七年半ばの時点における「社会政策」には、①広田内閣期に浮上した「農村結核の蔓延・侵蝕と農村人口の「体位低下」」とに対応する農村社会事業乃至農村保健＝医療国策体系」、②林内閣期から問題となりだした「軍需型重工業を中心とする「生産力拡充」に対応する所の「労働力」の磨滅の防止と進んでその量的並びに質的「培養」、「健全なる」重工業熟練労働力の獲得とを目標とする本来的な「工場立法」」の二つの系列が存在した（大河内『社会政策の基本問題』日本評論社、一九四〇年、三二九頁）。しかし前者の系列は、軍部の関心から取り上げられた社会事業の範疇に含まれるものに過ぎず、「本来の社会政策」＝「労働力の保全」策は後者の系列として必然化されるというのが、大河内の見通しであった。

当時の混沌とした「社会政策」の動向の中に、軍事的契機（「壮丁体位」問題）と生産政策的契機（労働力問題）という異なる契機を見出す大河内の分析は、今日においても広田—第一次近衛内閣期の「社会政策」を考えるための重要な手がかりとなる。しかし前章で確認したように、陸軍＝小泉の「衛生省」設立論は、「農村人口」の「体位低下」を問題にするものでも、「農村社会事業乃至農村保健＝医療国策」を求めるものでもなかったのであり、「農村社会政策」＝軍事的契機説は、従来の厚生省設立＝軍部主導説と同じく、この時代の「社会政策」像を過度に単純化してきたように思われる。

そこで本章では、広田―第一次近衛内閣期における「社会政策」の二つの動向を、「農村社会政策」を中心に捉え直すことを通じて、戦時期の「社会国家」化の歴史的背景についてあらためて考えてみたい。

1　二・二六事件と「農村社会政策」

二・二六事件の衝撃と「社会政策」の復活

広田内閣期からみられる「社会政策」への関心の高まりは、「壮丁体位」に関する陸軍の問題提起（一九三六年六月下旬）以前にすでに生じており、それを規定していたのは二・二六事件の衝撃そのものであった。この点について、たとえば当時の社会事業界における理論的リーダーの一人であった牧賢一（当時東京市社会局職員）は、次のように述べている（牧「社会事業国策としての救療事業と其の統制」『社会事業研究』第二四巻六号、一九三六年六月）。

茲数年来……一切の社会政策乃至社会立法が此の数年の間全く休止せられ、国の斯の方面に対する努力は挙げて他の一方的部面に集中せられて来た。……然しながら……二月二十六日の事変は我が国の上下を震撼せしめたと共に、過去数年の間故意に隠蔽せられて来た国民生活不安の実相を新しく為政者に認識せしむるに至り、更に所謂秕政の一新を企図せしむる機運を勃興せしむるに至つたのである。……広田内閣の新政綱は……「此ノユヱニ政府ハ国民生活ノアラユル分野ニ於テ其ノ安定向上ヲ図リ遍ク　陛下ノ赤子ヲシテ其ノ堵ニ安ンゼシメンコトヲ期ス」と社会政策的為政遂行の公約をなしてゐるのである。

ここで述べられているように、第一次世界大戦後から政党内閣期にかけて一定の進展をみていた日本の「社会政策」は、満洲事変後の「非常時」のもとで沈滞し、社会立法不在の時期が長く続いていた。ところがこうした状況に変化をもたらしたのが二・二六事件の衝撃であり、今や広田内閣は「国民生活の安定」を掲げ、「社会政策的諸政策」の実現に乗り出そうとしているというのである。

しかし二・二六事件が「社会政策」の復活につながるというのは、いったいどういうことなのか。当時の事情について、広田内閣の社会局長官・廣瀬久忠は、戦後、次のように回想している（廣瀬「社会不安を除く社会政策を」前掲『厚生省二十年史』三―五頁）。

〔昭和〕十一年の二・二六事件のとき私は土木局長から社会局長官になつたのだが、そのとき感じたことはわが国の経済は非常に発展し資本家の力は伸びたが、その半面貧富の差がひどくなり、社会情勢は逆に悪化の傾向をたどつているということであつた。当時、政党は徒に政争を事としてひどく堕落していた。二・二六事件はこのような情勢を背景に陸軍部の起こした政党不信の一種の革命であつた。換言すれば社会政策が行われていないという状況のもとで、この事件は起きたのである。私は社会局長官として、この社会不安を取り除くため強力な社会政策を打ちだすべきことを痛感した。時の広田首相も私と同意見のようであつた。

つまり二・二六事件の背景には、「貧富の差」の拡大や政党の「堕落」に起因する「社会不安」が存在しており、同様な事件の再発を防ぐためにも、そうした「社会不安」を「強力な社会政策」によって鎮静化する必要があると考えられていたのである。

このような意味での「社会政策」復活の必要性は、広田内閣の政策立案を担当した内閣調査局（企画庁の前身）の見解でもあり、同局が四月七日付けで上申した「緊急実施を要する重要国策」（国立公文書館所蔵「公文雑纂」昭和十一年・第二巻・内閣二）は、「国民生活に於ける重圧と利害対立とを除却し其の全面的安定向上と各層の偕和《ママ》とを期するが為……社会政策的諸施設を刷新拡充する」ことを「喫緊の要務」とし、かねてから社会局が準備していた労働者「退職積立金及退職手当法」案や「国民健康保険法」案などを第六九—七〇議会で実現をはかるべきと提言している。

また同時期には、政府の動向に呼応して「社会政策」関係団体も積極的意見を提出している。たとえば方面委員（現在の民生委員の前身）の全国組織である全日本方面委員聯盟は、四月末に開催された地方委員会において、「適正なる社会政策を施行し普く国民生活の安定向上を図」るには「行政並運営機関の統制強化」が必要であるとして、「社会省」の新設を中心とした「社会事業国策の樹立遂行に関する建議」を行っている(『日本社会事業年鑑　昭和十二年版』中央社会事業協会社会事業研究所、一九三八年、四九三―四九四頁)。明らかに広田内閣期には、二・二六事件の衝撃がバネとなり、「社会政策」復活の気運がかつてなく高まっていたのである。

「農村社会政策」の浮上

こうして復活が目指された「社会政策」は、しかし満洲事変以前の路線へ復帰するというものではなく、「労働政策本位の社会政策から農村本位への転向」(『東京朝日新聞』一九三六年三月一五日)を標榜した点に大きな特徴があった。このような内務省社会局の「農村社会政策」への進出については、「資本家と労働者との間に挟まって進退両難の立場に立ち消極的救済政策の外は手も足も出なかったやうな窮地を脱出」(同)するためとも評されている。しかし恐慌下における「社会不安」の根源が、窮乏にあえぐ農村にあったことは衆目の一致するところであり、二・二六事件後における「社会政策」の主眼が「社会不安」への対応であったことからすれば、農村社会問題への対策が重視されたのは当然のことであったといえる。

第一次世界大戦期の社会変動と米騒動を画期に成立し、戦後における政治参加の拡大を背景に拡充されてきた日本の社会行政・「社会政策」は、主として都市の生活問題と労働問題に対応するものであった。ところが一九三〇年代に入り恐慌による農村の窮乏が大きな社会問題となると、「農村社会政策」(農村社会事業)の必要は、陸軍を含め各方面から主張されるようになっていた。内務省でも一九三五年一〇月に開かれた第八回全国社会事業大会に対し、「最近の社会情勢に鑑み農村に適切なる社会施設の普及充実を図るの要ありと認む」として、その施設と方法に関する諮問を行っている(『日本社会事業年鑑 昭和十一年版』中央社会事業協会社会事業研究所、一九三七年、四九九—五〇〇頁)。「農村社会政策」への「転向」は、恐慌下であらかじめ準備されていたのである。いずれにせよ広田内閣においては、「農村を対象とする社会政策の実施は我国の現状から見て喫緊を要する重大問題」(潮恵之輔内相談話『東京朝日新聞』一九三六年六月五日)とされ、農村をターゲットとする「社会政策」の実現が目指されるようになったのである。

右のような方針を定めた内務省社会局は、一九三六年五月の第六九議会で懸案の「退職積立金及退職手当法」案をまがりなりにも成立させると、開店休業状態に陥っていた社会事業調査会(一九二六年設置)を拡充し、①農村社会事業の振興方策、②軍事扶助法の整備充実、③方面委員制度の法制化の三つの諮問を行った(六月一三日)。このうち①の趣旨は、次のように説明されている(前掲『日本社会事業年鑑 昭和十二年版』四五三—四五四頁)。

最近に於ける我国農(山漁)村の社会状勢を観るに生活の不安は深刻にして殊に連年の経済不況と各種災害の頻発等に因り其の窮乏は顕著なるものあり社会事業の活動を促進するの要極めて緊切なりと謂はざるべからず。仍《よっ》て農村に適切なる社会施設並に其の運営の方法に付調査考究を遂げ或は法制を整備し或は施設を拡充し以て農村社会事業の振興を図る為其の根本方針を確立せんとす。

このように「農村社会事業」の「根本方針」を定めるべく行われたこの諮問に対する答申(七月三一日の総会で可決)は、当時の「農村社会政策」構想の輪郭を示すものといってよい。同答申は七分野一九項にわたる長文のものであるが、注目されるのはそこに戦時期の「社会国家」化において中心的位置を占めることになる二つの問題、すなわち農村医療問題と農村人口問題が姿を現していることである。ではこれらの「農村社会問題」とは、いったいどのような歴史的文脈を持つものだったのだろうか。以下、農村医療問題(第2節)、農村人口問題(第3節)の順に検討してみよう。

2　農村医療問題と国民健康保険

「農村社会政策」と国民健康保険

農村における医療問題は、一九三〇年代に社会的注目を集めるようになった、この時代を代表する農村社会問題であった。一九三六年七月の社会事業調査会答申は「医療保護事業」として、①無医村に対し「公共団体、協同組合等をして……医療機関を整備せしむると共に其の整備を見るに至る迄差当り巡回診療、出張診療等の方途を講ぜしめること、②将来「恒久的救療制度の確立を期すること」、③「一般庶民の医療費負担を容易ならしむる」ため「国民健康保険制度」の法制化とその普及発達および「医療利用組合の整備普及」をはかること、④トラホーム・寄生虫病に対する治療・予防施設の普及徹底と精神病・結核等に対する療養施設の整備、⑤健康相談・栄養指導等「保健衛生に関する指導機関」の設置などを提言している(前掲『日本社会事業年鑑　昭和十二年版』四五六頁)。

ここには①地方における医療機関の不足＝無医村問題、②貧困者に対する救療問題、③「一般庶民の医療費負担」軽減問題、④農村疾病問題など、さまざまな「農村医療問題」対策が列挙されているが、これらが広田内閣における「保健国策」の原型であった。

陸軍が「羊頭狗肉」と評した「保健国策」は、もともと「農村社会政策」の一環として立案されたものだったのである。

ところでこれらのうち、新たな「社会政策」として期待されながらもその実現が難航したのが、③の中の国民健康保険制度である。今日でも日本の「福祉国家」の主要な柱の一つである国民健康保険制度とは、もともと恐慌にあえぐ農村に対する「社会政策」として、工場労働者などを対象とする職域保険である健康保険制度(一九二二年健康保険法制定、二六年施行)とは異なり、町村を単位とする地域保険組合の方式により医療保険を実現しようとした農村健康保険ともいうべき制度であった。[1] この制度の立案作業は内務省社会局によって一九三三年から着手されており、その原案はすでに一九三五年末の社会保険調査会で要綱の審議を終えていた。しかし右の答申を踏まえて第七〇議会(一九三六年一二月二四日召集)に提出された国民健康保険法案が、実際に国民健康保険法(旧法)として成立したのは一九三八年の第七三議会においてのことであった。

国民健康保険法案の成立が遅延した理由は、直接的には同法成立直前に行われた林内閣による第七〇議会解散(一九三七年三月三一日)のためである。しかし問題のさらなる背景をなしていたのは、この国民健康保険法(旧法)において町村ごとに設立されることになっていた国民健康保険(国保)組合について、医療利用組合・産業組合の「代行」(政府原案は「営利を目的とせざる社団法人は命令の定むる所に依り地方長官の許可を受け組合の事業を行ふことを得」という、いわゆる代行規定を設けていた）を認めるか否かをめぐる、産業組合と医師会との深刻な対立であった。第七〇議会では、医療利用組合に国保組合代行を認める政府原案の修正を目指す医師会と、政府原案支持＝代行実現を目指す産業組合の双方が大規模な動員を行い、大々的な陳情活動・デモンストレーションを展開して注目を集め、結局不成立に終わったものの医師会寄りの修正案が作られた。こうした対立は、国保法案を引き継いだ第一次近衛内閣においても、第七〇議会の修正案を尊重すべしとする内務省と、政府原案を再提出すべしとする農林省の対立という形で再燃し、内閣は結論を得られないまま法案の第七一議会への提出を見送った。その後この問題は、双方の妥協点が模索され、こうして調整された法案があらためて社会保険調査会への諮問を経た上で第七三議会に提出、国民健康保険法として成立したのである（法律第六〇号、一九三八年四月一日公布）。

このように国民健康保険制度成立過程における大きな特徴は、国保制度と医療利用組合・産業組合との関係が最大の焦点となっていたことであった。ではなぜゆえに医師会は、医療利用組合・産業組合による国保組合代行の阻止にこだわったのか。そもそも医療利用組合とは、いったいどのような団体だったのだろうか。

医療組合運動の登場

医療利用組合とは、制度的にいえば、産業組合法（一九〇〇年制定）の規定による四種の主要事業（信用・販売・購買・利用）のうち、利用事業として医療施設を開設・経営する産業組合の総称である。また産業組合とは戦後の農業協同組合（JA）や生活協同組合の前身にあたる組織であるが、一般にその基本的性格は農民的小商品生産の展開を基盤とした経済団体であったと考えられている。これまで産業組合については、農林省が一九三二年から農村不況克服のために展開した農山漁村経済更生運動の中核的実行機関とされたことが注目され、自小作中農層を中心に広範な農村諸階層を組織化し、農村社会統合に大きな役割を果たしたことが明らかにされてきた(2)。

しかし一九三〇年代の産業組合運動では、それまでの運動の本流とは離れたところから、産業組合の役割をさらに多面化しようとする動きも登場するようになっていた。その代表的イデオローグが、キリスト教社会事業家・社会運動家として著名な賀川豊彦(3)である。賀川は第一次世界大戦後、都市消費組合（購買組合）の設立を通じて産業組合とつながりを持っていたが、一九三〇年代になると、農村の窮乏を打開するためには協同組合による「防貧運動」(4)の展開しか道はないと説き、産業組合が生産面（土地の協同利用）に進出すると同時に、「疾病、養老、災害、廃疾、妊婦、或ひは教育などの各方面」に関する互助組織（共済組合）となり、また住宅・台所の改善や児童保育などの「福利的社会事業」をも手がけるべきと主張するようになる（賀川豊彦『農村社会事業』日本評論社、一九三三年)。こうした賀川の主張は、産業組合の社会的機能を拡充することを通じて、今日でいう協同組合福祉を目指すものであったといえるだろう。

このように協同組合による「防貧運動」を説く賀川が、自ら運動の先頭に立って推進したのが医療利用組合の組織化＝医療組合運動(東京医療利用購買組合、一九三二年五月設立認可)であった。そこにおいて彼は、次のように主張している(賀川豊彦「国民健康保険と医療組合」『医療組合運動』一九三二年一一月、後に賀川豊彦『医療組合論』全国医療利用組合協会、一九三四年、に収録)。

医療利用組合の使命が、窮乏せる日本を救ふに於て絶大な任務を持つてゐることは、たゞにそれが非常時日本の保健問題を解決する上に効果があるのみならず、それを基礎にして将来我国の医療国営の基礎になるべき標柱を樹てゝ行く点にある。今、国家が、工場労働者、鉱山労働者並に交通労働者のために強制的健康保険を設けてゐるが、五百七十万戸を有する農民大衆と、六百万戸を含む一般市民層の健康保険は、いまだに顧みられないでその儘捨てられてある。……彼等にこそ健康保険が必要なのである。……今若し国家的健康保険を一般農民及び市民に実施せんとした場合、我々が今日組織してゐる医療利用組合の組織訓練を経ずして、果して健康保険組合が成功するであらうか？　私は否と答へる。私が国家百年の大計のために医療利用組合を絶叫するのは全く茲にある。……そして健康保険組合が村々町々に出来たとき、医療国営が初めて可能になるのである。

つまり医療利用組合は、「一般農民及び市民」に対する「国家的健康保険」制度の実現を準備するものであり、それはまた来るべき「医療国営」の前提でもあるというわけである。賀川がこのように論じた一九三二年は、健康保険制度が実施されてからまだ六年目であり、当時の被保険者数は一七二万人に過ぎなかった。そうした段階において、賀川は「一般農民及び市民」に対する「国家的健康保険」制度という、いわば「国民皆保険」の必要を主張していたのであるが、これは内務省社会局による国民健康保険制度の研究開始(通説では一九三三年四月)に先行する提唱であった。

右のような賀川の主張の前提には、医療は「非営利」でなければならないという彼の信念があった。賀川にとっての医療組合運動とは、協同組合を基礎とする医療(診療所・病院)の普及によって、医療の資本主義的形態である開業医制から医師を解放し、医療行為に専念することができる条件を作り出す医療の非営利化(脱商品化)運動(賀川は「医療制度上の革命運動」と呼んでいる)であり、それは①医療利用組合の全国的普及、②「一般農民及び市民」に対する「国家的健康保険」制度の実現を経て、③最終的には「医療国営」に至るものとされていたのである(前掲賀川『医療組合論』)。

「医療の社会化」と医療利用組合

賀川が医療組合運動を提唱した一九三〇年代初頭は、医療費負担の軽減を目指す動きが、さまざまな形で広がりをみせるようになっていた時期であった。当時「医療の社会化」と呼ばれたこのような動きの原型は、一九一一年、鈴木梅四郎らが「小官公吏、同事務員、同店員、同教員、巡査、学生、職工、徒弟、労働者」など「智識あり技能ありて収入少き階級」の「防貧事業」として設立した社団法人実費診療所に遡る(5)(前掲鈴木『医療の社会化運動』)。実費診療所は、徹底した経営の合理化と一種の薄利多売により、医師会協定料金の三分の一から四分の一という低廉な価格で医療を提供するものであった。しかしそれが「貧民」以外の庶民一般を対象とし、かつ「実費」を標榜したことは開業医＝医師会の猛烈な反対運動を引き起こし、東京・横浜・大阪に支部を設立した段階で、内務省により支部増設を認められなくなった。

だが実費診療所が提示した「実費」ないし「軽費」診療という方式は、第一次世界大戦後における「都市社会政策」勃興の中で注目されるようになり、やがて自治体による社会事業の一部門として「公立実費診療所」やその病院版である「市民病院」が各地に出現するようになった。こうした趨勢は昭和期に入ると、男子普通選挙による政治社会の拡大と恐慌下の生活難を背景にさらなる拡大をみせ、一九二九年には内務省の社会事業調査会も、「中産者の自助的医療施設として健康保険其他共済的組織の発達を企画奨励」すると共に、公共団体や「基礎鞏固にして経営方法確実なる公益法人」によって「軽費診療施設の普及を計る」べしという決議を行っている（第五回社会事業調査会決議「医療保護施設に関する体系」一九二九年六月『日本社会事業年鑑 昭和八年版』中央社会事業協会、一九三三年、四五―四七頁）。このような動向の中で、従来貧困者向けの無料診療のみを行っていた施設の中にも軽費診療を兼営するところが増加するようになり、一九三一年に内務省衛生局が行った調査によれば、「公立実費診療所」は無料診療を兼営するものを含めて九六、同じく私立施設は二一六に達していた（前掲『日本社会事業年鑑 昭和八年版』二二二―二二三頁）。これらの「実費診療所」は、おおむね都市部の社会事業施設であり、中規模以上の都市では事業が軌道に乗るにつれ、「公立実費診療所」から市立病院・市民病院へと拡大するものも相次ぐようになる（高岡裕之「近代日本の地域医療と公立病院」『歴史評論』第七二六号、二〇一〇年一〇月）。

さらに右のような動向を社会事業のレベルにとどめず、医療制度そのものを変革すべきことを主張したのが、この時期に一定の進出をみせた社会運動であった。社会運動系の「医療の社会化」運動として比較的よく知られるのは、左派系の医師による「無産者診療所」運動(6)であるが、そこでは「ブルジョア的医療制度」（後に「封建的開業医制度」）の打倒が掲げられていた。他方、無産政党運動内右派の社会民衆党では社団法人実費診療所の設立者である鈴木梅四郎が「医療国営論」を掲げて国会議員となっており、中間派である全国労農大衆党は一九三〇年に「人民衛生権」に基づく「大衆的保健制度」の確立を決議して、公営医療機関の拡充や党組織による「実費診療所」経営を方針化している(7)。

以上のように、一九三〇年代初頭には社会事業や社会運動による「医療の社会化」の動きが大きな広がりをみせており、賀川が提唱した医療組合運動も、こうした動向を背景に登場した「医療の社会化」のバリエーションであったといえる。だが医療利用組合という形態は、たちまちのうちに当時における「医療の社会化」の主流と目されるまでに発展を遂げることとなる。

一九三〇年代に広がりをみた医療利用組合の特徴は、二〇年代の医療利用組合に一般的であった村産業組合単位の診療所経営ではなく、①医療事業を行うために町村の枠を超えた組合を新たに設立し、②その資力によって総合病院を経営する広区域組合が主流となったことにある。そのモデルとなったのは、一九二〇年代末に同時多発的に出現した青森県の東青病院(青森市)、鳥取県の厚生病院(東伯郡倉吉町)、高知県の昭和病院(高岡郡須崎町)などであった。このような広区域医療利用組合は、賀川らの東京の運動が注目されたことを契機に、主として東日本に広く展開し、一九三六年末までに一九府県で合計五六の広区域組合(連合会を含む)が設立許可を受けている。この時点で四つ以上の組合が設立されていたのは、青森県(八)、岩手県(八)、秋田県(八)、新潟県(六)、群馬県

(四)、愛知県(五)であり、これらはとくに医療組合運動が盛んであった地域とみなし得る(全国厚生農業協同組合連合会編『協同組合を中心とする日本農民医療運動史(前編・通史)』同、一九六八年)。

こうした組合の設立事情はさまざまであったが、医療利用組合研究者である青木郁夫はその中心人物の面から、①産業組合の郡部会が全体として関与して設立されたもの、②町村長・地域有力者・方面委員などが中心となったもの、③農民運動や無産政党運動を背景とするもの、の三つに大別している(青木「都市―農村共生型医療利用組合の展開」『阪南論集 社会科学編』第三〇巻一号、一九九四年六月)。

このうち医療組合運動全体の指導者としての役割を果たしたのは、③の社会運動関係者である賀川豊彦(社会大衆党顧問)、東京の黒川泰一(元日本大衆党、一九二九年共産党入党直後に四・一六事件で検挙)、秋田の鈴木真洲雄(秋田消費組合長)、岩手の高橋新太郎(元社会民衆党九戸支部長)、新潟の三宅正一(社会大衆党、長岡市議、一九三六年総選挙で当選)らであった。(8) なお一九三二年に成立した社会大衆党(社会民衆党と全国労農大衆党が合同)は、医療国営を主張しつつ医療組合運動を支持する立場をとっており、また同党を支持する全国農民組合も一九三二年の大会で「医療組合の設置」を運動方針に加えていた。一九三〇年代における医療組合運動を支えた一つの基盤が、こうした社会運動(関係者)の動向にあったことは間違いない。

また②のうち注目されるのは、社会事業関係者の関与である。たとえば愛知県の場合では方面委員が関与した事例が目立ち、なかには瀬戸市を中心とする陶生病院のように、県・市の社会事業主事らと方面委員によって「市民病院と産業組合法による医療組合病院との利害、得失が比較検討され、その結果満場一致で医療組合病院が賛成」されたといった、市民病院に準じた医療利用組合も存在した(公立陶生病院五〇周年記念誌編集委員会『公立陶生病院五〇周年記念誌』公立陶生病院、一九八七年、三四頁)。また秋田医療利用組合の理事に就任した加賀谷三次郎(土崎港町議)は、方面委員・土崎社会事業協会理事をつとめる社会事業家であったが、彼は医療組合運動への参加に先立って、「国民の保健は国家が保証せねばならぬ」と唱え、「一般中産階級以下の国民」のための「防貧施設として、否、生きんとする施設としての軽費診療機関設立」を主張していた(加賀谷「国民診療所の設立を提唱す」『秋田県社会時報』創刊号、一九三一年一一月)。医療利用組合運動のいま一つの基盤は、地方における社会事業の展開であったといえよう。

このように一九三〇年代の医療利用組合には、社会運動もしくは社会事業的色彩を帯びたものが少なくなく、経済活動を主とする従来の産業組合運動内においては異端的位置にあった。しかし医療利用組合に対しては、開業医の顧客である「中産階級」を奪い、開業医制を破壊するものとする地元医師会の設立阻止運動が生じ、医療利用組合側はこうした医師会の動きに対抗すべく全国医療利用組合協会(一九三二年四月、以下「全医協」)

を設立すると共に、産業組合本流の支援を求めるようになる。他方、秋田の西田近太郎(県小作官)、岩手の佐藤公一(県農林主事)、農林省の蓮池公咲(経済更生部事務官、一九三三年より医療利用組合関係事務を担当)などの農政官僚は、農村経済更生と産業組合運動拡大の見地から医療利用組合を支持し、推進するようになった(9)。また一九三四年に内務省社会局が「国民健康保険制度要綱案(未定稿)」を発表すると、医療利用組合の意見を法案に反映させるためにも運動の強化が求められるようになった。

こうした動向のなかで、一九三五年には産業組合中央会内に全医協の専任主事(黒川泰一が就任)が設けられて中央の指導体制が整備された。また農林省も、医療利用組合は「医業の資本主義化が止揚され、解消されざる限り、其の運動の使命の下に今後益々発展し医療の社会的普及運動としての重要なる役割を達成するものであると見られ」、「此の運動に対して、厳正公平な立場よりの指導誘掖こそ、相俟つて真に国家社会に於ける医療問題を解決する要因である《(ママ)》」という見解を表明し(農林省「医療利用組合の概況」『農務時報』第八一号、一九三五年六月)、その指導＝統制にあたる姿勢を明確にした。かくして医療組合運動は、産業組合運動の一部門として「公認」され、農林省のバックアップの下に推進されるようになった。そしてこのような医療組合運動が産業組合に加わったことにより、産業組合および農林省は農村医療問題を考える上で、無視することができない「社会政策」主体として立ち現れることとなったのである。

国民健康保険と医療利用組合

ところで先述のように、内務省社会局は一九三三年から国保制度の立案に着手していた。では社会局(保険部)は、医療利用組合をどのように評価していたのか。この点について一九三四年九月、社会局庶務課が刊行した『医療利用組合の概観』(調査資料第一〇号)は、実地調査の結論として次のように述べている。

医療利用組合は驚くべき発展を遂げ医師会側を戦慄せしめるに至つた。そして、農村地方に於てその齎《もたら》した福利は決して小さくないのであつて、此の点に於て医療利用組合運動は医療社会化運動として、否、社会運動として大きな意義を有するものであつた。然しながら……現金不如意な現在の農家が、疾病の折に現金を支出しなければならぬことは大いなる負担となるものである。……此の点に付考へられるべきは、医療組合と国民健康保険制度との比較である。……国民健康保険制度は、一定の保険料を醵出することに依り、被保険者は疾病、負傷、死亡、分娩の場合に無料又は著しく僅少な金額を支払ふことに依つて、安んじて診療を受ける制度である。従つて、疾病其他の事故ある場合に、時に多額の支出を為す必要がないのである。此の点に於て国民健康保険は医療組合より一歩進めたものである。

ここにみられるように、社会局は医療組合運動の社会的意義を評価しつつも、それが廉価であるにせよ医療費の自己負担を強いる制度であることの限界を指摘し、医療費負担の軽減という面では国民健康保険制度の方がより進んだシステムであると考えていた。それゆえ社会局では、国保の実現によって医療利用組合はその役割を終え、国保制度に合流すべきものと目されていたのである。

こうした評価の前提には、医療制度の将来に対する医療利用組合と社会局との展望の相違があった。国保制度立案の中心人物であった川村秀文(当時社会局保険部監査課長)は、日本医師会に対して行った説明の中で、現状では国保組合が直営の医療施設を望むであろうことが予想されるとしつつも、開業医の生活を擁護するためそうした事態を制度的に防止することを明言している。開業医制の止揚を理念に掲げた賀川らとは異なり、社会局は国保が「開業医制度と抵触しない、寧ろ開業医制度と調和し、開業医制度の美点を充分に発揮せしむるところの制度」であることを強調していたのである(川村秀文「国民健康保険の趣旨目的に就て」日本医師会『国民健康保険に関する資料』同、一九三四年、四八頁)。

ともあれ右のような認識を持つ社会局は、国保制度案を審議する社会保険調査会の開催が迫った一九三五年の八―九月、農林省や全医協に対して国保実現に向けた協力を求めると共に、先年の調査結果を踏まえて医療利用組合が国保組合へと転換することを要望した。しかし農林省は国保の必要という点では一致しつつも、社会局の指摘する医療利用組合の問題点は農林省が指導方針としていた連合会方式によって解決されることなどを挙げ、社会局の要望を拒絶した(『医事衛生』一九三五年九月一一日)。この連合会方式とは、医療利用組合の弱点とされていた①経営の不安定性、②医療費の現金払い、③貧農の加入難といった問題を、既存町村産業組合の連合会経営に切り替えることによって解決しようというものであった。

また全医協は当初から国保の実現に期待してはいたが、社会局案が開業医制を中心とした制度であることを問題とし、①「国民保険は相互扶助を目的とする社会保険なればその目的に合致せる非営利的社会的医療機関に依り給付が為さるべきである」こと、②また国保実施のためには医療機関の普及をはかることが先決問題であり、「そのためには農村の医療普及に最も適したる医療組合の全国的普及を促進する為政府は之に相当の補助をなし、国民保険実施の基礎を確実鞏固ならしむ」べきことなどを主張した(全国医療組合協議会「国民健保要綱案に対する意見」『医事衛生』一九三五年一〇月二三日)。こうした主張は、医療機関は「非営利」的であるべしとする全医協の理念に基づくものであるが、②の農村医療機関普及の必要性の強調は、国保と医療利用組合の役割の違いの強調でもある。では医療利用組合は、いかなる意味で「農村の医療普及に最も適した」方式だったのだろうか。

地域医療システムとしての医療利用組合

先述のように、医療利用組合は「医療の社会化」の一つのバリエーションとして登場したものであり、その直接の動機は医療費負担の軽減であった。しかし一九三〇年代に広まった医療利用組合は、広区域組合方式によりしばしば最新の設備を持つ総合病院の経営を目指すものでもあった。ではなぜこの時代の医療利用組合では、ことさらに総合病院が望まれたのか。

この点について、広区域医療利用組合のモデルの一つとなった高知県昭和病院の細木武彌（専務理事）は、今日では「従来の様に一人の医師が内科も外科も婦人科もといふやり方では満足し得ない為めに少し気懸りな容態を呈する時は都会地に専門家の門を叩いて、往々家産を傾けてゞも最上の手当を受けねばやまない……そこで内科外科産婦人科等夫々の専門医を持つ綜合病院を自分達の病院として持ち度いとは当然な願望」であると述べている（細木「医療合理化と組合経営」『医療組合運動』第一一号、一九三三年四月）。つまり都会に進歩した治療法を扱う専門医が存在する以上、深刻な症状の患者（ないしその家族）は地域の開業医ではなく、「家産を傾けてゞも」都会の専門医を頼ろうとするのであり、そうした要求に応えるためには総合病院が必要であったというわけである。ここには医学の発達の中で、医療の内容がすでに今日でいう一次医療と二次医療（入院を伴う高度医療、専門医療）に分化しつつあったこと、そして病院経営を目的とする広区域医療利用組合の出現とは、こうした二次医療に対応する施設を地域に確保しようとするものであったことが示されている。[10] このように地元に総合病院がないという事情は、広区域医療利用組合の設立理由の中に数多く見出すことができる。広区域医療組合運動の大きな特徴は、地域社会における医療に対する要求水準の向上に対応していた点にあったのである。

ところで、このように広区域医療利用組合が総合病院を持ったことは、組合病院を拠点とする地域医療ネットワークの形成を促すものであった。場合によっては複数の郡にまたがる規模で組織された広区域医療利用組合は、地域の中心的な都市に病院を建設すると共に、組合員の要望に応えるために各地に分院や出張診療所を設置した。こうした形態が結果的に地域医療の確保の上で効果的であったことについては、「中枢病院を中心とし、その周囲に診療所其他を衛星の如く配置する行き方以外に、現代医療を農村に普及する途がないことを、医療利用組合は多年の経験を通じて体得した」と述べられている（黒川泰一『保健政策と産業組合』三笠書房、一九三九年、一六八―一六九頁）。つまり医師が定着しないような村でも、組合病院を中心とする医療ネットワークの一端としてであれば医師の供給が可能であることを発見したというわけである。

このような主張は、当時の大きな社会問題であった「無医村問題」を念頭になされている。内務省衛生局の調査によれば、医師のいない町村数は、一九二三年を一〇〇とすると、二七年には一四八、三〇年には一六五、三四年には一七五となっており、またそれらが町村総数に占める割合は、一九二三年から三四年にかけて一六％から三〇％へとほぼ倍増していた。他方、医師の総数は、一九二三年の約四万三〇〇〇人から一九三四年の約五万五〇〇〇人へとほぼ一・三倍と増加している。しかしこうした医師の増加は、そのほぼすべてが大都市を有する東京・大阪・京都・愛知・神奈川・兵庫および中都市の多い福岡の七府県で生じており、一九三五年の段階では医師総数の四七％がこれら七府県に集中するようになっていた。無医村の増加は医師の都市集中と表裏一体の現象であったといえる（高岡裕之「「医師の近代化」と地域的分布」『歴史科学』第一九九号、二〇〇九年一一月）。

こうした無医村問題に対しては、早くから県や村による村医の招聘などさまざまな対策がなされていたが[11]、実際には無医村は増加の趨勢にあった。それは農村経済の逼迫に加え、医学の進歩の中で専門分科した現代の医師が「一人で何んでもやらねばならぬような、小さな不便な町村には多少俸給を高くすると云つても容易に行きたがらぬ」こと、また「今日の医学は日進月歩してゐるから、常にこれに遅れないがためには、相当の研究設備や研究材料、指導者又は協力者等を必要とするも、町村診療所はこのためにも極めて不適当」であることなど、医師が高度な専門職であることと深く関わっていた（前掲賀川豊彦『医療組合論』一四五―一四七頁）。しかし広区域医療利用組合による医療ネットワークは、農村への医療普及を阻害しているこうした諸条件を取り除くものであり、それゆえ「現代医療を農村に普及する」唯一の方法であるとされたのである。

以上のように一九三〇年代に広まりをみた広区域医療利用組合は、医療費負担の軽減に加えて、医療に対する複合的な「必要」を充足する機能を備えた地域医療システムであり、これらすべてを国保によって代替することは不可能だったといえる。社会局が国保と競合する制度とみなした医療利用組合は、そもそも国保とは非対称なシステムだったのである。

しかしこのように、近代的設備を持つ総合病院を中心としたネットワークが医療費の軽減を掲げて出現することは、地域の開業医にとって「公立実費診療所」などとは比較にならない大きな脅威となった。医療利用組合の設立運動が地元医師会との衝突を引き起こしたのはそのためであり、両者の紛争は医療組合運動の拡大と共に各地へ広がった。各地の医師会は県衛生課や内務省衛生局に陳情や建議を繰り返して組合の認可を阻止しようとし、富山県のように保険医総辞職の決議をあげる医師会も出現した。そしてこうした紛争がついに西日本にも及ぶようになった一九三五年末、医師会の総本山である日本医師会は、内務大臣からの諮問（「我邦医療制度改善に関する意見如何」）答申において、「今や医療の普及と云ひ医療の社会化と称し本邦固有の美風たる家族制度と表裏緊密の発展過程を共にする開業医制度の根柢を動揺して止まさらむとするの風潮朝野に瀰蔓しつゝあ」る状況を批判し、とくに「医療利用組合の如きは……其の根本に於て既に誤謬ある絶対に排斥すべきもの」という見解を明らかにした(『医事衛生』一九三五年一二月一一日)。一九三五年から三六年にかけて、医療組合運動と医師会の対立は頂点に達しつつあったのである。

産業組合の国保「代行」と農村保健運動構想

国保制度成立過程の特徴は、当初は医療利用組合に限定されていた産業組合と国保との関係が、一般の町村産業組合による「代行」問題へと拡大していった点にある。全医協や農林省がこのような路線を取るようになったのは、「国民健康保険制度要綱」を審議するため社会保険調査会が開催され国保の実現が現実味を帯びてきた一九三五年一〇月頃であったと考えられる。産業組合による国保の「代行」は、全医協にとっては医療の協同組合化へ向けた布石であり、また農林省にとっては産業組合の大衆化を実現するために必要な「産業組合事業其のもの﹅社会化」(蓮池公咲「産業組合の大衆化に就て」『産業組合』第三七八号、一九三七年四月)として位置づけられていた。

他方、内務省社会局がこうした路線に同調する意向を明示したのは、「農村社会政策」の具体案を検討する社会事業調査会が開かれた一九三六年六月頃のことであった。本節冒頭で触れたように、社会事業調査会答申は、協同組合による医療の普及や医療利用組合の整備普及を挙げていたが、その基本方針とされていたのは、「農村に於ける社会事業に付ては部落又は協同組合(産業組合を意味する)の経営を奨励すると共に……之が経営に当りては特に形式の煩雑を避け経費の重複を省き成るべく各種の事業を綜合的に経営」することであった。「農村社会政策」に乗り出そうとしていた内務省は、その担い手としての産業組合に注目するようになっていたのであり、そしてこの段階では、社会局の責任者が、国保を「二万二千の産業組合を中心に実施すれば、全国の市町村に凡ど行亘る……産業組合を中心とする場合は中産階級を目標とすることゝなり、国民保険実施の意志に添はぬ点なきにしも非ずだが、この頃は農事実行組合とか、養蚕組合とか、貧農も加入してゐる産業組合があるので、これ等を利用すれば、批難も受けないで済むだろう」(清水玄保険部長談話『医事衛生』一九三六年六月一〇日)と、医療利用組合のみならず産業組合全般を国保の基礎とする構想を、語るようになっていたのである。

このように産業組合が国保の基盤と想定されるようになる中で、全医協はそれまでの医療組合運動の大きな転換を目指すようになる。すなわち一九三六年四月に開かれた全医協第三回総会は、「医療利用組合拡充強化方針」の大綱を決定したが、それは医療組合運動を個々の医療利用組合のみの運動から産業組合全体の運動へと飛躍させようというものであった。この大綱に基づいて作成された「医療利用組合拡充強化方針」の基本方針とされたのは、①「全国的に普遍化し有機的に統一化しつゝある現存産業組合組織の線に沿つて、医療利用組合並にその聯合組織を全国的に確立せしめ完全なる医療費の低減、無医町村の絶滅を通じて医療の社会化を完成す」ること、②産業組合による家庭薬などの供給、③相互的・共済的保健運動の実施、④疾病の予防と健康の維持増進運動の四点である。これは産業組合を総体として巨大な農村保健運動団体へと改編するプログラムであるといってよいが、その核心をなしていたのは、産業組合組織による地域医療ネットワークの構築であった。この医療体系は中央病院・郡分院・診療所の三層構造を持つものであり、その眼目は「郡内の医療中枢機関」として「完全なる医療設備を有する綜合病院」＝郡分院(道府県連合会経営)を設けること、およびその統制下に町村産業組合が診療所を設け、また「助産婦兼訪問保健婦」を置いて健康診断をはじめとする各種の「予防医学的活動」を行うことであった(『医事衛生』一九三六年一〇月二一日、一〇月二八日)。

もちろんこのような構想は、産業組合運動本体が「農村保健運動」に乗り出さなければ単なるペーパープランでしかない。しかしこの時期の産業組合運動は、国保の「代行」を目指して動き出しており、一九三七年一月には、その具体的方針である「産業組合に依る農村保健運動促進に関する方針」が、第四八回全国支会役職員協議会で決定されている。そこで中心的課題とされたのは、目前に迫った国保の実現に備え、「保健共済施設」を実施することにより産業組合を「代行条件に適合せしめる」ことにあった

（『産業組合』第三七七号、一九三七年三月）。しかし同時にこの方針では、支会および道府県聯合会に「保健共済施設と密接不離の関係にある医療利用組合網の完成」を、町村産業組合に「診療所、助産婦、保健婦等の設置をなし進んで予防医学的活動をなすこと」を求めるものであり、また農村保健問題に関する重要事項を審議するため産業組合中央会および支会が農村保健問題委員会を設置し、恒常的に「農村保健運動」に取り組むことも定められていた（産業組合中央会『産業組合年鑑　昭和一三年用』同、一九三八年、五五―五七頁）。このような内容を持つ右の方針は、保健共済施設が前面に出ているものの、基本的には「医療利用組合拡充強化方針」の具体化であったと考えられよう。

右のように、国民健康保険制度がその実現に向けて動き出した一九三六年当時、医療組合運動は産業組合組織を基盤とする全国的な医療ネットワークを構築し、それと国保制度を結びつける構想を抱くに至っていた。他方、「農村社会政策」への進出を目指す内務省社会局もまた、医療利用組合・産業組合との提携を考慮するようになっていた。こうした動きのなかで、「産業組合に依る農村保健運動促進に関する方針」のような路線を採用した産業組合が、もし国保組合の主流を占めることになれば、国保と一体化した産業組合による医療ネットワークが全国的に形成されていたかもしれない。だがこのような可能性をはらんでいたがゆえに、医師会は「代行」規定を含む国保法案（政府原案）の阻止に向けて全力を挙げることとなった。国保法案をめぐる主要な対抗軸が、政府・内務省と医師会の間ではなく、産業組合と医師会の間に形成された背景には、以上のような史的文脈が存在したのである。

国保代行問題の帰結

ところで、「農村社会政策」の一環として具体化した国保法案は、陸軍が強調するようになっていた「国民体位の向上」という政策課題と直接関係するものではなく、また将来に見込まれる国庫負担の大きさや議会で予想される開業医＝医師会勢力の反対などから、広田内閣の進める「保健国策」の外部に取り残される可能性を残していた。そのため国保法案の成立を目指す社会局の川村秀文規画課長は、自ら陸軍に赴いて国保の意義を説明すると共に、国保が「国民体位の向上」に役立つことを強調した「国民健康保険制度と国民体位の向上」という文章を発表している(『医事衛生』一九三六年一〇月七日)。社会局は、陸軍という「推進力」の支持を取り付けることで、国保制度の必要性をアピールしようとしたのである。

しかし「国民体位の向上」という名目を掲げることで、国保法案の前途が安泰になったわけではない。名目の如何にかかわらず、開業医＝医師会勢力は国保法案(政府原案)反対の姿勢を崩さなかったからであり、議会対策が進まないなかで法案成立を危ぶんだ川村は、医療利用組合・産業組合に援助を要請することになる。[12]黒川泰一によれば、一九三七年二月頃、法案審議を前に全医協を訪れた川村は、「このままの情勢では、国保法案は医師会の政治力によって、完全につぶされることは必至となると思うから、この際、産業組合でも法案支持のため、全国大会を至急開いてほしい」と、「詰めよらんばかりの様子で、頼みこんできた」という(前掲黒川『沙漠に途あり』一八四頁)。かくして国保法案をめぐっては、本節冒頭で触れたように、医師会と産業組合の双方による大々的な院外活動が展開されることとなったのである。

第七〇議会における国保法案の審議は医師会側に有利なものであり、本文の代行条項は削除され、附則において医療利用組合の限定的代行(一九三七年三月末において現に医療事業を行うものに限る)が認められるにとどまった。だがこの修正案は、議会解散のために不成立に終わり、その後、本節冒頭で触れたような経緯を経て、医療利用組合の代行条件の緩和(設立期限の撤廃)ということで最終的な妥協がなされることとなる。しかしこの最終案が定まった社会保険調査会の答申は、医療利用組合による代行をあくまで「例外」とし、さまざまな条件を付していた。結局のところ国保制度の基礎とされたのは、地域社会における「相扶共済の精神」(法文第一条)に基づいて設立されるべき「普通国民健康保険組合」[13]と開業医制だったのである。これは国保の実現を、内容面での異論はあっても一貫して支持してきた医療組合運動にとっては大きな挫折であったといえる。医療の現場において、その主流を占める開業医＝医師会の政治力は強力だったのである。

以上検討してきたように、日中戦争下に成立した国民健康保険制度は、当時の内閣が掲げた「保健国策」という外観をまとっていたとはいえ、その基本的性格は、一九三〇年代に顕在化していた農村医療問題に対応すべく登場した「農村社会政策」であり、さらにその前提には医療組合＝産業組合運動の広まりがあった。この医療組合＝産業組合運動は、一九二〇年代以来の「医療の社会化」の流れが農村部へと展開したものであり、その担い手の中には少なからぬ社会運動・社会事業関係者が含まれていた。国保制度の成立を考える際に見落とされてはならないのは、こうした医療組合＝産業組合運動の広がりに示される医療に対する社会的「必要」の高まりであり、またこの運動が国保制度の実現を求める一方で産業組合組織による地域医療ネットワーク構想を提示するまでになっていた事実である。国保制度の成立は、日本における「社会国家」化の画期の一つとみなし得るが、その背景には、国保制度の実現を望む社会的基盤が存在していただけでなく、開業医を中心とする医療制度そのものの再編成が問題とされるという状況が生じていたのである。

もっとも、実際に成立した国保制度は、医療利用組合による代行をあくまで「例外」として認めるものに過ぎず、それゆえ「医療の社会化運動としての医療利用組合運動は国保の成立によって終わりをとげた」(佐口卓『国民健康保険』光生館、一九九五年、二一頁)という評価が下されてきた。しかし「医療の社会化」＝医療をめぐる「社会国家」化の問題は、国保法の成立によって終わりを告げたわけでは決してない。実際、第七〇議会において、医療組合運動の政治的代表者として産業組合の国保代行を主張した三宅正一(全医協常任幹事、社会大衆党中央委員)の質問は、国保そのものの内容よりも、①開業医制はもはや行き詰まっており、農村医療問題は国保のみで解決できるものではないこと、②とくに医療分布の問題を解決するためには「一定の人口に一定の医者を配し、「メディカル・センター」及び「ヘルス・センター」を置き……網の目の如く統制的医療行政を行」うことが必要であること、③そのためには「非営利主義であり、相互扶助主義であり、而して自力更生の精神を持ち、計画的に統制的であり、非営利であるが故に、予防医学に進出することの出来る」医療利用組合が適切であることなど、「医療制度それ自体を改革」する必要を強く主張するものであった(「第七十回帝国議会衆議院議事速記録」一九三七年三月一二日、三月二六日)。

三宅のような意見は他の議員からも提出され、その結果、衆議院は国保法に「速に官制に依る調査会を設け医薬制度に関する根本方策を樹立すべし」という附帯決議を附した。それは「我国の医薬制度が頗る不完全であって……医師、薬剤師等の養成、分布及び国民の立場より見たる医療救療等に付ても頗る遺憾の点が少くない」ことが、国保法の審議を通じて明白となったためと説明されるものであり(添田敬一郎委員長報告、「第七十回帝国議会衆議院議事速記録」一九三七年三月二六日、八七〇頁)、政府はこれに善処する旨を確約している。

つまり国保法をめぐる審議は、同法の必要のみならず、日本の医療制度そのものに対する見直しの必要を認めるものでもあったのであり、「官制に依る調査会」に委ねるとされたその「根本方策」の検討は、新設の厚生省の下において行われることとなる。医療をめぐる「社会国家」のあり方をいかにすべきかという結論は、国保制度の普及問題と共に、総力戦体制下の課題として持ち越されていたのであるが、これらについては第五章においてあらためて検討したい。

3　農村過剰人口と二つの人口政策論

「農村過剰人口」という認識

二・二六事件後に浮上した「農村社会政策」のさらなる特徴は、「農村過剰人口」問題への対策が提起されていたことである。この問題は、一九三六年の社会事業調査会答申においては、職業保護事業の課題として把握されている(前掲『日本社会事業年鑑 昭和十二年版』四五六頁)。

第五　職業保護事業

農村に過剰人口又は季節的過剰労力多き実情に鑑み之が根本調査を為すと共に農

村過剰人口を職業に就かしむる為左の通り施設すること
一、農村人口の海外発展方策を確立し集団移民に重点を置き農村過剰人口の海外移植民を奨励すること
二、過剰人口及余剰労力の多き農村地方に於ては職業紹介施設の分布を適正ならしめ且其の組織及活動の内容を改善し以て地方民に対する就職出稼斡旋の機能を拡充すること

みての通り、ここでは農村過剰人口問題との関連で職業保護事業が位置づけられ、またそうした観点から移民事業の振興と職業紹介事業の強化という一見異質な施策が一体のものとして提起されている。広田内閣期には、後述するように、満洲大量移民事業の国策化がなされる一方、行政機構の改革による職業行政の確立がはかられたが、その背景にあったのは右のような「農村過剰人口」という認識だったのである。

もちろん、日本社会が人口過剰の状態にあり、なんらかの政策的対応が必要であるという認識はすでに一九二〇年代に登場しており、一九二七―三〇年には人口問題に関する最初の政府機関である人口食糧問題調査会(会長＝内閣総理大臣)が設置されていた。しかし人口食糧問題調査会における人口問題の把握は、民政党内閣による労働組合法制定の試みなど、政党内閣期にみられた新たな「社会政策」への動きの一環をなすものであった。[14]しかしこうした「社会政策的人口対策」は、浜口内閣における労働組合法制定の

挫折(一九三一年、第五九議会貴族院において審議未了)、さらには満洲事変を転機とするナショナリズムの台頭の下で可能性を閉ざされる。

ところが一九三六年の二・二六事件後の状況は、人口問題を再び「社会政策」の課題として浮上させることとなった。その際のキー概念が「農村過剰人口」だったわけであるが、それを導いた政策論は決して一つではなかった。以下この問題を、一九三〇年代の人口問題論との関連で検討してみよう。

一九三〇年代の人口動向

人口問題をめぐる議論には人口学固有の論理があり、それらを踏まえなければ問題全体を理解することはできない。そこでここではあらかじめ、当時の議論の前提となっていた日本の人口動向を、人口学の面から確認しておこう。

先述のように日本における人口問題への関心は、一九二〇年代に高まりをみせていたが、その背景をなしていたのは、一九二〇年代半ばから日本(内地)人口の自然増加が九〇―一〇〇万人規模に達するようになったことであった(図11)。ただし当時の出生率は一九二〇年以降漸減傾向にあり、にもかかわらず人口の増加が顕著となったのは、出生率の低下を上回るテンポで死亡率の低下が進んだことによる。

第一次世界大戦後に生じた右のような人口変動は、今日の人口学においては「人口転

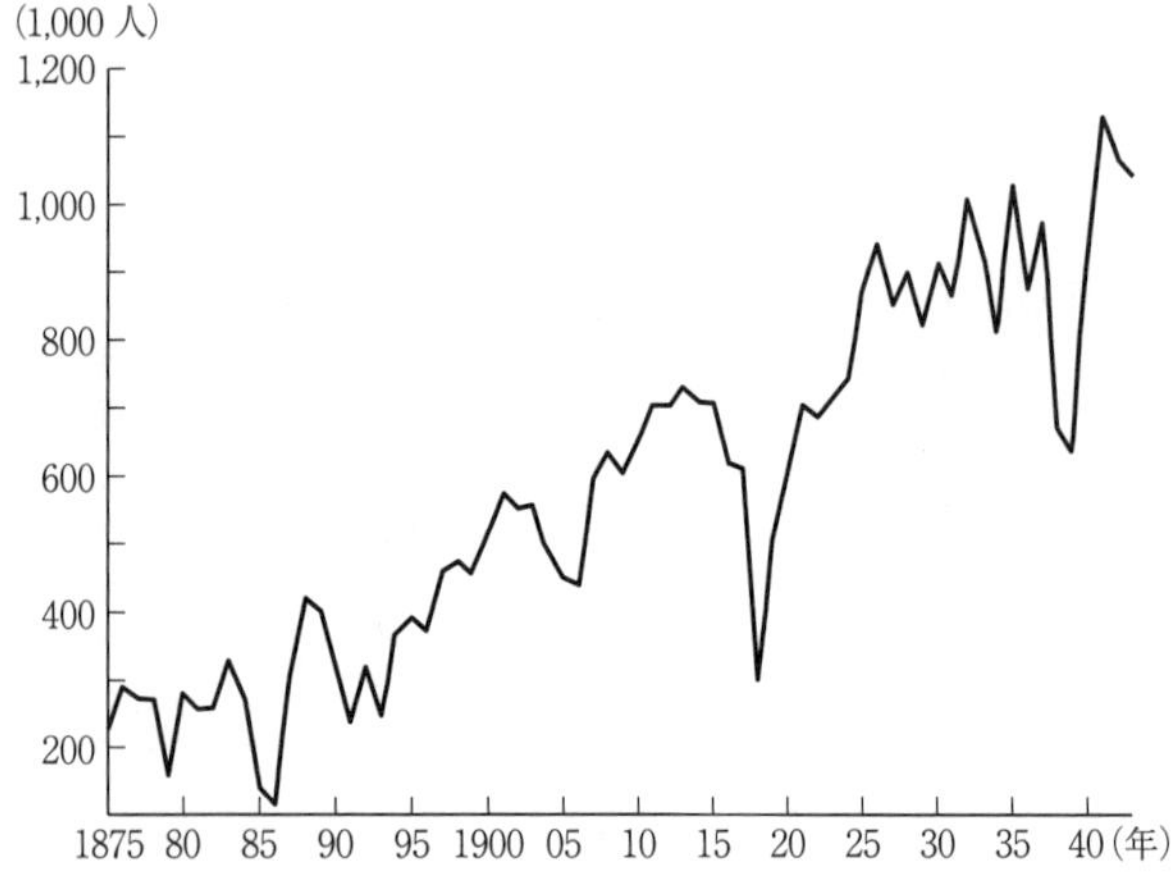

注) 筆者作成.

図11 人口自然増加数の推移

換」の一環として理解されている。人口転換とは、近代的人口成長にみられる、いわゆる「多産多死」段階(高出生率・高死亡率)から「少産少死」段階(低出生率・低死亡率)への移行のことであり、そのプロセスにおいては①死亡率の先行的低下(死亡転換の開始)、②出生率の追随的低下(出生力転換の開始)という「多産少死」段階を経るものとされる。ヨーロッパの場合では、一八世紀後半に早くも出生率低下が始まったフランスを例外として、おおむね世紀転換期前後に出生力転換が生じており、第一次世界大戦後多くの国が少産少死段階への移行をとげた結果、人口増加の停止ないし人口減少の危機が問題となりつつあった。

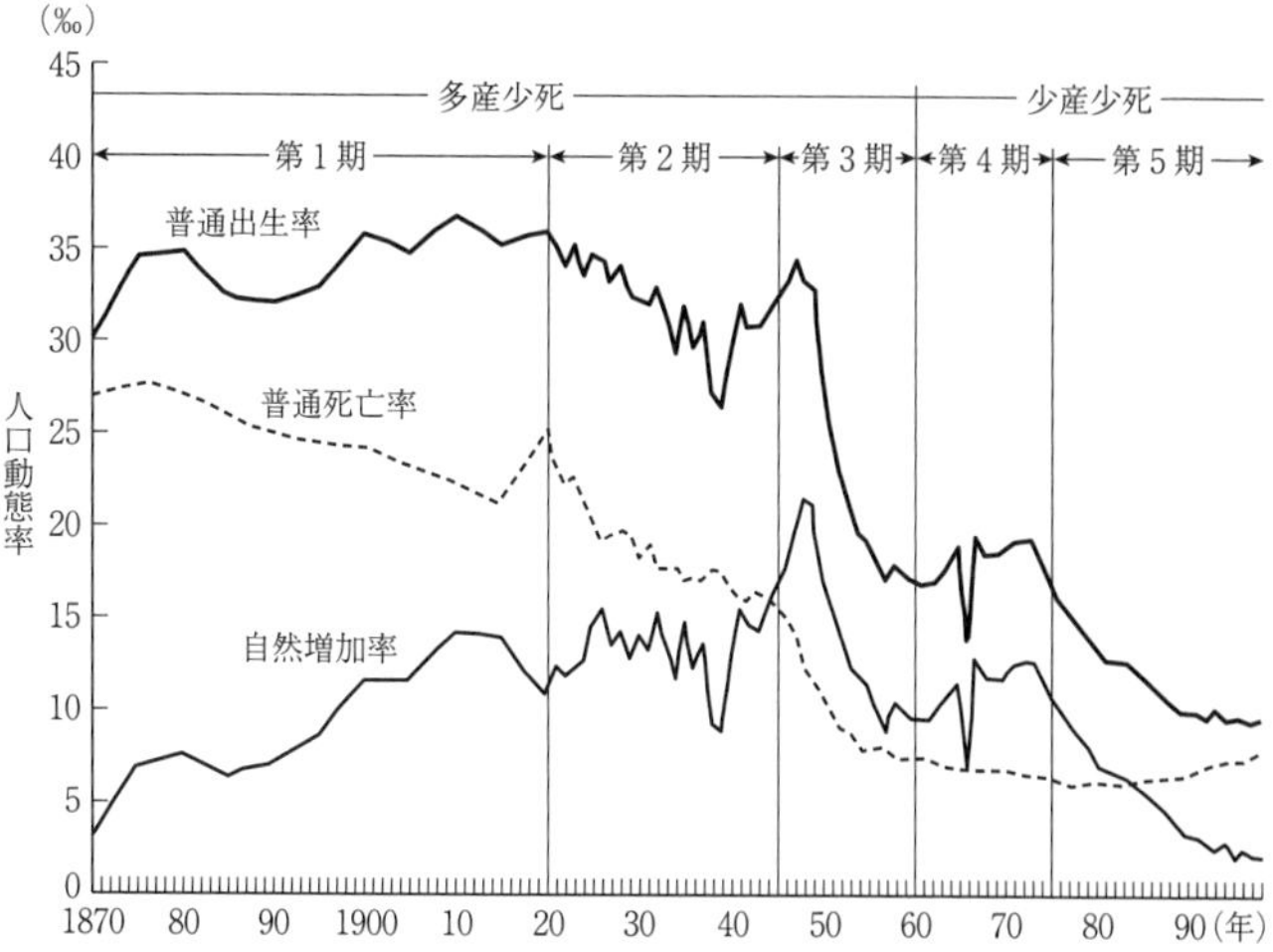

出典）阿藤誠『現代人口学』(日本評論社，2000年)

図12　日本の人口転換(普通出生率，普通死亡率，自然増加率の推移)

日本の場合、第一回国勢調査（一九二〇年）以前の統計数値をどうみるかで議論が分かれているが、日本もヨーロッパと同様の人口転換を経過したとする立場からは**図12**のような推計が提示されている。これによれば、明治初期から一九二〇年代までが死亡率の先行的低下段階、一九二〇年代以降が出生率の追随的低下段階ということになり、日本は一九二〇年代から多産多死の後半段階、すなわち少産少死段階への本格的な移行期に突入していたということになる。

とはいえ、同時代の人々にとって日本の人口がどのような推移をたどるかは、なお未知数であった。

そのため当時の欧米の人口学者の間では、「日本人が、「東洋的の出生率」で増殖し、而かもその死亡率は「西洋的水準」で降下する故に、将来の人口増加は無限」とみる議論も登場していたのである(上田貞次郎「近き将来における日本人口の予測」上田編『日本人口問題研究』協調会、一九三三年)。

上田貞次郎の商工主義的人口政策論

このような状況の中で、日本の将来人口に関する本格的な統計学的研究を行い、「日本の人口問題研究に……新たなる、そして最も強固なる礎石」(南亮三郎『人口論発展史』三省堂、一九三六年、一七頁)を据えたと高く評価されたのが、人口問題研究会の指導理事をつとめた上田貞次郎(東京商科大学教授)である(15)。

人口問題研究会とは、人口食糧問題調査会の廃止(一九三〇年)の後、「我国人口問題の解決に資する為諸般の調査及研究を遂け……人口政策施設の促進を期す」(寄附行為第二条)ことを目的として、一九三三年に設立された財団法人(事務局＝内務省社会局内)である(人口問題研究会『人口問題研究会五〇年略史』同、一九八三年)。同会の指導理事となった上田は、一九二〇年代に自由通商主義の提唱者として知られた経済学者であったが、一九三一年の満洲事変を契機として門下生らと人口問題の研究に取り組むようになる。それは上田が満洲事変の背後に「過剰人口」の圧力を感じ取ったためであり、また「満洲移民によつて我国の人口問題は解決せられ、日満関税同盟によつて我国は世界に孤立したる自給自足の経済区域を作り得るかの如く論ずるもの」さえ現れるという状況に危機感を抱いたからであったという(上田「我国現下の失業と人口問題」前掲上田編『日本人口問題研究』五五頁)。

こうした動機から人口問題研究に着手した上田がまず行ったのは、不明瞭な状況にあった日本の将来人口を推計することであった。この過程で上田は、当時の人口増加が出生率の低下を上回る死亡率(とくに乳児死亡率)の低下によることを確認し、「従来多産多死の国と称せられた我国も今や少産少死の時代に入りつゝあることを断定して差支えない」とした(前掲上田「近き将来における日本人口の予測」)。そして妊孕年齢婦人層の増大と出生率の低下が相殺するものとみなし、毎年の平均出生数を二一〇万人と仮定したうえで、日本の将来人口が一九七〇年前後に八〇〇〇万人程度で停止するという見通しを得る。これは上田自身が認めるように不十分な推計ではあったとはいえ、日本の将来人口に関する最初の本格的な統計学的研究であると同時に、日本の人口もまたヨーロッパと同様の推移をたどるであろうことを統計学的に予測した画期的研究であった。

ところで、上田がこのような推計を行ったのは、錯綜を極めていた人口問題をめぐる議論に統計学的な判断基準を確立するためであり、そこからまず彼が引き出したのは、向こう二〇年間に一〇〇〇万人に達するであろう生産年齢人口(一五—五九歳)の増大に対し、いかにして職業を保障するかという、人口問題の職業問題としての再定義であった。こうした人口＝職業問題の観点からすれば、人口問題解決策としての産児制限は無効であり(二〇年後の生産年齢人口はすでに生まれてしまっている)、移民政策もその量的限界ゆえに解決策たり得ない。

ただし上田によれば、人口＝職業問題は失業の有無の問題ではなかった。なぜなら日本の有業人口の多数を占める農民や中小商工業者は、有業のまま所得の減少や負債の増加に苦しんでいるのであり、これらも一種の失業問題(潜在的失業)とみなさねばならない。その意味で失業という現象は人口＝職業問題の一角を占めるに過ぎず、より根本的な問題は人口増大のなかで「生活程度」＝生活水準の維持をはかることにあるとされたのである。

では右のような意味で人口増大に対応すべき職業は、いったいどこに求められるのか。この問題を検討するため人口の動きを地域別・職業別に分析した上田は、内地の出生のほとんど(一九二〇年の八五％、三〇年の八〇％)が郡部＝農村で生じているにもかかわらず、農村人口・農業人口双方に増加がみられないことに着目し、農村には人口増加を支える条件がなく、日本人の「生活程度」は農村から都市への絶えざる人口移動によって支えられる関係にあることを指摘する。農村青年が都市へ集中するのは、郷里になすべき仕事がないからであり、都市への移動が停滞して彼らが農村にとどまるならば、農村の困窮は一層はなはだしくならざるを得ない。こうした見通しの下に上田は、「我国人口問題の解決は農村に生ずる過剰労働力のはけ口を作ることであり、従って国民経済の工業化による外ないので……人口の都市化は必然」であるとした（上田「日本人口問題の理論的意義」上田編『日本人口問題研究（第三輯）』協調会、一九三七年、一八頁）。つまり上田の提示した人口問題の解決策とは、工業化・都市化の促進を通じた人口扶養力の増大、すなわち農業国から工業国への転換の必然を説くものだったのである。このような上田の人口政策論を筆者は「商工主義的人口政策論」と呼んでいる。

那須皓の農本主義的人口政策論

ところで、同じく人口問題研究会の指導理事でありながら、上田とは対極的な議論を展開した人物が那須皓《なすしろし》（東京帝大農学部教授）である[16]。一九二〇年代の代表的な改良主義的農政学者であった那須は、一九三〇年代に入ると橋本伝左衛門（京都帝大農学部教授）、加藤完治（日本国民高等学校校長）らと共に、満洲農業移民を積極的に推進したいわゆる「内原グループ」（内原［現茨城県水戸市］は日本国民高等学校の所在地であり、一九三八年には満蒙開拓青少年義勇軍内原訓練所が置かれた）の中心人物として知られている。

那須らによる満洲移民の推進が、「満洲国」支配を強化しようとする関東軍の意図とは別に、農村過剰人口対策としての側面を持つものであったことは、これまでも繰り返し指摘されてきた（満州移民史研究会編『日本帝国主義下の満州移民』龍渓書舎、一九七六年など）。ただし那須は、満洲移民によって「過剰人口」問題が「解決」されると主張していたわけではない。なぜなら移植民によって生じた「空位」は、新たな人口増加によって補塡されるというのが当時の人口学の通説であり、また毎年一〇〇万人規模に達しつつあった人口増加の圧力を移植民によって解決することは到底不可能と目されていたからである。那須はこうした移民政策の限界を認めつつ、移民には①ともかくも人口圧力を緩和する効果や、②移民先があることが国民に希望を与えるという心理的効果があること、また③「満洲国」の発展が日本の商工業の振興につながることで、国内における人口扶養力の増大に寄与するという日満ブロック経済の可能性などを、満洲移民の意義として挙げていたのである（那須「東北人口と満洲農業移民問題」人口問題研究会『人口問題講演集（第四輯）』刀江書房、一九三七年、一八頁）。

那須の主張にみられるいまひとつの特徴は、「農村過剰人口」問題への対策が論じられる一方で、将来における人口減少の「危機」が強調されていたことである。前述のように、一九三〇年代には上田らの研究によって、長期的には日本の人口もヨーロッパと同様の推移をたどることが指摘されるようになっていた。那須はこうした研究を踏まえつつ、「今日欧米各国の人口増加停止が近き将来に予想せられ、我日本に於てもさう云ふ懸念があると致したならば、我々としては矢張り相当に大和民族と云ふものゝ頭数を維持し、出来る限り増して行く……ことを考へて行かなければならぬ」と論じている（那須『本邦農村の将来に就て』日本工業倶楽部経済研究会、一九三四年、二四―二五頁）。そして那須は、出生率の低下傾向が人口の都市化と密接に関係していることを指摘し、国民の大多数が都会生活をするようになれば憂慮すべき事態を招くと、農村人口維持の民族的意義を強調していたのである。

一方で「過剰人口」を問題としながら人口増加の必要性を説くというのは矛盾しているが、いずれにせよ那須は、日本社会の工業化・都市化の道ではなく、農業＝農村を将来にわたって保全すべきとする立場から人口問題を論じていたといえる。このような那須の人口政策論は、「満洲国」の評価を含め、あらゆる面で上田らの「商工主義的人口政策論」と対極的位置関係にあった。この那須のような人口政策論を、筆者は「農本主義的人口政策論」と呼んでいる。

以上のように一九三〇年代前半の人口問題論においては、上田に代表される工業化・都市化路線と、那須に代表される農本主義的路線という対極的な二つの潮流が形成され、拮抗するという構図が生じていた。そのうち論壇の主流を形成していたのは商工主義的人口政策論の方であったが、この時期の日本経済はいち早く恐慌から脱出したものの景気の回復は限定的であり、「過剰人口」状態を解消するにはほど遠かった。他方、那須らが関東軍とともに推進しようとした満洲移民事業も、その可能性に対する懐疑的見解が根強く存在し、一九三六年までの満洲移民はあくまで「試験移民」としてなされたものであった。そしてこのような状況下で、人口問題をめぐる議論は論壇レベルにとどまり、国家の政策課題として取り上げられるには至らなかったのである。

二・二六事件と農本主義的人口政策論の政策化

ところがこのような人口問題をめぐる状況は、一九三六年の二・二六事件を境に一転する。よく知られるように、広田内閣は一九三六年八月、拓務省が関東軍の提起をもとに方針化した満洲への「二十箇年百万戸移民計画」を事実上の国策として決定し、以後満洲移民事業は「試験移民」段階から国策的大量移民段階へと飛躍することになるのである。

これまで強調されてきたように、こうした満洲大量移民の国策化が「満洲国」支配の強化を狙う関東軍の要望に沿ったものであったことは間違いない。しかし先述の社会事業調査会答申（一九三六年七月）のように、それは「農村過剰人口」対策・「農村社会政策」の文脈から要望されたものでもあった。このような要望は多方面からなされており、具体的には、①三月三〇日に人口問題研究会が「国民生活の安定向上」のため移民事業（とくに満洲集団移民）の振興を建議しているほか（『人口問題』第一巻四号、一九三六年一二月、一五—二九頁）、②四月二八日には全日本方面委員聯盟地方委員会「社会事業国策の樹立遂行に関する建議」が、「年々九万を下らざる大量移植民の計画」樹立を含む「農村過剰労力」対策を提言し(前掲『日本社会事業年鑑 昭和十二年版』四九四―四九五頁)、③また五月一・二日の中部日本社会事業大会では、中央社会事業協会よりの諮問(「農村過剰人口に関する方策如何」)に対して「大移植民計画」の実施が答申されている(同四五一―四五二頁)。

二・二六事件後に突如としてこうした大量移民実行論が台頭するようになったのは、先にみたような二・二六事件の衝撃の下で、社会問題の核心と目された「農村過剰人口」問題への対策が急務と考えられたからにほかならない。「二十箇年百万戸移民計画」の国策化の背景には、このような「社会政策」としての大量移民実行論が存在したのである。また同計画の立案に関東軍顧問として関与した稲垣征夫(拓務省からの出向)によれば、百万戸という計画目標は、二・二六事件に衝撃を受けた彼が、その根源である「社会不安」を一掃するためには、「農村の現機構にまでも、重大な変更を生ずるといつたやうな、重大国策が生れて来なければならない」と考え、発案したものだったという(大東亜省「(未定稿)満洲開拓拾年史(編纂資料の八)」五―六頁、『満州移民関係資料集成30』不二出版、一九九二年に収録)。また拓務省が「二十箇年百万戸移民計画」を決定する際に海外拓殖委員会に行った説明(諮問)においても、「現下帝国社会不安の根源たる人口重圧を緩和し国民生活の安定を期せんが為には過剰人口を外海に移住せしむること最も緊要なり」(『拓務時報』第六五号、一九三六年八月)と、それが「社会不安」対策・「過剰人口」対策であることが明記されている。広田内閣期に始動することとなった満洲大量移民国策は、二・二六事件後における「社会不安」対策としての「社会政策」の一環として登場した、広義の「農村社会政策」という側面を持つものでもあったのである。

農村社会改革構想としての分村移民事業

「農村過剰人口」対策として国策化された満洲大量移民事業は、続いて農村経済更生運動と結びつくことにより、さらなる意義を附与されることとなる。一九三二年から農林省主導で推進された経済更生運動は、産業組合など農業団体への組織化を通じて農業生産・流通の計画化・合理化をはかり、恐慌下の農村危機を克服しようとするものであった[17]。しかし二・二六事件以前の農林省は満洲移民事業に消極的ないし無関心であり、移民の「促進確保の方法に付いては従来は殆んど考慮されて居らなかつたと云つても過言ではない」(遠藤三郎「満洲移民百万戸計画の実行促進に就て」『農村更生時報』第四巻四号、一九三七年七月)状況にあった。

ところが一九三七年に入ると農林省は、従来の経済更生計画には「相当無理な計画」が多くみられたが、「これは帰するところ土地人口の不調和に対する徹底的な方策がなかつた為で今日此の問題に対して或る程度の光明を見出し得た以上此の如き更生計画に対して再検討をなすことが勿論必要」であるとし、「当該村に於ける土地の抱擁し得る人口(農家)を定め抱擁し得ざる農家戸数は移民として集団的に送り出す様な計画」(同)を検討するようになる。これが一九三八年度から実施された分村移民事業であるが、こうした政策転換の過程で主導的役割を果たしたのが農村更生協会であった。

農村更生協会とは、一九三四年一二月、経済更生運動の推進を目的に設立された農林省の外廓団体(社団法人、一九四一年に財団法人化)であった。その理事・監事には石黒忠篤(元農林次官)、小平権一(農林省経済更生部長)、那須皓、橋本伝左衛門らが就任し、協会の職員には那須・橋本の門下生が集められたと伝えられる。農村更生協会は「内原グループ」と深く結びついていたわけであるが、同会が満洲移民を積極的に推進するようになるのは、やはり二・二六事件の後のことである。

農村更生協会において、満洲移民運動のイデオローグとなったのは、同会主事(後に理事)であった杉野忠夫(18)である。杉野は今後の経済更生運動は、「左に社会主義を制圧し右に個人主義を超克し行かんとする全体主義的理想主義運動」でなければならぬとし(杉野「幹部会議の開かれるまで」『農村更生時報』第三巻七号、一九三六年一〇月)、その可能性を経済更生計画と満洲大量移民事業の結合による農村再編に見出した。そして満洲移民に消極的な従来の農政を、大量移民が「日満両国の国防上絶対必要事であると同時に、内地の土地飢饉と失業問題とを緩和する大道であること」を理解しない「地主主義的農業政策」であると激しく攻撃したのである(杉野「転換期にある農業政策」『農村更生時報』第三巻七号)。

　先の分村移民事業は、こうした杉野ら農村更生協会の構想に沿って立案されたものであった。それは、①「各戸が無理なく生活の安定を得るに適当な大い《〔ママ〕》さの耕地面積」を算出し、②その面積を基礎として村のあるべき戸数を定め、③それを上回る「過剰農家」は満洲に分村させるというものであり、これらを実行することによって農村問題の根柢をなす零細経営と「過剰人口」を一挙に解消することが目指された(杉野「転換期に立つ農村更生運動」『農業と経済』第四巻七号、一九三七年七月)。明らかなように、この構想の主眼は、「生活の安定を得る」に足る経営規模の農家＝「安定農家」の創出にあり、それを実現する上で生じる余剰農家＝「過剰農家」が移民要員である。これは「農村過剰人口」の再定義であり、こうした観点から構想された分村移民事業は、もはや単なる「農村過剰人口」対策ではなく、特異な形態をとった農村社会改革構想、さらにいえば「全体主義的理想主義」(杉野忠夫)に基づく農本主義的「社会国家」構想だったといえよう。

　以上のように、二・二六事件後における「農村過剰人口」問題への関心の高まりは、「満洲国」支配(関東軍)・満洲移民(拓務省)・農村社会改革(農林省)という三つの政策が相互に連動するという特異な「社会政策」の構造を生み出すことにつながっていた。しかしそれは、地主的土地所有の問題を回避しつつ、農村社会の矛盾を「満洲国」への移民という手段で解決（ないし緩和）しようとする「社会帝国主義的な解決策」（ルイーズ・ヤング／加藤陽子ほか訳『総動員帝国』岩波書店、二〇〇一年、二二六頁）の登場を意味するものでもあったのである。

職業行政と商工主義的人口政策論

すでにみたような満洲大量移民の国策化は、那須らが提唱していた農本主義的人口政策論の政策化であったといえる。しかしこのことは、人口問題対策において農本主義的人口政策論が主流化したことを意味するものではない。なぜなら同時期には、内務省社会局によって、商工主義的な人口政策論が唱えられるようになっていたからである。

内務省社会局は人口問題を事実上所管する官庁であり、社会局長官および社会局社会部長は人口問題研究会の理事をつとめ、人口問題研究会の事務局も社会局内に置かれていた。社会局の官僚たちは、一九三六年に入る頃から人口問題に論及するようになるが、それはもっぱら二・二六事件後に行われた職業行政機構の改革（職業行政事務の道府県事務化）との関連でなされている。

たとえば安積得也（職業課長）によれば、この時の機構改革は、「単なる旧行政の引継ぎに非ずして、職業行政の確立を理想とする新らしき行政の出発」であった（安積「職業行政概論覚書」『職業紹介』第四巻一一号、一九三六年一一月)。なぜなら従来の職業行政は、職業紹介所に出入りする求人求職者を対象とするものであり、そこにおける中心問題は失業問題であった。しかし「今や我国の配慮は、失業問題より転出して、我国四千万人(内地)に垂《なんなん》とする生産年齢人口の職業問題に拡大」したのであり、職業行政は失業問題より職業問題への「転向拡大」をはからねばならないのである。

では「生産年齢人口の職業問題」とは何か。この問題について安積は、「人口の激増は、一面には労働供給の過剰に因りて、失業者及未就職者なる皆無所得者を発生せしめ、他面には職業機会への無理なる割り込みに因りて国内全有業者間に於て多数の不充分所得者を発生せしめ」ることにより、「国民生活不安定の一根源」をなしている。それゆえ「我が人口問題の中心を為す緊要問題は、最も包括的に言へば、年々激増して行く人口に対し如何にして其の個々の国民の生活を保障すべきか」という点にあり、ここに職業行政が国民の大部分を対象とする必要があると説明している。こうした説明にみられる人口問題理解は、若干の表現の違いこそあれ、上田貞次郎による人口問題の定義(人口=職業問題)をほぼそのまま踏襲したものである。

右のように、職業行政の対象を失業者だけでなく生産年齢人口全体に拡大しようとした社会局では、「我国人口職業問題は経済、政治、社会、教育、外交等諸般の国策に係る所の根本問題」であると(第一回職業主任官事務打合会[一九三六年一〇月二日]における廣瀬社会局長官訓示要旨、前掲『日本社会事業年鑑　昭和十二年版』五一四頁)、人口＝職業問題の観点から人口問題の意義がかつてなく強調されるようになっていた。そしてその際に社会局が依拠した論理は、上田の商工主義的人口政策論だったのである。

ところで上田の人口政策論のポイントは、人口＝職業問題の解決を工業化・都市化の促進に求めたことにあった。では社会局は人口＝職業問題の解決策を、どのようなものとして考えていたのか。この問題に関する社会局の展望は、内務省社会局・内閣統計局の連名で作成された「部外秘」の時局宣伝資料『我国人口増加の実情と国民生活の将来』(内閣情報部、一九三七年一〇月二〇日、石川準吉『国家総動員史　資料編5』国家総動員史刊行会、一九七七年、四六―五六頁)からうかがうことができる。

この資料では、日本の人口問題の課題を「国民の生活水準を低下することなくして……増加人口に対処すること」にあるという立場から、その具体的対策が検討されている。そのうちまず満洲移民については、「民族的見地に於て……国是として之に特殊の保護奨励を加」える必要があり、また「将来の国民生活に対して、心理的安全弁の作用」を持つとはいえ、「人口の量たる分母を低下する実質的量は、多くを期待し得ない」ので、増加人口は主として国内産業の振興によって扶養されねばならないとされている。

また各産業部門の状況については、①最大の有業人口を包摂する農業部門は「最早人口支持力の限界点に到達し、之以上の人口収容の余地に乏しきのみならず、場合によっては人口を吐き出す危険をさへ内蔵してゐる」、②工業部門は生産力の拡大に比して人口収容力は伸び悩んでおり、「工業化の進展が果してよく如何なる程度に増加人口を吸収し得るや速断を許さざるものがある」、③商業部門は一九二〇年代を通じてもっとも多くの増加人口を吸収したが、それは「工業部門及農業部門に於ける潜在的失業を此の部門に集めたといふ、頗る不健全な増加の一大側面を包蔵」しているといった厳しい判断がなされている。しかしこれらの中では、「工業が殆んど唯一の適当なる増加人口の吸収部門」であり、国民生活の水準を維持するためには「農業の振興に努め、少くとも其の急速度の崩壊を極力防止」する一方、「如何なる困難をも克服して工業部門、之と相関聯して鉱業、商業及び交通業部門の拡大に努むべきこと」、また同時に人口と職業の配分調整、保護政策、福利政策、「適切なる工場立法並に労働立法」などによる「健全なる人口収容力」の拡大につとめる必要があることが強調されている。

このように社会局における人口＝職業問題対策は、工業化を目指す産業政策を主軸とし、それを「社会政策」で補完するという商工主義的な方向性を持つものであった。つまり二・二六事件後における「農村社会政策」の浮上は、農本主義的人口政策論と商工主義的人口政策論という対極的な二つの政策論の双方を、現実の政策の次元へと導いていたのである。

もっとも商工主義的人口政策とは、単に職業行政を充実することで実現できるものではなく、工業化を推進する産業政策が存在することによってはじめてリアリティを持つ。そして広田―第一次近衛内閣期には、「如何なる困難をも克服して」実現しなければならない工業化政策が姿を現しつつあった。それが林内閣期から表面化するようになった生産力拡充問題であった。

4　生産力拡充政策と「社会国家」

軍備拡大と生産力拡充問題

周知のように、二・二六事件によって高橋是清蔵相が殺害されたことは、国家財政の面からする軍備拡大への歯止めを取り払うこととなった。広田内閣の蔵相に就任した馬場鍈一は、軍部の要求を受け入れることにより、前年度予算を七・三億円余上回る約三〇・四億円(うち約一四億円が陸海軍費)に達する一九三七年度予算案を作成し、これを「準戦時体制」と称した。しかしいち早く恐慌から脱出し、すでにフル稼働状態に達しつつあった産業界は、急速な軍需産業の拡大に応じる余裕を持たなかったし、そもそも軍部の求める軍需生産力は当時の日本の水準をはるかに上回るものであった。こうして軍需産業の拡充を基軸とする生産力拡充計画が、軍部の要求として登場することになったのである。

軍部の側において、生産力拡充計画の策定を推進したのは、一九三五年八月、参謀本部の作戦課長に就任した石原莞爾であった。満洲事変の立役者であった石原は、参謀本部で知ったソ連の軍備増強ぶりに驚き、対ソ戦を可能とする軍需生産力の育成を目指すようになる。こうした計画は宮崎正義らの日満財政経済研究会によって立案が進められ、そのうち満洲に関する部分は関東軍によって取り上げられて「満洲産業開発五年計画」となり、日本に関する部分は参謀本部と陸軍省の交渉を経て、一九三七年五月に「重要産業五ヶ年計画」(「重要産業五年計画要綱」)として決定された[19]。

「重要産業五ヶ年計画」とは、軍需生産力の総合的育成のため、一九三七―四一年の五年間に金属・機械・造船・化学など「国防重要産業」の生産力を「日満を一環とする適地適業主義に則」って振興し、「平時国力の飛躍的発展を計り東亜指導の実力を確立」するというものであり、またその遂行のために厖大な資金と経済政策全般の計画的統制を不可欠とするものであった(「重要産業五年計画要綱」一九三七年五月二九日、前掲『現代史資料８　日中戦争１』七三〇―七三二頁)。なお石原の構想においては、この計画により軍需生産力が拡充されるまでの五年間、日本は戦争を避け、生産力拡充に専念すべきものとされていた。いずれにせよ「重要産業五ヶ年計画」は、軍需産業の自立化に向けた急速な重化学工業化を強行しようとするものにほかならず、そして陸軍はこうした計画の遂行を、政府(林内閣・近衛内閣)に強く迫るようになっていたのである。

近衛内閣における「社会政策」

一九三七年六月四日に成立した第一次近衛内閣にとって、その最大の課題は、陸軍の要求する生産力拡充政策を、日本経済と国民生活の破綻を招くことなく遂行することにあり、その基本方針は六月一五日に同内閣が決定した財政経済三原則(「国際収支の適合」、「物資需給の調整」、「生産力の拡充」)として示されることになった。

だが中村隆英が指摘したように、軍備充実を目標とする生産力拡充政策は、民需の圧迫をもたらすことによって、かりに日中戦争への突入という事態がなかったとしても、「戦時経済が国民に与えたのに似た苦しみが生じたのではないかとうたがわれる」代物であった(中村隆英『戦前期日本経済成長の分析』岩波書店、一九七一年、二四四頁)。「国民生活の安定」と矛盾するこうした問題点は当時から予想されており、それゆえ財政経済三原則の発表に際しては、「国民生活を犠牲に供し国民をして国策に対する疑惑を抱かしむるが如き事態の発生は飽く迄阻止しなければならないから、国民生活安定のために必要な諸般の革新的政策の樹立に邁進するは勿論就中《なかんずく》農村漁村における生活並に中小商工業者及び勤労者の生活を安定せしむるために必要なる施設を十分に決定して実現する」という風見章内閣書記官長の談話が同時に発表されている(『東京朝日新聞』一九三七年六月一六日夕刊)。

風早八十二が評したように、たしかに近衛内閣は「「社会政策＝国民生活安定」に対して、従来のいかなる政府にも未だ嘗て見なかつたほどの真剣な態度」を示した内閣であった。しかし右の談話にみられるように、それは同内閣に課せられていた「重要産業五ヶ年計画」＝生産力拡充政策の重圧と表裏一体のものであったと考えられる。そしてこうした状況を踏まえれば、近衛内閣が成立早々に「衛生省」ならぬ「社会保健省」の設立を決定し、その後も新省の「社会政策」的性格にこだわり続けた理由も、同様の筋道から理解することができるだろう。

ところで生産力拡充政策と「社会政策」との関連は、「重要産業五ヶ年計画」の立案者である陸軍の構想にも示されている。すなわち陸軍が作成した「重要産業五ヶ年計画要綱実施に関する政策大綱(案)」(一九三七年六月一〇日、前掲『現代史資料８　日中戦争１』七三三―七五一頁)では、同計画の遂行により増大する「国富国民所得の国民各層への配分が妥当均衡」であることが「国民生活安定の基調」であるとし、「国民生活の安定保証政策」を列挙している。

その第一は「農村の振興」であり、①「工業の地方分散等に依り農村経済の振興に努むる」と共に、②公租負担の軽減、③農民負債の整理、④「保健組合制度」の設立、⑤「自然的農業災害の補償制度」の新設、が必要とされている。第二は「都市勤労者の生活向上」であり、①「産業拡充に伴ふ労働強化、物価高に伴ふ生活水準の低下等に対し極力之が緩和の途を図」ること、②「工場法を改正し特に過激労働の緩和、傷病者の保護等を行ふ」こと、③「各種勤労保険の拡大を図る」こと、④「其他一般勤労者の福利施設を増進せしむ」ること、の四点が挙げられている。第三は、「中小商業者の保護」であり、ここでは①「中小商業者の債務整理」、②「中小商工業金融機関の整備」、③「大企業の圧迫排除」、④「経営の合理化及機構の組織化」が求められている。

こうした陸軍における包括的な「社会政策」への関心は、厚生省の設立過程で陸軍が示した「社会政策」批判と一見矛盾するようにみえる。しかし「重要産業五ヶ年計画要綱実施に関する政策大綱(案)」においては、「衛生省」の問題は「国民体位の向上と労働力培養の為の保健省新設」という項目として、「行政機構の改革」の中に挙げられており、右に挙げた「国民生活の安定保証政策」とは切り離されている。このことは、陸軍にとっての「衛生省」(「保健省」)の必要が、「国民生活の安定」という観点からのものではなく、あくまでも「国民体位の向上」という軍事的観点と、生産力拡充との関連で新たに付加された「労働力培養」という観点に基づくものであったことを示している。陸軍においては、「社会政策」の問題と「衛生省」(「保健省」)設立問題は、異なる問題として取り扱われていたのであり、陸軍が「社会政策」そのものを否定していたわけではなかったのである。

このような点からすると、近年の福祉国家研究のように、内閣の陸軍に対する勝利と評することは一面的であろう。近衛内閣はたしかに「衛生省」設立論に対しては「社会政策」の必要を対置したが、その「社会政策」は陸軍の求める生産力拡充政策遂行のために必要とされるものだったからである。ただし先に確認したように、近衛内閣期の内務省社会局が、工業化を人口＝職業問題の観点から「如何なる困難をも克服して」実現しなければならないものと捉えていたこと、また近衛首相が人口問題に強い関心を有する政治家として知られていたことからすれば[20]、近衛内閣は生産力拡充政策を人口＝職業問題対策として積極的に推進しようとしていたとも考えられる。いずれにせよ第一次近衛内閣は、生産力拡充政策＝軍事的工業国家建設に乗りだそうとしていたのであり、近衛が抱いていたとされる「福祉国家」構想とは、こうした軍事工業化路線と一体をなす「社会国家」構想だったと考えられるのである。

「農村社会政策」のゆくえ

本章でみてきたように、二・二六事件を契機としてクローズアップされた「社会政策」とは「農村社会政策」であり、そこでは、国民健康保険制度のように医療に対する社会的要求の高まりを背景としたものから、満洲大量移民と結びついた分村移民事業のように「農村過剰人口」問題を全体主義的・帝国主義的に解決しようとするものまで、異なる次元、異なる性格の「社会政策」が同時に姿を現していた。

ところが生産力拡充＝軍事的工業国家建設を課題とする第一次近衛内閣が登場すると、こうした「農村社会政策」路線は次第に後景に退くようになる。このことは近衛内閣によって創設された「保健社会省」＝厚生省の業務内容にも示されている。厚生省の業務に関しては、陸軍ばかりでなく内務省側からも種々の構想が提起されていたが、結局のところ厚生省が所管する「社会政策」行政の内訳は基本的に内務省社会局・衛生局のそれを踏襲することとなった。このことについて杉野忠夫は、「事茲に至つた経緯については寡聞にして知らない」と断りつつ、次のような厳しい批判を行っている（杉野「農村問題こそ基幹」『医療組合』第二巻二号、一九三八年二月）。

厚生省なるものが生れて見ると、色々経緯はあつたであらうが、結局、農林省所管の諸事項は全然厚生省所管事項の中に発見せられない。……現下我国で所謂社会行政の対象として、農民を除外することは絶対的にいけないと云ふ明々白々の事実が厳として存在する以上、厚生省が、若し、その云ふが如く「時勢の要求に応じて適宜に施設経営」せんとするならば、当然、農民生活の安定向上の諸々の施設経営に関与せざるを得ないであらう。……若し、厚生省が、農民に対しては農林省が、実質的に厚生省的活動をなして居るからと云ふので、わざとこれの独立を尊重し、かゝる省を持たざる労働部門に対して自らを限定したと云ふのであれば、又何をか云はんやであるが、若し然らば、この新省は須くその保健行政と社会行政とを綜合し表裏一体となつて国民生活上の不合理を是正する等と云ふ堂々たる看板を外して、正直に農民の世話はいたさないことを宣言したがよからうと思ふ。

つまり農村問題に携わる者の側からみれば、厚生省が掲げる「社会政策」とは「農村社会政策」を置き去りにしたものにほかならないというわけであるが、たしかに創設時点の厚生省は、事実上「農村社会政策」のための足場を持たない官庁であった。

このような「農村社会政策」路線の後退は、第一次近衛内閣―日中戦争期に進行した軍需工業化と無関係ではない。日中戦争期における工業化のインパクトと、そこにおける「農村社会政策」のゆくえについては、次章以下で検討してみたい。

第三章 戦時労働政策と「社会国家」

大河内一男（『大河内一男著作集』第5巻，青林書院新社，1969年，口絵）

第一章で述べたように、一九三八年一月一一日に設立された厚生省の組織は、陸軍の要望を直接的に反映したものではなく、また前年七月に始まった日中戦争下の戦時業務を想定したものでもなかった。しかし厚生省発足の直後には第一次近衛声明（一月一六日）がなされ、日中戦争は解決の目途を失っていく。さらに同年四月一日には、国防目的のために国家が「人的及物的資源の統制運用」を行うことを可能とする国家総動員法が公布され、この法律を梃子とした国家総動員体制＝総力戦体制の形成が推進されるようになる。「戦前」の構想に基づいて創設された厚生省は、設立と同時にこうした長期戦＝総力戦への対応を迫られたのであるが、そこで最優先に取り組まれたのは軍事援護事業であった。

厚生行政における軍事援護事業の特別な地位は、なによりその予算の面に現れている。**表6**は厚生省歳出（一般会計決算）の推移をその主要な行政系列に沿って整理したものであるが、この表に明らかなように、厚生省の歳出に占める軍事援護費の割合はきわめて大きく、とりわけ厚生省設立後間もない一九三八―三九年には、総歳出の実に七割以上が軍事援護費によって占められていた。こうした歳出構造からすれば、設立当初の段階における厚生省は、「軍事援護省」と呼んでもさしつかえない官庁であったといえる。

表6　厚生省歳出(一般会計)の年次別推移

(単位：1000円，%)

	1938年	1939年	1940年	1941年	1942年	1943年	1944年
総歳出	150,796	165,027	150,994	188,887	252,007	370,645	585,452
体力・人口	274 (0.2)	1,936 (1.2)	3,687 (2.4)	5,088 (2.7)	11,012 (4.4)	36,901 (10.0)	30,429 (5.2)
衛生	10,660 (7.1)	14,347 (8.7)	17,910 (11.9)	21,122 (11.2)	25,811 (10.2)	32,118 (8.7)	48,333 (8.3)
社会	8,567 (5.7)	10,264 (6.2)	11,453 (7.6)	12,218 (6.5)	12,686 (5.0)	12,874 (3.5)	14,634 (2.5)
勤労	11,610 (7.7)	13,073 (7.9)	17,386 (11.5)	24,192 (12.8)	29,962 (11.9)	61,295 (16.5)	160,933 (27.5)
保険	4,333 (2.9)	6,090 (3.7)	8,427 (5.6)	11,939 (6.3)	20,941 (8.3)	56,774 (15.3)	73,126 (12.5)
軍事援護	114,090 (75.7)	118,138 (71.6)	89,925 (59.6)	111,405 (59.0)	147,913 (58.7)	163,857 (44.2)	216,837 (37.0)
戦災	—	—	—	—	674 (0.3)	514 (0.1)	17,180 (2.9)

しかし右のような軍事援護費一辺倒ともいえる歳出構造は、一九四〇年以後、次第に変化をみせるようになる。**表6**にみられるように軍事援護費の比重は、一九四〇年から四二年にかけての時期にはほぼ六〇％弱にまで低下し、さらに四三年には四四％、四四年には三七％にまでその割合を低下させている。こうした歳出構造の変化は、全体主義的総力戦体制の一環として多様な「戦時社会政策」が登場し、「社会国家」化が進行したことを示している。もとよりこうした「社会国家」化の進行は、戦時動員が兵士を対象とする狭義のものから、国民全体を対象とする「総動員」へと拡大していくプロセスを反映したものであり、そして戦時下における「総動員」の主要なルート

となったのは労働力動員であった。それゆえ「戦時社会政策」の体系は、まず労働政策の領域において労働力動員との関連で登場してくるのである。

ところで戦時労働政策を論じる場合、必ず参照されてきたのが大河内一男(東京帝大経済学部助教授)の「戦時社会政策」論である。

日中戦争期の大河内は、戦争は社会政策を後退ないし停滞させるものではなく、むしろ「社会政策を押し進め、これまで停滞的であった社会政策を飛躍せしめ、またこれまで経済機構の中では到底その実現が望み得べくもなかったところの社会政策のある領域を忽然として登場せしめる」ことを主張した(大河内『戦時社会政策論』時潮社、一九四〇年、四頁)。こうした大河内の主張は、近年では総力戦による社会の「現代化」や「福祉国家」化の論拠として用いられる一方、戦時下に日本資本主義の変革を目指した「戦時変革」の思想としても取り上げられている(米谷匡史「戦時期日本の社会思想」『思想』第八八二号、一九九七年一二月)。これらに対し本章では、大河内「戦時社会政策」論を生産力拡充に基礎を置く戦時「社会国家」構想の一類型とみなし、その歴史的意味を戦時下の工業化に伴う社会変化、および労働力動員政策の展開との関連で考えてみたい。

1　戦時工業化と生産力主義的「社会国家」

日中戦争と「第二の産業革命」

戦時労働政策を考える上でまず押さえておくべき問題は、日中戦争の拡大が軍需産業を中心とする重化学工業化を促進するものであったことである。第二章で触れたように、軍需産業の拡大を目指す重化学工業化路線は、日中戦争の開始以前の段階ですでに基礎産業の整備を重視した「重要産業五ヶ年計画」＝生産力拡充政策という形で、実現の軌道に乗りつつあった。しかしこの計画は、日中戦争の勃発による当面の軍需動員の要請によって実施が遅れ(一部は一九三八年度より実施)、正式の生産力拡充政策(「生産力拡充計画要綱」)が閣議決定されたのは、ようやく一九三九年一月になってのことである。結局日中戦争下の重化学工業化は、戦争の拡大に応じた軍需産業の拡大が先行する形で進行したのである。

このような戦時工業化の進行は、当然のことながらそれに従事する労働者の増大をもたらすこととなった。梅村又次らの推計(前掲梅村ほか『長期経済統計2 労働力』)によれば、一九三六年から四〇年にかけての第二次産業人口の増加は一六九万人(六九一→八六〇万)、うち製造業部門の増加は一四〇万人(五四七万→六八七万)であり、他方、同時期における第一次産業人口は約七一万人、第三次産業人口は約四万人の減少を示したとされる。この推計をもとにすれば、一九四〇年の第一次産業人口は四四%、第二次産業人口は二六%、第三次産業人口は三〇%となる。一九三〇年の第二次産業人口が六一七万(二〇・八

%)、同じく三五年が六六九万人(二一・二%)と推計されていることからすれば、日中戦争期に生じた工業化はきわめて急激なものだったといえる。

また同じく梅村らの推計によれば、この時期に拡大した重化学工業三部門(金属・機械器具・化学)の労働者の比率は、一九三六年の時点で全工業中の二七%であったが、一九三七年には三六%となり、四〇年には四七%に達している。その一方、一九三〇年に三〇%を占めていた紡織部門労働者は、三六年には二九%、さらに三七年には二四%となって重化学工業と逆転し、四〇年には一九%にまで低下している。図13にみられるように、重化学工業の発展はすでに満洲事変後から始まっていたが、それが紡織部門を凌駕するようになるのは日中戦争期のことだったのである。

ところで右のような重化学工業化の進展は、日本社会に新たな段階を画するものと目されていた。たとえば企画院(一九三七年一〇月、企画庁と資源局を統合して設置)の調査官として労務動員計画を担当していた美濃口時次郎は、「現に進行しつゝあるところの産業上の変革」は、「日本の歴史はじまって以来の急激にして、且つ大規模なもの」であり、「第二の産業革命」とも呼ぶべき一大変革であると論じている(美濃口『人的資源論』八元社、一九四一年、二一七頁)。

美濃口によれば、当時の日本がたどりつつあるのは、「工業が急激に発達して日本が従来の半工業国から全くの工業国に転化すると共に、またその工業の内部についても

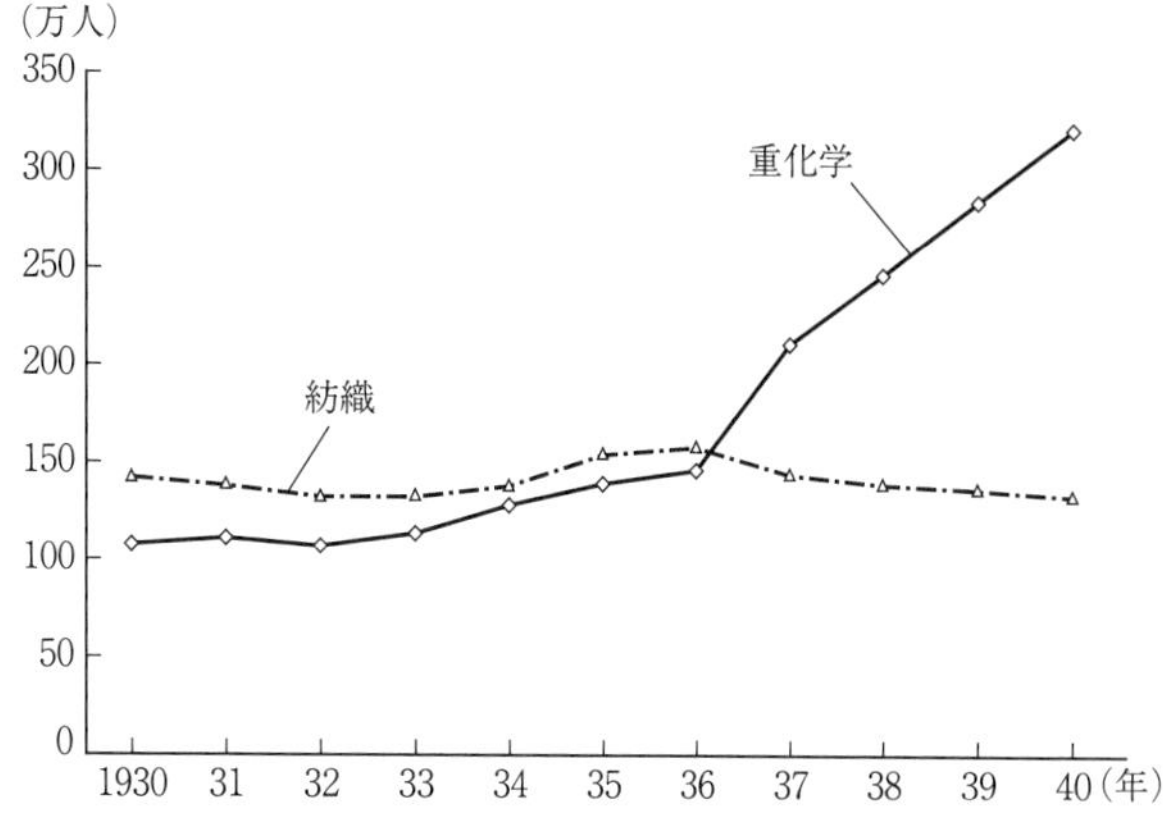

注) 前掲梅村ほか『長期経済統計 2 労働力』より作成.

図 13　工場労働者の部門別推移

……従来の軽工業国から重工業国に急激に転化しつゝある」という二重の過程(同三一六頁)であった。彼はこうした変化の意義を、工業労働力の面から次のように説明している。すなわち軽工業中心の段階にあった従来の工業では、労働力需要の中心は女子であり、その多くは「学校を卒業してからそれが結婚するまでの数年間を利用して、一時的に工場の労務に従事するところの一時的の労務者」であった。これに対し重化学工業は男子の労働力を求めるが、それは重化学工業が「軽工業とくらべて、長い経験と訓練とを必要とするから」である。それゆえ「第二の産業革命」=重化学工業化が進行するということは、労働力需要の中心が女子から男子へと移行することであり、そしてそれは工業労働力の内容が「人生の極く一部分を工業労働に捧ぐるところの一時的な労務者の労力から、その一生を工業労働に捧ぐるところの永久的な労務者の労力に移りかわつて行くといふことを意味してゐる」(同二二三―二二四頁)。このように美濃口は当時の重化学工業化を、単なる産業構成の変化としてではなく、工業労働力の内実を根本的に変化させるという意味で、「革命」的な事態として捉えていたのである。

日中戦争下で加速された重化学工業化は、右のような労働力の変容を中心としながら、日本を高度工業化社会へと移行させるものであり、それは「好むと否とにかゝはらず、今日の日本が辿らねばならない道程」(同二五五頁)と考えられていた。戦時労働政策の前提となったのは、このように急激に「重工業国」化しつつある日本社会だったのである。

戦時下における労働力問題

このような戦時工業化が進展するなかで、その制約要因の一つとして浮上してきたのが、重化学工業化にともなう労働力需要を充足する労働者＝人的資源の供給不足と、それに起因する労働市場の混乱である。日中戦争下の労働力問題は、技術者もしくは熟練工の問題と未経験工の問題に大別されるが、労働・職業行政の場ではまず前者の不足が問題となり、労働力不足の広がりのなかで問題が後者に拡大するという経過をたどった。

日中戦争下において早々に労働力不足が問題となったのは、①一九三〇年代半ばの景気回復によって失業者が吸収され、日中戦争前夜にはほぼ完全雇用に近い状態となっていたこと、②戦争が拡大するなかで大量の青壮年労働者が軍隊へ動員されたこと、③軍需関連工業の拡張が急激であったことなどによる。そのため日中戦争期には熟練工を中心に労働者の争奪が過熱する一方、労働者も賃金の上昇を期待して職場を移動し、他の産業部門からの流入も含めて労働力の移動率は急激に高まった。

こうしたなかで労働力の需給調整は急務となり、一九三八年以降その対策が厚生省によって相次いで実施されるようになる。一九三八年四月には職業紹介法が改正されて職業紹介所の国営化が断行され、職業紹介事業は国家が「労務の適正なる配置を図る為」(職業紹介法第一条)に行うものとされるようになったほか、八月には国家総動員法に基づく学校卒業者使用制限令が公布され、過熱化していた技術者・熟練工の争奪抑制がはかられた。また一九三九年になると、生産力拡充計画に対応して、国民職業能力申告令(一月)、従業者雇入制限令(三月)、工場事業場技能者養成令(同)、賃金統制令(同)など労働統制全般の強化がはかられ、さらに七月には企画院を中心に作成された労務動員計画が正式決定されると共に、労働力の強制的な配置転換を可能とする国民徴用令が公布されている。かくして国家による労働市場への介入は、一九三八年から三九年にかけて、労働市場の調整の段階から労働力動員の段階へと移行するようになるのである。

ところで労働力不足のしわよせは、労働強化や労働時間の延長となって工場災害や疾

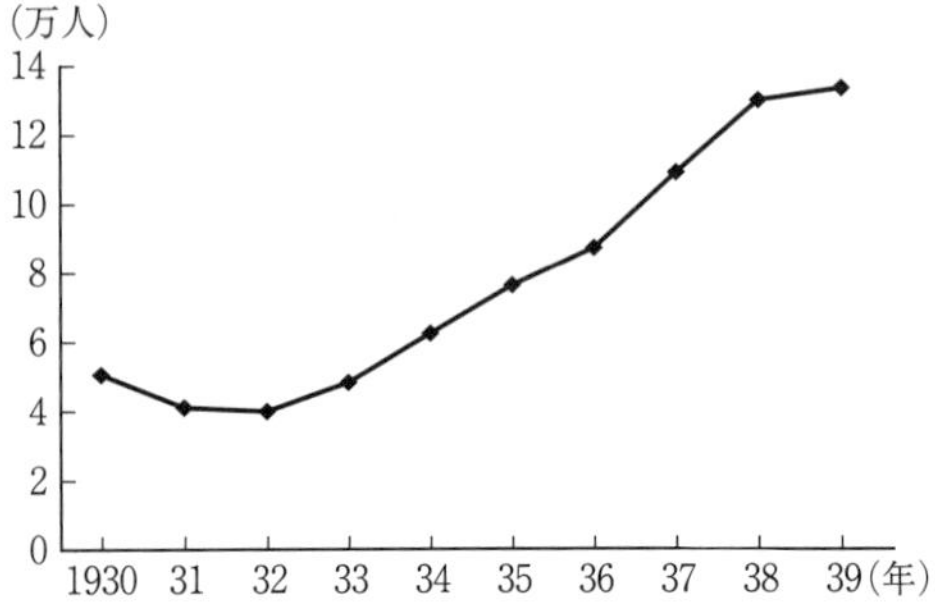

図14　労働災害の推移

病の増加を招いていた(図14)。こうした状況に対してては、すでに一九三七年一〇月の時点で就業時間を制限すべき指導方針が示されていたが、その効力は乏しかった。しかし一九三九年になると、「今回の如く事変が長期に亘ります場合に於ては、如何にして労働力を維持して生産力の増加に応ぜしむるかは、戦時労働政策の根本の問題」であると、労働力保全のための「戦時労働政策」の重要性が強調されるようになり(玉柳実「人的資源の動員」『職業時報』第一巻二号、一九三九年二月)、同年三月にはその法的措置の第一弾として、就業時間の上限を原則一二時間とする工場就業時間制限令が公布される。

このように労働力問題への国家的対応は、日中戦争が長期戦に移行した一九三九年の段階で、主として生産力拡充との関連において新たな展開をみせるようになった。それは労働力＝人的資源に対する国家統制の強化にほかならないものであったが、同時にそれは、日本の「社会政策」を大きく前進させるものともみられていた。そしてこのことを明確に主張したのが、大河内一男の「戦時社会政策」論であった。

「人的資源」配置策としての「戦時社会政策」

先述のように日中戦争期の大河内一男は、戦争は社会政策を促進するという「戦時社会政策」論を展開した。では大河内の「戦時社会政策」論とは、いったいどのような内容を持つものだったのか。

よく知られるように、大河内の社会政策論の特徴は、社会政策の本質を社会改良主義の産物ないし階級闘争に対する妥協としての「分配政策」とする見解を退け、社会政策とは経済社会の再生産のために「総資本」＝国家が行う労働力保全策であり、その基本的性格は「生産政策」であるとした点にある。このような意味での社会政策は、資本主義が本来必要とするものであり、それゆえ日本のように労働運動が弱体な国においても、社会政策は「生産政策」として登場する必然性がある。

しかし大河内は、これまでの日本における社会政策は、労働力の再生産に対する合理的配慮が乏しく、労働力保全策の不在を社会事業・救貧事業が「代位」するという「日本型社会政策」に過ぎないとする。それは初期資本主義の特徴である「原生的労働関係」（「過度労働と低賃金と工場設備の完全な欠如と、一般に非人間的な隷属的労働関係」）がなお残存していることに由来するものであり、さらにその基盤には「日本経済の型を規定してゐる農村土地関係」に起因する大量の「安価な労働力」の存在がある。大河内によれば、工場法の成立(一九一一年)にもかかわらず、「窮迫農家の家計に対する出稼労銀補給の必要は労働条件の劣悪化を通して依然として「労働力」の一般的磨滅を進行し蓄積せしめて」きたのである(前掲大河内『社会政策の基本問題』三一六—三二四頁)。つまり大河内は、日本における「本来」の社会政策の未発達(「日本型社会政策」)を、「講座派」マルクス主義的に日本資本主義の特殊な構造=「型」に規定されたものとして捉えていたのである。

ところが大河内によれば、右のような「日本型社会政策」とそれを支える構造は、戦時下において見直しを余儀なくされる。この問題について大河内は、現実の推移に沿ってさまざまな説明を行っているが、その本筋とみなされるのは日本の戦時経済に課せられた生産力拡充の要請である。

すなわち軍需産業=重化学工業の拡充を目標に強行される生産力拡充政策は、物資・貿易・金融・消費など経済のすべての面における国家統制を必然とするのみならず、「日本経済の編成替えを伴はずしては遂行不可能」である(前掲大河内『戦時社会政策論』一七九頁)。そしてこのような生産力拡充の下では、「人間も亦優れた生産要素として、統制目的の線に副つて動員され、物的資源や機械と同様に、使用制限や配給統制を受け、その資源としての増産抽出が企てられなければならない」。それゆえ「戦時経済下に於ける社会政策は、「人的資源」の統制・配給をその第一の任務とする」ものとして展開される(同一九五―一九六頁)。

しかし「人的資源」たる労働力は、「現在その絶対的不足とその質的劣弱性が……「生産力拡充」を著しく阻害」するようになっている。労働力不足が「深刻な現実問題となりはじめたのは「生産力拡充」計画が急進展し始めてからであり、最近では労力不足は単に時局産業のみならず、平和産業にまで及び、さらに従来は都市工業への労力補給源だと保証せられて来た農村自身も亦、応召と都市流出による二重の労力抽出のために、極度な労力難に陥り農業生産力の減退が叫ばれてゐる」(同一九七頁)。

このような状況に対応する労働統制は、「単に労働力不足に対する調達と労働力の「配置」のための方策に尽きるものではな」く、「労働力は更に保全せられなければならない」。本来「労働力の合理的使用、その保全は、一国生産力の順当な展開のための基礎条件」であるが、戦時下における「過度労働と慢性的疲労はただに災害の直接的原因であるばかりでなく、また能率や製品精度の低下を通じて直接的に「生産力拡充」に対する阻止的要素となる」。さらに「国民体位」の面からみても、「労働力の保全と培養との意義は産業的＝国防的なものとなる」。しかも「事変が長期化すればする程、また内外地の綜合的開発、広域経済圏の確立が日本経済に課せられた任務だとすれば、益々我国労働力の合理的使用、その保全と培養、進んでその技術的陶冶による高度化は不可避であり、これによつて外地労働力の嚮導者としての内地労働力の位置が固められなければならない」。これらの理由によって、「労働力に対する合理的取扱、それの順当な保全の必要性は、我国の場合に在つては、戦時に至つて始めて認識され」ることとなったのであり、そして「我国の如く、平時に於て労働力保全の必然性に対して充分の反省を加へてゐない経済社会の場合には、その償ひは戦時に於ける「生産力拡充」の過程に於て果されなければならない」のである（同二〇一―二〇三頁）。

右のように大河内は、「戦時社会政策」の基本的性格を労働力＝「人的資源」の「配置」（統制・配給）であると捉えた上で、それが必然的に労働力の保全策へと展開するものと論じていた。そして大河内によれば、こうした「戦時社会政策」の登場により日本にも「社会国家」が成立することになる。このことを彼は、次のように述べている（同一九五頁）。

現在の労働統制は何よりも先づ「人的資源」統制であり、然るかぎりに於て、物動計画の不可分の一翼なのである。かくして、巨大なる「経済国家」はその裏面に於てまた巨大なる「社会国家」たらざるを得ないが、この「社会国家」は、欧洲大戦後欧羅巴各国に於て現はれた如き労働運動対策の担当者としての「社会国家」ではなく、現在我国の場合には何よりも「生産力拡充」と言ふ生産的目的達成のための人間労働力の計画的調達者及び配給者――厳密には「配置」者――としてのそれである。この点は欧洲大戦後に於けると現段階に於けるとの、「経済国家」並に「社会国家」登場の客観的地盤の差異より来るものである。

このように大河内は、総力戦体制の下における国家の経済への介入の中に「社会国家」の生成を展望していた。だがその場合の「社会国家」とは、あくまでも生産力拡充のための労働力＝「人的資源」の「配置」を主眼とする総動員国家として立ち現れるものとされていたのである。

「戦時社会政策」＝「社会国家」と日本経済の「再編成」

以上のような大河内の「戦時社会政策」＝「社会国家」論が重要なのは、それが政策の現場と離れたところから展開された、「在野」の議論ではなかったという点である。大河内は近衛文麿のブレーン組織である昭和研究会に参加しており、そこで彼が属した労働問題研究会（一九三九年二月設置）には、大河内や風早八十二のような研究者と共に、稲葉秀三、鶴島瑞夫、美濃口時次郎など生産力拡充計画や労務動員計画に関与した企画院官僚が加わっていた[1]。大河内はこれら「革新官僚」たちとの政策研究を通じて、戦時労働政策構想の作成に「参加」していたのである。

労働問題研究会の労働政策構想は、一九三九年九月に公表された「長期建設期に於ける我国労働政策」（昭和研究会『長期建設期に於ける我国労働政策』東洋経済新報社出版部、一九三九年)にみることができるが、そこでは「従来の労働政策は労資協調政策乃至分配政策として、或は慈恵救済的に或は治安警察的にのみ、労働者をその主体性に於てのみ採り上げて来た。然るに支那事変発生以来の現段階は労働者をその客体性に於て捉へ、労働力の量的配置、質的改善等をその内容とする生産政策としての労働政策樹立を必要として居る」(同一〇頁)、「今後の相当長期間に於ける我国の労働政策の重点は国防と生産力保持、拡充との関連に於て如何に労働力を効果的に配分し、生産の能率を増進せしめるかと云ふ労働力需給計画に置かれ、これと結び付て労働力の保全、培養、この為の労働時間、賃金の適正化、余暇利用、危険防止、交替性《〔ママ〕》の採用、生活刷新、住宅改善等の問題が考慮されねばならぬ」(同一七―一八頁)などと主張されている。ここにみられる労働政策の捉え方は、先にみた大河内の「戦時社会政策」論と一致する。大河内「戦時社会政策」論は、企画院官僚らの労働政策構想の理論でもあったのであり、その限りにおいて現実性を帯びたものだったのである。

　大河内「戦時社会政策」＝「社会国家」論について留意すべき第二のポイントは、それが生産力拡充を通じた日本経済の「再編成」と不可分のものとして提起されていたことである。この点に関し大河内は、「将来の労働政策の焦点を生産政策的労働保全策に求め、その合理性・科学性を主張することは、日本経済の長期に於ける構造的変革を見透した場合にのみ可能であり、而も、その際、日本経済の体制的弱味より来るところの対抗的諸要素の存在を見逃してはならない」と述べている(同六〇―六一頁)。ここで指摘されているのは、「戦時社会政策」=「社会国家」の実現にとって、久しく「日本型社会政策」を支えてきた日本資本主義の特殊な構造が阻止的要因となることである。このような理解にたてば、「戦時社会政策」=「社会国家」を実現するためには、日本資本主義の構造そのものの「構造的変革」が必要となる。

しかし大河内は、生産力拡充政策の推進により、「従来の軽工業主導による顚倒的産業構成を特徴とした日本経済は、軍需産業の不可避の拡充と云ふ衝撃を媒介としつつ、軍需型の重工業=化学工業主導の編成に移らざるを得ない」とし、こうした重化学工業化の進行の中に「日本経済の「再編成」のための基礎的事実」を見出していた(前掲大河内『戦時社会政策論』一八五頁)。なぜなら戦時下の重化学工業化は、美濃口が注目したように労働力の質的変化をもたらす(「第二の産業革命」)のみならず、限りある物資・資金の統制を通じて、中小零細経営の没落と大経営への資本集中、商業資本の後退などを必然化し、さらには農村から労働力を引き抜くことによって「農村自身の労働力構成や生産機構、延ひては土地関係の改変を逼る」ことになる。かくして「日本経済が明治初年以来被つて来た特殊な制約、即ち産業構成に於ても、配給機構に於ても、財閥機構に於ても、労力編成に於ても、即ち通例「封建的」と呼ばれる機構は、生産力拡充を端緒として漸次に解体せられつつある」というのが大河内の認識であった(同一八八―二〇五頁)。

つまり大河内は、生産力拡充＝重化学工業化の進展の中に、日本社会における「封建的」なるもの（日本資本主義の特殊な構造）の解体＝「近代化」を展望していたのである。(2)

こうした大河内の「見透し」を踏まえれば、彼が労働力の「保全」を論じる一方で、労働力の計画的「配置」を積極的に主張していたことや、「事変と長期経済建設の必要」が「〔労働〕問題の解決に広い展望を与へてゐる」と述べていたことも不自然ではない。大河内は、労働力の「積極的な計画的調達＝養成」のためには、労働力を「単に過剰の個所より引抜くのではなくて、計画的にかゝる過剰そのものが創り出されねばならない」とし、そしてこのように調達された労働力を、「東亜経済建設を目標として計画的に、新たな産業構成の方向に副つて、「配置」すること、またそこでは「内地の労働力と外地労働力との、或はまた満洲国の労働力との、組合せの問題」も検討されるべきであると論じていた（前掲昭和研究会『長期建設期に於ける我国労働政策』六二―六三頁）。このような大河内の主張は、彼が日中戦争の長期化を好機として、生産力拡充＝重化学工業化を梃子とする日本経済の「再編成」＝「近代化」を積極的に推進しようとしていたことを示している。

以上のように、日中戦争下の大河内が展開した「戦時社会政策」論は、単に労働力保全の必然性を説くものではなく、国家総動員体制の中に「社会国家」の姿を、また戦時工業化の進展の中に日本社会の「近代化」を展望するものであった。これらの展望は相互に結び付いたものであり、その意味で大河内の議論は、高度工業化社会に基礎を置く「社会国家」を志向するものであったといえよう。本書ではこのように生産力拡充政策と連動した「社会国家」構想を、生産力主義的「社会国家」と呼んでおきたい。

このような生産力主義的「社会国家」構想は、一九三九年以降の言説の中に数多く見出すことができる。たとえば一九四〇年二月の第七五議会において、三宅正一(社会大衆党)は「生産力国防国家」の建設を主張しているが、それは「日本の産業体制を軽工業より重工業へ計画的に移行させる」と同時に、「其の計画的移行の間に国民生活に不均等を来さないように、国民生活を確保する」ものであった(一九四〇年二月九日「第七十五回帝国議会衆議院予算委員会議録(速記)」第六回、一一三頁)。このように論じる三宅はさらに、「国民全部が、病気になつても医者に罹る心配がない、年を取つても老後の心配もない、子供を学校にやるに付ても何の心配もない、斯う云ふ点に付て国家が保証するやうな保険制度が出来たならば、最低生活費以外の金は全部取上げてしまつても差支ない」と、社会保険制度の整備・拡充による国民生活保障体制の実現を唱える一方(同一一五頁)、「人的資源の持つて居る全労働力の生産化」のため、産業人口の全面的な再編成を行うべしと主張している(同一一七頁)。こうした三宅の「生産力国防国家」論にみられるように、日中戦争下においては生産力拡充(重化学工業化を軸とする産業経済の再編成)と、「社会国家」(国民生活に対する保障)の建設がセットで論じられるという状況が生じていたのであり、そして大河内「戦時社会政策」論はこのような潮流の理論的基礎となっていたのである。

2　労務動員計画と戦時労働政策

生産力拡充計画と労務動員計画

ところで大河内が企画院官僚とのつながりを通じて、間接的にではあれ戦時労働政策の作成に参加していたことからすれば、「戦時社会政策」＝生産力主義的「社会国家」構想は、現実の生産力拡充政策や労働政策の動向と無関係ではなかったと考えられる。ではそれはいったいどのようなものだったのだろうか。

先述のように、日中戦争の開始によって先送りされていた生産力拡充計画は、一九三九年一月一七日、平沼騏一郎内閣により「生産力拡充計画要綱」として閣議決定された。「重要産業五ヶ年計画」の具体化であるこの要綱では、その実現のために「国の全力を傾注」し、政府は「万般の措置を講じ」る旨がうたわれていた。生産力拡充計画の政策的位置づけは、きわめて高いものであったといえる(3)。

またやはり一九三九年度からは、生産力拡充計画の具体化と並行して、長期戦体制の強化を目標とする総合的な国家総動員実施計画（物資動員、労務動員、交通電力動員、貿易、資金統制）が策定されることとなり、戦時経済に対する計画的統制が本格的に目指されるようになった。このうち労働力動員に関する計画は、一九三九年七月四日、「昭和十四年度労務動員実施計画綱領」として閣議決定されているが（石川準吉『国家総動員史 資料編1』国家総動員史刊行会、一九七五年）、その主要な内容は、軍需産業、生産力拡充計画産業（およびその「附帯産業」）、輸出産業、必需品産業、運輸通信業、および満洲移民に配分すべき「一般労務者」および技術者・熟練労務者数の調整と、それを調達すべき給源の割り振りであった。だが同綱領は、「長期戦態勢下における労働力の根基」を培う必要を認めるものでもあり、「労働力の培養及能率増進方策」として①「労務者の精神鍛錬及規律訓練を一層徹底すると共に保健、厚生施設を拡充し特に青少年労務者に付体資《〔ママ〕》増強を図り以て労働生産性の向上を期する」こと（第二六条）、②「災害防止の徹底を図る為、労働加重の抑制、新入労務者に対する安全教育の徹底、設備の改良等有効適切なる方策を講ずる」こと（第二七条）、③「女子の時局産業への進出著しき実情に鑑み、特に其の保護を強化する為適当なる方策を講ずる」こと（第二八条）、④「労務者の住宅問題及交通問題は労務動員遂行上急速之が解決を図る」こと（第三二条）などが掲げられていた。

　ここでは労務者に対する精神鍛錬・規律訓練の徹底や、青少年労務者に対する「体資《〔ママ〕》増強」（体位向上と同義と思われる）が掲げられているとはいえ、全体を通した基本的観点となっているのは労働生産性の向上(能率の増進)であり、また福利厚生施設の拡充、「労働加重の抑制」、労務者の生活の確保などを通じた労働力の「培養」(保全)である。労働力保全の問題は、大河内が論じたように、生産性向上の問題とセットとなった生産政策の問題として位置づけられ、労働力の「配置」計画＝労務動員計画の一環として取り上げられていたのである。

労務管理調査委員会の労働政策構想

労務動員計画の中に「労働力の培養及能率増進方策」が盛り込まれたことにより、厚生省ではその具体策の検討が着手されることとなる。この検討作業を行ったのが、厚生大臣の諮問機関として設けられた労務管理調査委員会(一九三九年一一月二〇日官制公布、会長＝厚生次官)である。労務管理調査委員会は、「労務動員計画の実施に伴ひ……積極的に労働力の維持増進方策を講じ、合理的なる労働力の運用を為さしむる」ため、労務管理に関する重要事項を調査審議することを目的とするものであり(一九三九年一〇月三一日「労務管理委員会官制制定の件」(国立公文書館所蔵「公文類聚」昭和十四年・第三一巻・官職二八))、その委員には南岩男(愛知時計労務部長)、深川正夫(三井鉱山労務部長)、早川勝(三菱鉱業労務係主任)、浅野均一(中島飛行機附属病院長)、西山仁三郎(産業報国聯盟専門委員)、菊川忠雄(同)、暉峻義等(日本労働科学研究所所長)、美濃口時次郎(企画院調査官)、森田良雄（全国産業団体聯合会書記長）など、企業の労務・福利担当者や産業報国運動、労働政策の関係者三〇名が任命されていた。[4]

労務管理調査委員会に対しては、第一回会合（一一月二八日）の際に、諮問第一号として労働力の維持培養の方策、同第二号として作業能率増進の方策の二つの諮問がなされた。委員会はこれらの諮問への答申を、労働力の維持培養方策に関しては、労働時間・休養、衛生・体育、教養、生活安定・住宅、青少年の生活指導、女子労務者の保護、災害防止の七グループ、作業能率増進方策に関しては、鉱山における欠勤移動の減少方策、工場における欠勤・移動の減少方策、女子の適職、教育、生産管理者の精神・技術訓練、生産増加運動の六グループを設けて分担検討した。その結論に基づく答申は一九四〇年三月と八月の二回に分けて行われたが（**表7**）、これらの答申の骨子は八月の第二次答申の分も含め、七月一六日に閣議決定された「昭和十五年度労務動員実施綱領」に盛り込まれている（前掲石川『国家総動員史　資料編1』）。労務管理調査委員会の答申は、労務動員計画に直結するものだったのであり、その内容はこの時期の戦時労働政策の動向を考える上で重要な意味を持つ。

労務管理調査委員会の答申は合計一四にのぼるが、そのうち労働力の保全＝維持培養に関連する答申は以下の四つのグループに大別できる。まず第一は、労働力の維持培養のための福利厚生施設に関するものであり、ここには工場医・鉱山医制度の整備と労務

表7　労務管理調査委員会の答申

第一次答申（1940年3月25日）	A	衛生に関する方策
	A	生活安定に関する方策
	A	女子労務者保護に関する方策
	A	災害防止に関する方策
	A	未経験労働者の保護指導に関する方策
	B	鉱山特に石炭山に於ける労務者の能率増進並に欠勤移動防止に関する方策
	B	工場に於ける欠勤及移動防止に関する方策
	B	生産増加運動に関する方策
第二次答申（1940年8月27日）	A	青少年労務者生活指導に関する方策
	A	体育に関する方策
	A	栄養に関する方策
	AB	教養に関する方策
	AB	産業報国会，同地方聯合会及同中央本部の事業に関する事項
	B	生産増加運動に関する事項中核技能競争実施方策

注）Aは諮問第一号関係，Bは諮問第二号関係．

管理への参与（「衛生に関する方策」）、体育指導組織および体育施設の整備（「体育に関する方策」）、栄養に関する指導組織・技術者および炊事場・食堂の整備（「栄養に関する方策」）、私立青年学校・講習会・映画・図書室など教養施設の整備（「教養に関する方策」）などが含まれる。

第二は、労働者の保護に関するものであり、その一つ「災害防止に関する方策」では労働力維持のための災害・事故の予防撲滅が強調され、「労働時間、栄養、休養等を合理化し改善する」必要もこの文脈で挙げられている。またとくに女子労務者と未経験労働者（二〇歳未満の者および女子で就職後三カ月以内の者）に関しては、女子の作業・生活保護に必要な諸施設の充実、女子に不適当な職種および施設不完全な職場への就職抑止、女子の就業時間の「可及的」短縮と産前四週間の使用禁止（「女子労務者保護に関する方策」）、未経験労働者労働時間の制限（上限一〇時間、深夜業の抑止、週休制）、未経験労働者に対する健康診断（「未経験労働者の保護指導に関する方策」）などが具体的に要望されており、これらの労働者については重点的保護の必要が認識されていたといえる。

第三は、労働者の「生活安定に関する方策」として答申されたものである。ここに含まれるのは広義の労働政策であり、低物価政策の実施と賃金との調整、作業および生活必需品確保のための共同購入機構の設置とこれに対する配給の確保、社会保険制度の拡充、労務者住宅の建設の四項目である。このうち社会保険制度と労務者住宅についてはさらに具体的な内容が示されており、前者に関しては、「労務者の生活を堅実化すると共に将来の不安を除去する目的を以て養老、廃疾及死亡に対する年金制度を実施」することなど四点が挙げられている。また後者に関しては、「一定規模以上の企業に対し労務者住宅の建設を命じ得る」ような体制を作ると共に、「防火施設、広場、運動場、倶楽部等の附帯施設及緑化等に付一定の条件を定め之を工場設置許可の条件とすること」が望まれている。

第四は、「産業報国会、同地方聯合会及同中央本部の事業に関する事項」に関する答申である。一九三八年より着手された産業報国運動は、もともと戦時下における労資関係安定＝争議防止を目的とした精神運動であり、そこで重視されていたのは労資懇談会の開催による労資の意思疎通であった。しかし労務動員計画が具体化した一九三九年には、産業報国運動にも労働政策に沿った活動が求められるようになり、一九四〇年に入るとその具体化のため、中央本部の設置をはじめとする産業報国会の組織的強化がはかられるようになっていた(安田浩「官僚と労働者問題——産業報国会体制論」東京大学社会科学研究所編『現代日本社会4　歴史的前提』東京大学出版会、一九九一年)。

右の答申は、こうした産業報国運動の新段階に対応したものであり、そして同答申が産業報国会に求めていたのは、労働力の維持培養や作業能率増進に関する諸方策を実践する、福利厚生事業団体としての役割であった。これを道府県産報(産業報国会)についてみれば、そこで行われるべき事業は、栄養改善方策の実施、体育の普及徹底方策の実施、保健衛生に関する方策の実施、保育所の設置拡充、共済施設の指導奨励など延べ一六項目にわたっている。

以上のように労務管理調査委員会では、労働力の維持培養と作業能率増進を目的として、①福利厚生施設の拡充、②女子と未経験労働者に重点を置いた労働者の保護、③社会保険制度の拡充や住宅政策などによる労働者の「生活の安定」、④産業報国会の福利厚生事業団体化など、一連の労働政策が具体的に構想されていた。これらは労務動員計画＝労働力の「配置」計画の一環として登場した労働力「保全」策の体系であり、その意味で大河内が展望した生産力主義的「社会国家」における労働政策の輪郭を示すものといえよう。

このような戦時労働政策構想は、第二次近衛内閣期に着手された全体主義的総力戦体制＝「高度国防国家」建設運動の中で取り上げられ、「勤労新体制」の一環として具体化されることになる。しかしながら、そこに実現した戦時労働政策の実態は、戦後大河内が述べたように、「労働力の保全または生活の確保といふ意味に於ても、或は労働者組織の必要といふ意味に於ても、極度に不具化され歪曲されたもの」であった(大河内『日本資本主義と労働問題』白日書院、一九四七年、五五頁)。労働力＝「人的資源」の合理的保全は、たしかに総力戦体制の要請であり、その実現を目指す動きは日中戦争下における労働政策の大きな潮流となっていた。だが実際の戦時労働政策は、総力戦体制の現実によって規定され、限界づけられたものであったのである。以下では、このような戦時労働政策の限界を、労働者年金保険と住宅政策を事例として具体的に検証してみよう。

3　労働者年金保険の成立

年金保険構想の登場

一九四一年三月一一日に公布された労働者年金保険法(法律第六〇号、一九四二年一月一日一部施行、同年六月一日全部施行)は、労務管理調査委員会答申が「新体制」の中で具体化された、戦時労働政策の代表的事例の一つである。このことは一九四〇年一〇月に厚生省保険院総務局が発表した『労働者年金保険に就いて』が、「庶政百般の画期的革新、政治、経済、産業体制の再建設の断行の気運が澎湃として勃興しつゝある我国現下の情勢に於ては、単なる一時的労働強化や、能率増進といふが如き応急的対策のみを以てしては到底乗り切れない」のであり、「皇国産業の飛躍的発展を図り、以て高度国防国家体制の完成を期する為」には、「生産力拡充の基本たるべき人的資源の培養強化」をはかる「より根本的な、より革新的な産業労働国策」が求められている。そして労働者年金保険制度こそは「労働者の明日の生活に対して一大光明と安心を与へる」「新しい生活保障の途」であり、「労働者の為の謂はゞ産業恩給制度とも称すべきもの」であると、その意義を喧伝していることに示されている。

しかしこのような制度が、戦時下に成立したことの意味については、社会政策研究者の間で論争が展開されてきた。それは労働者年金保険制度創設の狙いを、①大衆収奪的な戦費調達、②国民の購買力吸収によるインフレーション抑止、③年金制度を媒介とした労働者の移動防止、④労働者に対する思想対策ないし士気高揚、⑤労働力の保全＝労働者の生活安定などのうちいずれに見出すかというものであるが、議論の大きな流れとしては①の戦費調達説が通説とされた状況から、②―⑤の複合要因説へと移行しつつあるように思われる。(5) 本書は⑤の流れを制度成立の本流とみなすものであるが、労働者年金保険制度の歴史的意味は、むしろ②—④の要因を具体的に検討することで明らかになると考える。

労働者年金保険制度の成立を考える上で確認しておくべき第一のポイントは、年金制度の構想そのものは、日中戦争勃発前後の時期にすでに提唱されていたことである。たとえば社会大衆党党首であった麻生久は、年金制度は文武官僚の恩給制度として実施されているが、「官公吏のみが養老されて、常時に官公吏以下の収入と生活とに甘んじて社会が必要とする各種勤労に従事しつゝある大衆が何等の保証を得ずして窮乏の中に遺棄さるゝことは今日の社会的不公平の最大のもの」であり、それゆえ社会大衆党は「恩給法を改正拡大して全人民に適用する一般養老保険年金制並に寡婦、孤児年金制の創設を要求する」と述べている(麻生「革新政綱概観」麻生久・片山哲『国策大衆講座1』人文社、一九三六年、九九頁)。このように社会大衆党が、官吏のみを対象とする恩給制度を「社会的不公平」として捉え、恩給法の改正によるその国民への拡大を主張していたことは、先述のように労働者年金保険制度が「産業戦士の恩給制度」として喧伝されたことの伏線として注目に値する。

これに対し、政府の側で年金保険制度の創設を唱えたのは、内務省社会局から厚生省保険院へと転じた川村秀文であった。厚生省の発足に際し、保険院総務局企画課長に就任した川村は、年金保険制度の創設を今後の社会保険政策の「本命」と考え、直ちに企画立案に着手したという(財団法人厚生団編『厚生年金保険制度回顧録』社会保険法規研究会、一九八八年、三三七―三八頁)。この当時における川村の構想は、保険院総務局企画課「国民養老保険制度の必要性に就て」(一九三八年一〇月一〇日「美濃部洋次文書」[6] Ab：5：3、以下『必要』)、および同年六―七月頃に作成されたと思われる「国民生活保障の問題と国民養老保険制度の提唱」(同Ab：5：4、以下『提唱』)という二つの文書に示されている。これらの資料は従来の研究では参照されていないので、簡単に内容を紹介しておきたい。

『必要』・『提唱』は、いずれも「国民養老年金制度」の必要性をさまざまな角度から説明したものであり、『必要』の方が『提唱』より整理・圧縮されているが、論旨の面での大きな違いはない。その論旨を要約すると、①かつて老齢者は多くの経験の所有者として社会的に「優位」を占めていたが、学術の発展と近代産業の発展は老齢者の「優位」を喪失させ、近年の我国産業の「躍進的進歩」にもかかわらず老齢者はむしろ生産機構から駆逐されつつある、②日本では古来「家族制度」により老齢者を扶養してきたが、社会経済事情の変化の中でかつての大家族制度は小家族制度へと移行し、それゆえ「仮令《たとえ》道徳観念として扶養責任を痛感しつゝあつても生活上の脅威の為に扶養の義務を履行し得ないといふ状態を生ずるに至つ」ている(『提唱』)、③老齢者の生活困難に対しては、救護法等社会事業施設による救済があるとはいえ、その対象とされるのは「所謂極貧者階級層」である。しかし今必要とされているのは、「自活能力を有するも日々の生活に追はれ老後又は死後に於て本人又は遺家族の生活の安定を期し得られない所謂勤労所得国民の経済生活上の不安を除去」することである(同)、④したがって「国民生活の安定を期する為に老齢者、寡婦、孤児等に生活の保障を与へ之が窮民化を防止する方策」として残されているのは、多数人が平素より協力して掛け金を拠出して問題解決に当たる保険の組織である、といったものである。なお制度の対象については『提唱』では特定されておらず、『必要』の段階で「差し当つては工場、鉱山、商店其の他各種の事業等に使用せられてゐる労働者其の他の給料生活者等通常労働者階級又はサラリーマン階級と称せらるゝ階級に属する人々の中一定収入(例へば年収千五百円程度以下の者)を被保険者とすることが最も要を得たもの」という見解が示されている。

右に要約したように、一九三八年に作成された二つの文書は、「養老年金制度」の必要を現代社会における老齢者の生活保障の文脈から説き起こすものであり、そこで繰返し強調されているのは「国民生活の安定」である。なお『提唱』では、末尾において積立金の運用による公債消化や産業資金の供給、保険料の徴収による物価騰貴の抑制などの副次的効果も一通り列挙されているが、本文ではむしろ年金制度が「戦後」に到来すべき「深刻なる不況」に対する防塁となることが強調されている。保険院＝川村における最初の年金制度構想は、「戦時社会政策」の文脈からではなく、「国民生活の安定」策の一つとして提唱されていたわけであり、そこで強調されていたのは社会の近代化・

産業化の進行による「家族制度」の動揺・形骸化だったのである。

このように保険院が年金保険制度の検討に着手したことは、社会的関心を呼んだ。たとえば全日本労働総同盟の機関誌『労働』第三〇四号(一九三八年七月一日)は、「養老年金制度」は「国民大衆の実生活そのものが求めて居」り、「我々の久しく要望して来たもの」であるとして保険院の取り組みを歓迎し、川村による先述のような制度案の説明を掲載している。ただし保険院では、「従来の行きがかりから、船員保険、及び昭和十二年の秋すでに大蔵省に対して、予算請求を試みた職員健康保険の実現を図る必要があり……年金保険はとり敢えず、船員保険を通じてこれを行ふに止め、その成績如何によつて、一般労働者に及ぼすこととなつた」(後藤清・近藤文二『労働者年金保険法論』東洋書館、一九四二年、一八五頁)。そのため保険院で具体的な立法作業が始まったのは、船員保険法・職員健康保険法が公布をみた一九三九年四月のことであり、同年七月にはその草案である「勤労者厚生保険制度要綱案」が作成されている。ところがこの作業は、一九三九年九月、年金制度立案の中心であった川村企画課長が厚生大臣官房会計課長へと転出したため「一頓挫するに至つた」とされている(同一八七頁)。

労働者年金保険制度の再浮上

一九三九年九月の時点で中断を余儀なくされていた年金保険制度の立法作業は、しかし一九四〇年四月から再開されることとなる。それを可能にしたのは、川村秀文の総務局長としての保険院への復帰であったが、この段階の年金保険制度はより広い文脈からその実現が望まれるようになっていた。それが先述の労務管理調査委員会答申にみられる労働力の保全＝維持培養策としての必要であったが、同時期に浮上していたいま一つの文脈は生産力拡充を進めるために必要とされた低物価政策の一環としての役割である。この後者の役割は一九四〇年一月二六日、米内光政内閣(一月一六日成立)が低物価政策を堅持する方策(閣議申し合わせ事項)の一つとして、「〔重要物資の〕国家管理、保険、年金制度、切符制度、強制貯蓄、物価調整資金制度並に物資配給機構等についても速かに考究すること」(『東京朝日新聞』一九四〇年一月二七日)を掲げたことで表面化したものであり、ここでの年金制度は通貨回収＝インフレーション抑止策の一つとして位置づけられていた。

米内内閣の申し合わせは、労働者年金保険制度の主眼が通貨回収であり、さらには戦費調達であったとする説の論拠とされてきた。しかし労働者年金保険制度の立法作業が、戦時労働政策の線に沿って進められたことは疑う余地がない。たとえば一九四〇年一〇月、社会保険調査会に「労働者年金保険制度案要綱」が提出された際の川村の説明は、①「生産力の拡大は時局下最大の要請」であり、「其の基本たる労働力の増強確保」をはかることは「喫緊の要務」である、②しかし近時労働力の不足は「寔に急なるものがあり」、また「戦争の遂行に伴ふ国民生活の不調和が、労働者の思想的動揺並に産業能率の低下を招来する虞《おそれ》」がある以上、「有らゆる対策を講じ、以て労働力の充実強化を図り、生産の向上を期さなければならない」、③しかも今日のように「大東亜の安定を確立しようと云ふ所謂長期建設の時代」においては、「所謂高度国防国家体制の完成を目標とする産業労働の新体制を樹立すると云ふ見地より……より根本的な、より根底的な労働国策と云ふものが考へられなくてはならない」云々というものであり、通貨回収効果については一切論及されていない(厚生省保険局監修『厚生年金保険十年史』財団法人厚生団、一九五三年、五二頁)。このことは第七六議会における政府の提案理由についてみても同様であり、労働者年金保険制度の通貨回収効果は同制度を政策化する際に持ち出された「方便」であったとみるべきであろう(7)。

とはいえ、労働者年金保険制度の成立過程において、低物価政策との関連が問題となっていたことは、別の意味で注目すべき問題であるように思われる。そもそも先述の閣議申し合わせについては、その根拠となったと推定される文書が存在する。国策研究会(8)が作成した「厚生保険制度確立に関する大綱」(一九四〇年一月二五日、「美濃部洋次文書」Ab：5：1)がそれである。この大綱は、諸政の「革新」と国民生活の確保が「刻下喫緊の要務」であるとする立場から、民間保険・簡易保険の改革と社会保険制度の拡充、とくに「工場・鉱山労働者を対象とする強制年金保険制度(勤労者厚生保険制度)を創設」する必要を提言したものであるが、そこで強調されている理由の一つが、強制年金制度の経済政策的効用（通貨の回収＝国民購買力の減殺＝インフレーション抑制）であった。

当時の国策研究会は、後の「基本国策要綱」の原型となった「総合国策十年計画」（第四章参照）の立案を担当するなど、昭和研究会以上に軍部や革新官僚とのつながりを強めていたが、その主宰者である矢次一夫はもともと労働問題の専門家であり、年金保険制度構想の支持者であった。このような国策研究会が作成した大綱は、その日付が閣議前日であるという点において、新内閣の経済政策に年金制度を取り上げさせるべく作成された文書とみてよく、しかも文面からみて、その執筆は川村秀文もしくは花澤武夫（「勤労者厚生保険制度要綱案」の作成者）が行った可能性がある。

ともあれ国策研究会の大綱は、あくまでも年金保険制度の創設を提言するものであり、そしてその理由としてより多くのスペースを割いて主張されているのは、インフレ対策ではなく次のような「戦時労働政策的理由」である。

長期建設の重大なる時局に直面せる現下の対策としては、速かに適切なる労働保護政策を確立し、健全なる産業力の保持と国民思想の安定とを図るの要あり。而して之が為には労働条件を改善し、労働者の生活を豊ならしむることが必要と認めらるる処なれども、斯くの如き方途を講ずることの困難なる現下の情勢に於ては、畢竟労働者に対し将来の生活を保証〔ママ〕し、以て彼等に安心と希望とを与ふる施設の外に執るべき方策を発見し得ざるなり。而して勤労者厚生保険制度は労働者の老後、死後、又は不幸にして一朝不具廃疾と為りたる際に於ける其の生活を保障することを目的とする長期計算の保険制度にして、現下の如き非常時局下に於て実施すべき労働政策として最も適切有効なるものと思料せらる……

つまり現在の状況では「労働条件を改善し、労働者の生活を豊ならしむること」が困難であるゆえに、労働者に「安心と希望とを与ふる施設」としての年金保険制度が必要であるとというわけである。労働政策としての意義と共に、この段階における労働政策が直面していた困難が端的に示されている。では「労働者の生活を豊ならしむること」が困難な状況とは、いったいどのようなものだったのか。

賃金臨時措置令と職場の荒廃

労働者年金保険制度の立法化が軌道に乗った一九四〇年当時、労働政策の最大の課題となっていたのは、賃金統制の強化に対する労働者の不満の高まりへの対応であった。労働者の賃金に対しては、一九三九年三月の時点で労働者の移動防止を主眼とする賃金統制令が公布され、国家による統制が始まっていた。しかし同年九月に第二次世界大戦が勃発すると、政府は物価騰貴が生産力拡充に及ぼす影響を防ぐため国家総動員法による物価統制に乗りだし、その一環として賃金臨時措置令(一〇月一八日)が制定されることになる。この賃金臨時措置令は九月一八日の時点を以て賃金の引き上げを禁止するという強権措置であり、それは以後の労働現場に次のような事態をもたらすことになった(「生産力拡充と労務者の生活」『労務時報』第一一四号、一九四一年五月一日)。

屢次の総動員法発動による移動防止の強化にも拘らず労務者の移動はなほその跡を絶たず、某方面の推算によれば一年を通じて全国に於ける移動労務者延人員数は実に六百万といふ驚くべき数字に上つて居り、これはわが国労務者総数の凡そ四分の三に相当してゐるのである。その平均移動率は二割乃至三割に及んでゐるといはれてゐるが、もつとも退社率の高い工場に於ては入社数より退社数が十二%も多い例が報告されて居り、この労働移動による移動期間中の損失、職場編成替による混乱、技術的低下、職場の空気悪化等による全体としての能率低下は莫大なる量に達するであらう。

労務者移動の原因としては賃金に関する不満がそのもつとも重要なる一因をなしてゐることが指摘されねばならぬ。即ち九・一八の賃金臨時措置令は賃金を一般物価と同様に……取扱ひ、商品価格の構成要素と認めて、これを低物価政策並びに移動防止の観点より一率に釘付けにしたのであるが、このことは諸産業間に於ける賃金水準の相違及び同一の職場内に於ける熟練工と未経験工の賃金の甚しい不均衡を激成し、しかもこの間労務者生活にもっとも重要なる影響をもつ米価引上げ、生鮮食料品を中心とする物価の攻勢によつて、かへつて変質した労働争議ともいふべき悪質の労働移動を見たのであつた。加ふるに賃金の不均衡の放置の上になされた移動防止の強化は労務者の側に於ける深刻なる不満を惹起し、労働に対する熱意は冷却し、職場内の空気は合法サボ状態ともいふべき険悪さを極めたのであつた。

つまり賃金は上がらないが物価は上がる、人手不足のおり他の職場に移ることも認めてもらえないという状況の中で、労働者の不満の高まりは一方において「変質した労働争議ともいふべき悪質の労働移動」の大量発生となり、他方では勤労意欲の減退＝「合法サボタージュ」を蔓延させたというわけである。

たしかに一九四〇年から四一年にかけて、労働者の職場移動は空前の規模に達していた。鈴木包教(西部産業団体聯合会常任幹事)によれば、一九三六年に八％前後であった移動率(退職者÷在籍人員)は「昭和十二年以後毎年累増して、昨十五年中は最低二九・一五％最高五〇％……正確なる数字は得られないが本年に這入つては先づ五〇％乃至七〇％平均位」と目されるものであり、彼はこうした労働者移動の激増による「有形無形の損害は恐らく幾億の巨額に上る」こと、それゆえ「生拡阻止、生拡破壊の一大原因」となっていることを強調している(鈴木「労務者移動対策に就て」『全国産業団体聯合会会報』第三九号附録、一九四一年七月)。

他方、「合法サボタージュ」の広まりについても、「最近の職場で重大な問題と云へば、生産能率が非常に低下して来たあるひは慢性的な怠業気分が瀰漫してゐると云ふこと」(『産業報国』第二四号、一九四〇年九月)、「自分の知る京浜地帯最近の情勢は、何れの工場に於ても……自然にサボ的気分が横溢してゐる……技術者、監督者にもサボ的気分が波及しつゝあり、又反対に、それ等監督者の態度が部下のサボ気分を醸成せしめる様な結果を招来させてゐる処もある」(昭和研究会『労働新体制研究』東洋経済新報社出版部、一九四一年、一三九—一四〇頁)など、当時の多くの文献が指摘しており、それがいかに深刻な状態であったかがうかがわれる。

このように賃金臨時措置令に始まる低物価＝低賃金政策は、生産力拡充政策を阻害する由々しき事態を生み出していた。しかしこうした低物価政策こそは、生産力拡充計画を達成する上で不可欠のインフレ防止政策として強行されたものであった。戦時下では労働者の賃金をめぐり、生活給原則や月給制度の導入を含む厖大な議論が展開され、賃金支払い方式も頻繁に変更されたが、低物価＝低賃金政策の枠組みは揺るがなかった。その結果、アジア・太平洋戦争期における労働者の実質賃金は戦前(一九三四—三六年平均)の六割台にまで低下したが、それは第二次世界大戦の主要参戦諸国の中では例外的な現象であったとされる(西成田豊『近代日本労資関係史の研究』東京大学出版会、一九八八年、四二六—四二七頁)。日本の経済力を超える生産力拡充政策は、それ自身の中に大きな矛盾をはらんでいたのである。

一九四〇年には、労働組合が解散させられる一方で、「新体制」の一環として「勤労新体制」の建設が目指されるようになり、その下で労働者年金保険制度などの戦時労働政策が華々しく登場することとなった。だがその背景に右のような職場の荒廃状況があったことからすれば、その真の課題は賃金という労働に対するもっとも基本的なインセンティブが封印される中で、いかにして労働者の勤労意欲を引き出すかという点にあったといえる。戦時労働政策の展開は、「労働者の生活を豊ならしむること」が不可能となった、総力戦体制の貧しい現実によって規定されていたのである。

4　戦時住宅問題と住宅営団

労務者住宅問題と住宅供給計画

すでにみたように、賃金の面で「労働者の生活を豊ならしむること」が不可能となった総力戦体制の下では、賃金以外の手段で労働者の不満を鎮める必要があった。そこに生じたのが福利厚生事業の隆盛であり、戦時下には大日本産業報国会を中心に娯楽・文化やスポーツを含む各種の福利厚生事業が大々的に取り組まれることとなった(9)。しかし総力戦体制の現実は、こうした福利厚生事業の展開をも限界づけるものであり、そしてこのことを鮮明に示しているのが、戦時下における住宅問題の軌跡である。

住宅問題は日中戦争下に急浮上した社会問題であり、それを引き起こしたのは戦時工業化に伴う特定地域への労働力＝人口集中である。総理府統計局による都道府県別人口の推計（『日本の推計人口』一九七〇年）によると、一九三六年から四〇年の間における人口増加のほとんどは、東京（＋六九・七万）、大阪（＋二七・四万）、福岡（＋二三・六万）、神奈川（＋二三・五万）、愛知（＋一八・一万）、兵庫（＋一七・二万）、北海道（＋一一・五万）など、重化学工業都市もしくは炭鉱地帯を有する特定の道府県に集中しており、他方、人口の絶対的減少をみた県は、宮城、秋田、山形、栃木、新潟、石川、福井、長野、静岡、滋賀、奈良、和歌山、鳥取、島根、岡山、徳島、愛媛、香川、高知、熊本、大分、鹿児島、沖縄の二三県に達している。こうした人口推移にみられる地域間のコントラストは、日中戦争下において、農村部から軍需産業地域への人口移動が空前の規模で生じていたことを示すものである。

こうした特定地域への人口集中により、軍需産業地域では急速な人口増に住宅供給が追いつかず、深刻な住宅難が生じることとなった。当時の状況を『日本都市年鑑　昭和十五年用』（東京市政調査会、一九三九年、四二八頁）は、次のように述べている。

軍需工業地帯では6畳に7人以上が同居してゐる家も尠くなく、鶏小屋を改造して住居に代へてゐるものもある。更にひどいのは、工場の勤めが昼夜2交替制であるため住宅も昼夜2回に折返し、寝具も畳から上げる暇も無く、万年床に交る交る寝泊りするといふやうなものもある。此の他、1軒に2〜3家族の同居するもの、6畳1間を10数名で借り、勤務の時間上寝所の交替制を行ひ昼夜半数づつ起居してゐるもの、多人数との同居を嫌つて1箇月の内20数日間遊郭から通勤する者等々。このやうな事実は厚生省社会局が14年3月以来約1箇月間各殷賑《いんしん》産業地帯(東京、大阪、兵庫、愛知、福岡、神奈川、広島、群馬の2府6県)に住宅対策懇談会を開催して其の実情を調査した結果であり、枚挙に遑《いとま》がない程である。又工場の近傍に適当な住居を見出し得ないため已むを得ずかなり遠方からの通勤を余儀なくされる者が多く、これがため出退勤時に各種交通機関は非常な混雑を来し、又殊に自転車通勤労務者の疲労は夥しいものといはれてゐる。

同書はこのような状況を踏まえ、「生産力拡充の先決条件として、人的資源としての労務者の損耗を排除すべき住宅政策の樹立は、単なる社会政策としてばかりでなく、戦時経済政策の重要な一環として緊急の解決を迫られてゐる」と論じている。本章2節にみた「昭和十四年度労務動員実施計画綱領」が、住宅問題を厚生施設一般と区別し、「労務者の住宅問題及交通問題は労務動員遂行上急速之が解決を図る」という方針を掲げた背景には、右のような住宅問題の深刻化があったのである。

住宅問題の深刻化を前にした厚生省は、一九三九年四月、同省設置の際に衛生局指導課の管轄となっていた住宅問題を再度社会局(生活課)の所管に戻し、さらに同年一二月には住宅課を新設して住宅行政の確立をはかった。また同年八月には、「昭和十四年度労務動員実施計画綱領」を受けて、「軍需並に生産力拡充計画に伴ひ増加する労務者の為に必要なる住宅」を供給すべく、①労働者の増加が著しい一二府県(後に追加されて一六府県)に労務者住宅供給三ヶ年計画(第一期＝約七万六〇〇〇人分)を策定させ、県・市および関係工場・会社などによる住宅供給を実施する、②そのために政府は住宅建設に必要な資材の確保と資金の融通をはかるという方針が決定されている(「工場労務者の住居対策」『労働時報』第一六巻八号、一九三九年八月)。この厚生省による住宅供給計画は、一九四〇年度の第二期計画では対象県が三八府県に拡大され、それに応じて予定建築戸数も約一一万八〇〇〇人分へと増大している(「第二期労務者住宅供給計画に就いて」『労働時報』第一七巻七号、一九四〇年七月)。

この労務者住宅計画は、政府が初めて取り組んだ大規模住宅供給計画であり、厚生省住宅課の独立とあわせて、日本の住宅政策はこの段階で成立したとみることができる。だがこうした計画を規定していたのは、一九三九年から策定されるようになった労務動員計画であり、その意味で戦時下の住宅政策は戦時労働政策の一環として登場したものだったのである。

住宅営団の設立

一九三九年から着手された厚生省の労務者住宅供給計画は、実際に事業に着手してみると資材の取得などが予想外に困難であり、さらに強力な対策が望まれることとなった。こうした対策は、一九四〇年六月に設置された住宅対策委員会において検討され、同年一一月にはその答申に基づいて「住宅対策要綱」が閣議決定されている。それは、「物資や資材という観点ではなく、住宅政策そのものが閣議決定されたのは、初めてのこと」(越沢明「戦時期の住宅政策と都市計画」『年報近代日本研究9 戦時経済』山川出版社、一九八七年)であり、日本の住宅政策史上画期的な出来事であった。

「住宅対策要綱」の内容は多岐にわたるが、その最大の特徴は「労務者其の他庶民の所要住宅を計画的に供給し時局の要請に適応する為」、「住宅営団」という特別組織の設立がうたわれていたことである。この住宅営団は、一九四一年三月公布の住宅営団法によって実現することになるが、それは政府出資による資本金一億円、およびその一〇倍を限度とする住宅債券によって運営される巨大な特殊法人であり、厚生省生活局住宅課の監督の下に住宅建設を行う、国家の住宅政策の代行機関であった(西山夘三記念すまい・まちづくり文庫編『幻の住宅営団』日本経済評論社、二〇〇一年)。戦時下には各種の「営団」(「経営財団」の略称とされる)が設立されているが、住宅営団は帝都高速度交通営団、農地開発営団とともにその第一陣に位置している。このような住宅営団が設立されたことは、住宅供給事業がもっとも緊急かつ重要な「戦時社会政策」であったことを意味するものであろう。

住宅営団が目標としたのは、五年間に予測される住宅建設量の二〇%にあたる三〇万戸を建設することであった。これだけの量の住宅を一つの組織が供給するというのは、「世界の住宅政策史上においても、極めて特異な状況」であり、「住宅営団はその出発時においてすでに、世界史的な住宅直接供給の一大実験の場であった」と評されている(大月敏雄「住宅営団における住宅・住宅地の設計・施工実務」前掲『幻の住宅営団』七五頁)。

しかし住宅営団は、「此の住宅営団が設立を見ました暁には、住宅の量の問題のみならず、住宅の質の問題、例へば国民住居標準の確立、住宅形式の規格化、或は国土計画又は地方計画にも照応せる模範的なる住宅街の集団的建設……等、住宅政策上各般の問題の解決にも資し得る」(「第七十六回帝国議会貴族院議事速記録」第一五号、一九四一年二月一八日、一五七頁)と説明されていたように、日本における住宅および住宅街の新たな基準を打ち立てようとするものでもあった。こうした観点から発足時の住宅営団では、住宅そのものは比較的小規模(一〇―二〇坪)ではあるものの「原則として分譲の方法に依り、自分の住宅を所有せしむる」ことが目標とされ、また「一団地の住宅を建設し又は経営します場合に於て、之に附帯して居住者の生活に必要なる各種の厚生施設を建設、経営」するものとされていた(「第七十六回帝国議会貴族院貸家組合法案特別委員会議事速記録」

第一号、一九四一年二月一八日、一一頁)。

西山夘三の戦時住宅政策論

右のような目標を掲げた住宅営団には、眼前の住宅不足に対応すると同時に、「労務者其の他庶民」の居住環境についてのナショナルミニマムを確立しようとする理念があったといってよい。こうした理念を支えたのは、住宅営団に参加した優秀な建築技術者たちであり、その代表的存在が西山夘三であった(10)。

一九四一年当時、京都帝大工学部で非常勤講師をつとめていた西山は、住宅営団技師として就職するにあたり、自らの住宅政策に関する見解を以下のように述べている(西山「国民生活と住居水準の確保」『社会政策時報』第二五〇号、一九四一年七月)。すなわち西山によれば、日本の都市における庶民住宅の現状は、「新しい建築材料―ガラス・セメント等の部分的利用によつて若干変貌されてゐるものゝ殆んど全く旧封建時代の住宅形式の踏襲」であり、「低生活水準と住居状態の伝統的粗悪に対する容認・萎縮した住居観念と供給の側に於ける不備不合理」によって、「国民にたゞ寝床を展開するに足る住居面のみを提供することを以て何等の疑問を感ぜしめず……非衛生的環境と混乱のうちに生活の進行を余儀なくせしめ」ている。他方、「明治以来、我国の産業的・国家的発展の根柢をなした低賃金は、この低住居水準を一の支柱」とするものであり、しかも「住宅供給機構に於ける旧態依然たる手工業的生産と土地条件とむすびついた半封建的零細経営乃至寄生的非合理的経営、都市に於ける土地投機と地価、地代の上騰……等の故に、住宅はその低質粗悪なるにもかゝわらず、居住者に対して相対的に大きな支出を強要してゐる」。

このように日本の庶民住宅を、「半封建的」な日本資本主義の構造に規定された「低質粗悪住居」、と捉える西山は、しかし「我々の対象としてゐる住居は、生存のための容器ではなくて発達せる産業文化の現代に於てあらゆる部面に於けるその担い手たるべき文化的国民の生活のための容器である」とする。なぜなら「過去の時代に於て、庶民たるが故に粗放住居に非合理的な生活を営むも止むを得ないとされてゐた」としても、今日の日本では「今や高度の政治的・経済的社会組織を担うべき肉体的・知的素質と能力が全国民に要求され」ているのであり、そうした国民を培い得る住居環境が全国民に対して提供される必要があるからである。

こうした理念に立つ西山にとって、国家的住宅政策が始動しつつある現在は、「我住宅政策をより高き段階に発展せしむべき時」であり、その実現のために、「生活基地の綜合的環境の整備、住居地の共同施設、都市発展に対する計画的配慮と公共施設の欠如に対するこの五十年来のたち遅れを清算すべき公共施設と全体構成の強力なる再建整備」がなされるべきこと、さらに「単なる量的住宅難を解決すべき消極的対策をうちこへた〔ママ〕、百年の計を持つ高邁積極的な住宅政策」を確立すべきことが主張されている。これは住宅営団に対する西山の期待を示すものといってよい。

戦時期における西山の住宅政策論を検討した広原盛明は、西山の議論は大河内一男の影響を受けた「戦時社会政策」論的住宅政策論であること、それは「平時ではおよそ考えられないような住宅政策の展開を戦時体制を利用して実現に移そうと考えていた点では、基本的に大河内と同一線上にある」と指摘しているが(広原「住宅営団研究部における調査研究活動」前掲『幻の住宅営団』一二三頁)、その通りであろう。そして西山のような建築技術者を擁した住宅営団は、さまざまな面において、大河内が総力戦体制の中に展望した「戦時社会政策」＝生産力主義的「社会国家」の可能性を体現した存在であったといえるだろう。

住宅営団の現実

しかし住宅営団の現実は、当初の目標・理念とはほど遠いものとならざるを得なかった。なぜなら優先的に資材を供給されるはずの住宅営団においても、軍需を最優先とする戦時経済の下で資材不足を克服することができなかったからである。実際住宅営団の事業はきわめて不評であり、たとえば一九四三年、日本経済聯盟時局対策委員会は「住宅営団の住宅建設は小規模に過ぎ激増する工員を収容し得ざる現状に鑑み建設戸数の増加、建設時日の短縮、割当事務の敏活化等に付き特別の措置」を政府に要望する一方、営団住宅は「建物粗末にすぎ維持に多額の経費を要する故に契約当初に当方の要求を認識せしむる要あり」という利用企業の不満を伝えている(『日刊産業厚生時報』一九四三年七月二五日・二七日)。だが厚生省の応答は、今年度は住宅の規格を最低七坪半にまで引き下げて資材の節約をはかるが、建物については「木材の如きも十八年度は十七年度より一層困難ぢやないかと考へますので、柱にしても、板にしても、規格が或る程度落ちる……畳、建具等に於きましても、良くなるといふことは実は今一寸考へられない……これ等の点は御辛抱を願ふより仕方がない」というものであった(日本経済聯盟『生計費問題調査並に事業主の行ふべき福利厚生施設の範囲に関する官民懇談会速記録』一九四三年四月、三三頁)。

住宅営団は、その後事業の中心を「戦前・戦後を通じて最低の基準である「六坪二合五勺」の極限の小住宅」=「応急工員住宅」の建設に置き(前掲大月「住宅営団における住宅・住宅地の設計・施工実務」九二―九三頁)、量の供給に全力を挙げるが、それでもその供給実績は計画四年目の一九四四年度末で九万戸前後にとどまったと推定されている(森本信明「住宅営団の事業とその実績」前掲『幻の住宅営団』)。そのため住宅不足は一向に解消されず、一九四四年四月には、①工場地帯の「学校、病院、集会所、公会堂その他公共施設を勤労者宿舎として開放すること、特に国民学校、中等学校等の生徒その他学徒動員による空き校舎を勤労者宿舎として利用するため……やむを得ざる場合には期間を限り授業を停止せしむる等の措置をも考慮すること」、②「重要工場ならびに附近の一般居住者は当該工場の勤労者に対する住宅供与のためやむを得ざる場合をのぞき出来る限り疎開せしむること」、③「重要工場附近の一般住宅に対しては重要産業部門の勤労者に優先利用せしむるため住居指定を行ひ……なし得れば強制疎開に準じ一般居住者の重要工場附近よりの強制立退きにつき考慮すること」、④「個別住宅は如何に各戸の坪数を低減せしむるも……短時日に建設不可能なるをもつて、この際住居は勤労者の生活安定をはかるため恒久的施設とする従来の観念は一時これを停止し新設住宅は総てこれを合宿式家屋とすること」などといった非常措置を求める「勤労者住宅対策に関する意見」が、日本経済聯盟関西支部より政府に提出されるまでになっている(『日刊産業厚生時報』一九四四年四月一五日)。そしてこうした状況の中で、住宅営団の活動に日本の住宅水準の向上を期待していた西山夘三も、「希望はあげて戦後の建設に委ね、徹底的簡素生活を実現すること」、そのため住宅建設の目標を「雨露を凌いで休養し得る寝所を提供すること、それ以外の住居面はすべて一応考慮外におくこと……而もこの寝所たるや、幾何学的最小限の大〔き〕さ程度に切下げること」を主張するようになっていたのである(西山「決戦下に於ける住宅対策」『厚生問題』第二七巻一二号、一九四三年一二月)。

以上のように、戦時下の住宅問題を解決すべく設立された住宅営団は、その当初の理念にもかかわらず、量の面でも質の面でも成果を挙げることができなかった。結局のところ日本の工場地帯は、日中戦争期以来の住宅問題を解決できないまま、B29による空襲を迎えることとなったのである。「生産力拡充の先決条件」として重点的に解決が目指された住宅問題のこのような顚末は、戦時労働政策の限界であると共に、住宅という国民生活の基本的条件すら確保することができなかった日本の総力戦体制の本質的な限界を示すものであろう。

5　生産力主義的「社会国家」の歴史的位置

本章で述べてきたように、日中戦争の長期戦化・総力戦化と生産力拡充政策の下で、日本社会は急速に重化学工業を中心とする工業化社会へと移行しつつあった。こうした動向は、重化学工業部門への労働力の集中を軸とした大規模な産業間・地域間の人口移動を引き起こすものであり、従来の日本社会のあり方は大きく揺らぐこととなった。ここに生じたのが、戦争による社会の「近代化」という展望であり、大河内一男の「戦時社会政策」論とはこうした「近代化」の可能性を「社会政策」論の立場から理論づけたものにほかならない。

大河内は日中戦争下で進行する戦時工業化の中に、日本における社会政策の低位性

(「日本型社会政策」)を規定している「半封建」的な日本資本主義の構造が解体される契機を見出し、戦時工業化のさらなる展開により、本来の「社会政策」(労働力の保全)が実現することを期待した。戦時下の大河内が生産力拡充政策を推進する立場に立ち、労働力の保全を説くと同時に「人的資源」の統制と計画的配置を論じていたのは、彼にとって生産力拡充＝戦時工業化の徹底による日本経済の「再編成」、およびそれと対応した労働力の再配置による労働力構成の高度化こそが、本来の「社会政策」の実現を準備するものだったからである。本章が大河内「戦時社会政策」論を生産力主義的「社会国家」構想と呼んだのは、生産力拡充の推進と「社会政策」の実現が密接不可分の関係に置かれていたからである。

こうした性格を持つ大河内「戦時社会政策」論は、日本社会の「近代化」を目指す「戦時変革」の論理であったと同時に、生産力拡充を課題とする総力戦体制の政策論でもあった。そのため一九三九年から生産力拡充計画が始動すると、労務動員計画の一環として一連の労働力保全策＝戦時労働政策が登場し、生産力拡充を目的とする「社会国家」化が進展することとなった。だが労働者年金保険の成立事情や住宅営団の実績にみられたように、日本の総力戦体制の現実は、より根本的なところで労働者の生活水準を低下させ、また戦時労働政策の展開を阻害するものであった。その結果、戦時労働政策については、敗戦直後の段階で丸山眞男が述べたように、「戦時中において労働者の厚生施設がたとえばナチスに比べてさえ比較にならぬほど貧弱であつたことは御承知の通り」という評価が残されることとなったのである（前掲丸山『超国家主義の論理と心理 他八篇』七九頁）。

しかし丸山は、こうした戦時労働政策の不振には、日本の総力戦体制のキャパシティの限界という問題以外にも、別の制約要因があったことを指摘している。それは日本ファシズムにおいて優越的位置を占めた「農本イデオロギー」が、「工業労働者への厚生施設に対する配慮を絶えずチェックするという役割を演」じたという問題である（同七七頁）。そこで次章では、こうした「農本イデオロギー」の問題を、「社会国家」化をめぐる対立という観点から検討してみたい。

第四章

戦時人口政策と「社会国家」

(左)舘稔(舘稔『人口問題説話』汎洋社, 1943年),
(右)古屋芳雄(古屋芳雄『老学究の手帖から』社団法人日本家族計画協会, 1970年, 口絵)

第三章で確認したように、総力戦体制に照応する「戦時社会政策」＝「社会国家」構想は、一九三九年から始まった生産力拡充計画、労務動員計画の一環をなす、生産力主義的な戦時労働政策の体系として姿を現していた。しかし「新体制」期になると、それとは異質の性格を持つ「戦時社会政策」の体系が登場することとなる。一九四一年一月二二日、第二次近衛内閣が閣議決定した「人口政策確立要綱」＝戦時人口政策がそれである。

よく知られるように、「人口政策確立要綱」の特徴は、昭和三五年＝一九六〇年の「内地人」総人口を一億とするという目標を掲げた、人口増殖政策の大綱であった点にある。それゆえ「人口政策確立要綱」に関しては、これまで主として女性史・家族史の文脈や優生政策との関連で研究がなされてきた。しかしそれらの多くは、多岐にわたる「人口政策確立要綱」の内容の一部に光を当てたものであり、そのため同要綱に関してはそれが誰によって作成されたいかなる政策体系であったのかという基本的な問題が曖昧なまま、「事変完遂を念とする軍部の主導による国策であった」（前掲『厚生省二十年史』二一五頁）という厚生省の「公式見解」が再生産され続けている。

また「人口政策確立要綱」は、「勤労新体制確立要綱」などと同じく、一九四〇年七月二六日、第二次近衛内閣が閣議決定した「基本国策要綱」[1]に基づく国策群の一つとして作成されたものであったが、その元となった項目は「国是遂行の原動力たる国民の資質、体力の向上並に人口増加に関する恒久的方策特に農業及農家の安定発展に関する根本方策を樹立す」というものであり、その具体案起案の担当官庁とされたのは企画院および厚生・農林・拓務の各省であった。つまり戦時人口政策(「国民の資質、体力の向上並に人口増加」)は、移民を含む農業(農村)政策と不可分の関係を持つものとして位置づけられていたわけである。しかし従来の農業史研究では、国土計画や皇国農村確立運動との関連で、「人口政策確立要綱」が戦時下の農業人口に関するガイドラインであったことが指摘されてきたものの、戦時人口政策が農業政策と不可分のものとして登場してきたことの意味については、深く問われてこなかった。

そこで本章では、右のような戦時人口政策と農業政策の連関に注目することを通じて、生産力主義的「社会国家」とは異なる、いま一つの「社会国家」構想の特質を明らかにしてみたい。

1　日中戦争下における人口政策論の転換

人口政策論の転換過程

戦時人口政策の最大の特徴は、何よりそれが人口増殖を目指すものだったことにある。

しかし第二章で明らかにしたように、広田―第一次近衛内閣期の人口政策論は、農村「過剰人口」問題対策を主眼としたものであった。ではこのような転換は、いつどのような形で生じたのか。

日中戦争期における人口政策論の変容は、一九三七年から人口政策に関する事実上の政府諮問機関として開催されるようになった、人口問題全国協議会(人口問題研究会主催)の答申からうかがうことができる。まず一九三七年一一月に開かれた第一回人口問題全国協議会に対する政府諮問は、「現下我が国に於ける労働力の需給調整上並に之が維持涵養上特に留意すべき点」如何というものであり、これに対する答申は、①職業紹介所の国営化の実現、②職業教育の刷新拡充、③職業登録制度の実施、④社会立法と産業福利施設による労働力保護の必要などであった(人口問題研究会編『第一回人口問題全国協議会報告書』同、一九三八年)。ここでは早くも労働力の需給調整とその維持涵養という戦時労働政策の課題が姿を現しているが、それに対する答申の内容は、第二章で検討した社会局の人口＝職業問題の枠組みに沿ったものである。日中戦争初期の時点で顕在化した労働力不足の問題は、戦争が短期で終結すると考えられていた間は一時的な現象とみなされており、人口政策論のあり方そのものを転換させるものではなかったといえる。

ところが一九三八年一〇月末に開催された第二回人口問題全国協議会では、人口政策論に大きな変化が現れている。すなわちこの協議会に対してなされた政府諮問(「我が国人口政策上事変下に於て特に留意すべき点」如何)に対する答申では、「戦争が最も労働力に富み且増殖力高き年齢層に属する人口を犠牲とし、又将来に於て人口の活動力、民族の資質の上に好しからざる影響を遺し、以て人口の損耗を来さしむる惧れあることは過去の史実に徴して明か」であること、また「今次支那事変の拡大進展に伴ひ、其の人口に及ぼすべき影響は漸次に表面化し深刻化せんとする情勢にあり、今にして之が根本的対策を樹立し、着々其の実行を期するにあらざれば悔を千載に遺す」という観点が示されている。そしてこうした観点から、単に「人的資源の需給調整並に維持培養に努め、軍需生産力の拡充に遺憾なからしむる等事変の直接的影響に対処」するだけではなく、「事変に依り招致せらるべき社会的経済的新情勢に対応し、積極的に長期建設的計画の実施に協力」する「人口政策の総合体系」の樹立が急務とされている(人口問題研究会編『第二回人口問題全国協議会報告書』同、一九三九年、四二―四三頁)。明らかなようにこの段階では、戦争の長期化が人口に与える「好しからざる影響」が問題とされ、その防止のために戦時労働政策とは区別される「人口政策の総合体系」が望まれるようになっていたのである。

第二回人口問題全国協議会の答申を受けた厚生省は、一九三九年度において社会局に「人口問題に関する統轄事項」を所管事項に含む生活課を新設し(一九三九年四月)、さらに人口問題に関する調査研究機関として人口問題研究所の設立(八月二五日官制公布、現国立社会保障・人口問題研究所)を決定する。そしてこうした人口行政のスタートに際し、人口政策の基本方針として採用されたのが、「出生率の維持増進を図り、死亡率の低下に努め、以て健全優秀なる人的資源の増殖涵養を図る」(厚生省社会局生活課「戦時下に於ける人口問題の核心」一九三九年四月二八日、謄写版、国立国会図書館憲政資料室所蔵「新居善太郎関係文書」)という人口増殖政策であった。ではこのような方針は、いったいどのような判断の下に決定されたものだったのか。

舘稔の人口増殖論

厚生省社会局で人口行政がスタートするにあたり、その政策方針の立案にあたったのは、社会局嘱託をつとめていた舘稔《たちみのる》(人口問題研究会研究委員会幹事、人口問題研究所の設立に際し同所研究官に就任)であった。舘は当時の社会局唯一の人口問題の専門家であり、社会局長として人口問題研究所の設立に尽力した新居善太郎によれば、「人口問題研究所を作る折衝をするその元の資料を作つてくれたり、実施上の推進力になつてくれたのは舘稔君」であったという(厚生省社会局『社会局参拾年』同、一九五〇年、四四―四五頁)。また舘は、東京帝大経済学部の「革新派」教授として知られた土方成美の門下生であり、人口問題研究所の設立に際しては、彼が所内の「自由主義的残滓の排除に努めるであらうと期待」されている(『医事公論』一九三九年九月三〇日)。舘は日中戦争下に人口問題の

様相が変貌する中で、新たな人口政策論の担い手として頭角を現した「革新」的人物だったのである。(2)

舘は生活課が発足した一九三九年四月以後、出生率増加政策の必要を主張する論文を相次いで発表しているが、その論拠については次のように説明されている(舘「事変下我が国の人口問題と大陸経営の民族的使命」『医事公論』一九三九年五月六日)。

事変が出生に反映すべき昭和一三年五月以降の出生減退の傾向……が持続するとすれば、事変発生の直前に比し年三〇数万の自然増加を失ふ計算になる。……人口増殖に対する戦争の影響の程度は、一つには、戦争が人口動態の如何なる時代に発生したかによつて大いに異る。……出生率低下は既に十数年以前から始つてゐる。我が国現下の人口動態は世界大戦前の欧洲文明国、就中《なかんずく》独逸のそれに酷似してゐる。……戦争は出生減退の原因ではないが重大な促進要因であること、出産減退は必然的に驚くべき加速度性を内蔵すること、一度低下した出生の恢復は極めて困難なること等に就いては諸説殆ど一致し、且〔第一次大〕戦後の経験が之を立証してゐる。人口減退の危機に臨んで欧洲文明国は今にして出生増加策を採つた時期の遅きに過ぎたことを告白している。以上の諸事項を吟味し、我が国現下の人口動態を観れば、今こそ出生率維持増加政策を採るべきの時期と断ぜざるを得ない。

明らかなように、ここでは日中戦争の影響下に一九三八年半ば以降顕在化していた出

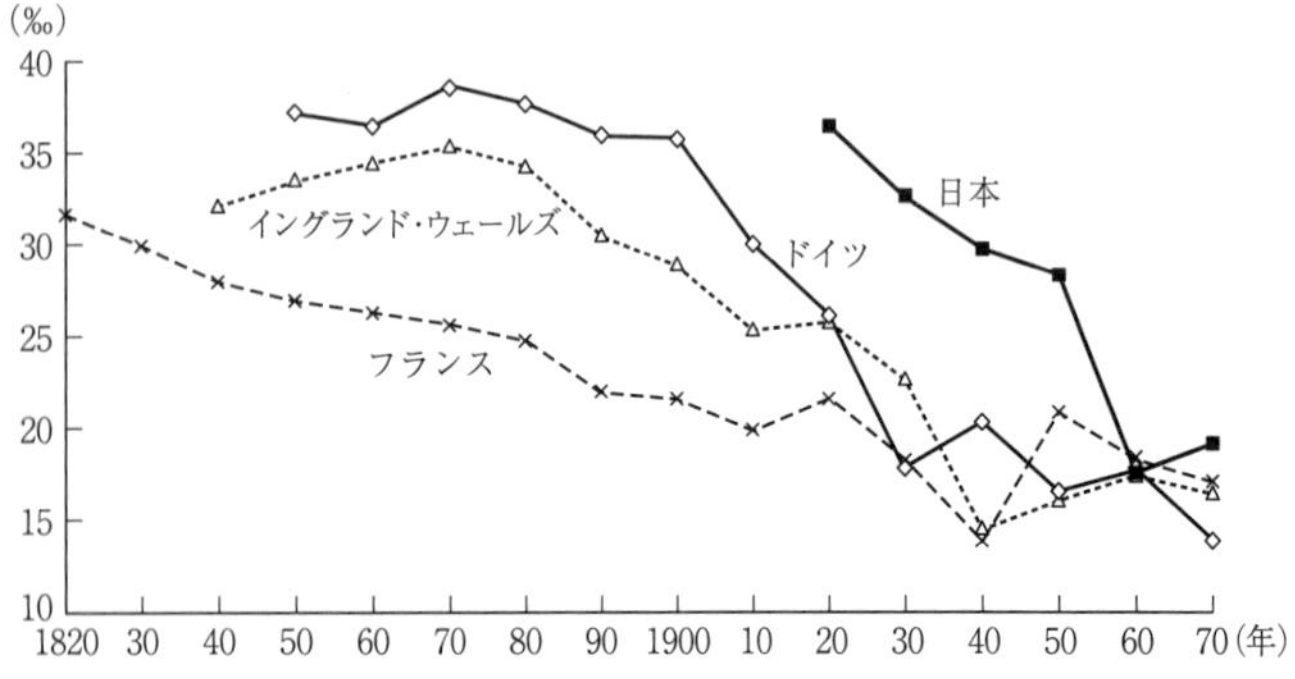

図 15　出生力転換の国別時間差

生率の低下を前提としつつも、むしろ戦争が日本の人口動態におよぼす長期的影響(＝出生率低下の加速化)が強調されている。

このような判断の根拠とされているのは、日本の人口動態がヨーロッパ諸国、とりわけドイツと同様の推移をたどりつつあるという、近代人口成長に関する法則的認識である。舘が指摘するように、ヨーロッパ諸国の中では比較的遅れて人口転換を開始したドイツの出生率は、第一次世界大戦直前の段階では一九三〇年代における日本の出生率(一九三〇—三七年平均三一・四‰)と比較的近い水準(一九一〇—一四年平均二八・二‰)にあったが、大戦後には先行するイギリス(イングランド・ウェールズ)の水準を下回るまでに低下するようになっていた(**図15**)。その結果、戦間期のドイツでは、急激な出生率低下がやがてドイツを「若者なき民族」さらには民族の死滅へと導くとするフリードリヒ・ブルクデルファーの「人口危機」論が登場するなど、少子高齢化と人口減少への不安が高まり、ナチス政権による人種主義的・優生主義的な人口増殖政策採用の前提となった(川越修『社会国家の生成』岩波書店、二〇〇四年)。「出生率維持増加政策」への転換を主張する舘の議論は、こうしたブルクデルファーに代表される同時代の人口論を踏まえ、戦争を契機とする人口転換の進行=「人口危機」の到来を問題とするものであったといえよう。

人口増殖政策の根拠

舘はしかし、先の引用にみられるように、戦争は出生率減少の「重大な促進要因」であって「原因」そのものではないとみなしていた。ではなにゆえに戦争は、出生率減少を促進するのか。この問題に関する舘の認識は、次のように語られている(舘「戦時経済下の人口問題」『商工経済』第八巻六号、一九三九年一二月)。

私は此等の個々の問題を離れて最も根本的な重大な事実を指摘しなければならぬ。工業化、都市化の此の傾向は戦時経済下に於ける必然の勢であるが、今次事変の特性と経済発展の過去の事実とは、此の傾向が戦後から遠き将来に亘つて存続すべき殆んど必然的な傾向であることを示してゐる。然るに「農村は民族の生物学的勢力の貯蔵所」であると云はれてゐる……私は標準化出生率及死亡率を算定して此の方

表 8　舘稔による市郡別標準化動態率

（単位：‰）

年	市部			郡部		
	出生率	死亡率	自然増加率	出生率	死亡率	自然増加率
1920	27.00	28.38	−1.38	38.05	24.96	13.09
1925	27.39	21.79	5.60	37.16	19.83	17.33
1930	25.67	18.75	6.92	36.05	17.96	18.09

注）舘稔「我が国地方別人口増殖力に関する人口統計学的一考察（下）」『人口問題』第 2 巻 1 号（1937 年 6 月）より作成.

法を以て其の差異を測定した。今其の結論だけを示せば、我が国農村の実質的増殖力は都市の正に二倍半に達してゐる。……都鄙に於ける人口増殖の差異が以上の如くでありとすれば、産業構造の激変、人口地位〔ママ〕的分布の急変の行はれつつある戦時経済下に於て、問題は単に事変下に於ける人的資源損耗の防衛の問題に止らずして、我が国も亦、民族悠久の発展の為に、文明国民の克服すべき人口の産業的編成と人口増殖力保持の矛盾〔ママ〕が直面しつつあるのである。

ここで述べられているように、舘は当時急速に進行しつつあった工業化とそれに伴う人口の都市化を一時的なものではなく、「戦後から遠き将来に亘つて存続」する「必然的な傾向」であると判断していた。しかし舘自身が明らかにした都市と農村の人口動態（表8）を踏まえれば、こうした趨勢はこれまで人口増殖を支えてきた農村人口の減少を通じて人口増殖力の減退を招かざるを得ないものでもあった。つまり舘が人口学的観点から戦時下における「最も根本的な」問題とみなしていたのは、戦時工業化により加速されている日本社会の工業化

＝都市社会化の趨勢が、やがてヨーロッパ諸国と同様の「人口危機」をもたらすであろうという問題だったのである。

たしかに日中戦争下の日本で進行していた社会の工業化は、都市人口の増大をもたらしていた。一九三五年の時点で総人口の三二・七％であった市部人口は、一九四〇年には三七・七％となり、また都市人口（人口一万人以上市町村人口）の場合では、一九三五年の四五％が四〇年には五〇・二％となって農村人口（人口一万人未満町村人口）とほぼ同率に達している（図16）。

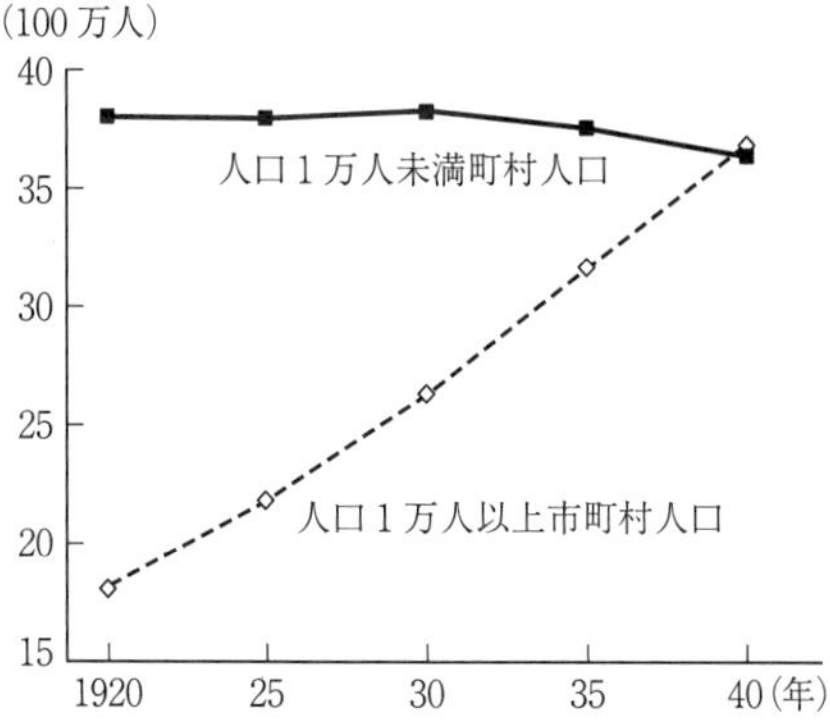

注)『国勢調査報告』より作成.

図16 都市人口と農村人口の接近

第二章でみたように、都市社会化の進展が人口の停滞を招くであろうことは、那須皓ら農本主義的人口政策論者により早くから指摘されていたが、人口問題の焦点が「過剰人口」問題であった時期には、工業化・都市化はむしろ積極的に推進されねばならないとする商工主義的人口政策論が優勢であった。ところが日中戦争下に「過剰人口」状態が表面的には解消され、出生率が低下し、さらに日本社会の本格的な工業化・都市化が確実視されるようになる中で、「人口危機」の到来はにわかに現実味を帯びるようになっていたのである。人口増殖政策への転換のベースにあったのは、日中戦争下で生じていた急激な社会変動に対する人口学的判断だったのである。

2　民族問題としての人口問題

人口問題の再定義

一九三八―三九年にかけて生じた人口政策論の転換は、しかし「過剰人口」対策から増殖政策への転換にとどまるものではなかった。なぜなら舘が戦時下の人口問題について強調していたのは、「過剰人口問題時代の人口問題が……経済問題としての人口問題であつたとすれば、時局下の人口問題は民族問題としての人口問題」である(前掲舘「戦時経済下の人口問題」)という、人口問題の「民族問題」としての再定義だったからである。このことの意味を、舘は次のように述べている(舘「我が国現下の人口問題」『学術振興』第一八号、一九四〇年一月)。

我々は先づ第一に、事変下に我が国が当面する人口問題が、一面に於て、所謂戦時人口問題であると同時に、他面に於てそれは深く民族悠久の発展の基礎に培ふべき恒久的なる問題の萌芽であり、出発点たるべきことを知らねばならぬ。……我が国の人口問題は、内閣人口食糧問題調査会……時代の如く人口と食糧の問題との関係を中心とする所謂人口食糧問題の時代もあつた。又、昭和五年頃の不況に人口と職業、或は失業問題を中心とする時代もあつた。此の二つの時代に於ける人口問題が何れもそれが経済問題であつた時代でありとすれば、上述の現今の人口問題は著しく其の性格を異にしてゐる……。今や帝国は東亜諸民族解放の聖戦を戦ひ、その余塵を蹴つて、新しき秩序の下に東亜諸民族の真の協力の上に、大和民族を盟主として新東亜建設の民族的大使命を着々として遂行しつゝある。此の民族的要求の下に一切の要求は克服調整せられねばならぬ。現下の人口問題も此の意味に於て著しく民族問題化してゐると云はねばならぬ。此処に現下の人口問題の特質が存在する。

ここで舘が言わんとしていることは、次のようなことである。先述のように舘は、戦時経済の要請の下で工業化・都市化が進行することは必然であるという認識を持っていたが、それは彼が「近代戦の特色は、単に兵と兵との戦闘には非ずして、国家の全資源を傾倒して戦ふ経済戦であり、否、国家総力戦たる点」にあると理解していたからであった。右の史料における「戦時人口問題」とは、こうした「経済戦」＝生産力拡充の要請に伴う労働力＝人的資源の配置と保全の課題を指している。

ところが舘によれば、工業化・都市化の進展は人口増殖力を減退させて「人口危機」

を招くものであり、それゆえ戦時下の人口問題は、「経済戦」＝生産力拡充の観点（「戦時人口問題」）のみから判断されてはならず、「民族悠久の発展」というより重要な問題との関連で捉えなければならない。しかも現在の日本が「新東亜建設の民族的大使命」を有する以上、優先されるべきは「経済戦」＝生産力拡充の要請ではなく「民族的要求」の方でなければならない、というわけである。

第三章で述べたように、一九三九年には生産力拡充＝労務動員計画の具体化の下で、労働力＝人的資源の配置と保全を目的とする戦時労働政策が登場し、またそれを積極的に推進しようとする大河内一男の「戦時社会政策」（＝生産力主義的「社会国家」）論が大きな影響力を持つようになっていた。しかし舘が提示した民族＝人口問題の論理は、こうした戦時経済の要請が「民族悠久の発展」と矛盾的関係にあることに注意を喚起し、民族＝人口政策樹立の急務を主張するものだったのである。

古屋芳雄と民族科学

ところで民族＝人口政策の樹立を説く舘は、「一九世紀文明国の人口増加に対し多大の貢献をなした社会衛生学の発達が今又、……新しき人口の認識への転換を誘導しつゝあることを看過してはならない」（前掲舘「事変下我が国の人口問題と大陸経営の民族的使命」）と、社会衛生学的視点の導入により、人口問題＝民族問題を人口の「質」の問題をも含めた範疇へと拡張することを主張していた。そしてこのような「質」の問題を含めた民族＝人口政策の体系化に大きな役割を果たしたのが、一九三九年五月から厚生省の勅任技師に就任した古屋芳雄《こやよしお》であった。

金沢医科大学(現金沢大学医学部)教授(衛生学)であった古屋芳雄が厚生省に招かれることとなったのは、彼が行った農村結核に関する調査研究が注目されたためであった(古屋『老学究の手帖から』社団法人日本家族計画協会、一九七〇年、三六—三七頁)。しかし古屋の学問的関心はより広範なものであり、彼はそれを「民族生物学」と称していた。古屋によれば「民族生物学」とは、「日本民族の生物学的機構」＝「民族を構成する人口の量と質」の変移過程を研究する学問であり、それは人口問題を、「従来一般的概念として受取られて居る経済問題や食糧問題としての人口問題でなく、人口の質的及量的構成が、我々の属する文化環境の種々の影響の下に、如何に変化するかを、一の生物学的法則の下に検討」するものであった(古屋『民族生物学』高陽書院、一九三八年、七頁)。

古屋がこうした「民族生物学」を提唱したのは、彼にとって民族＝人口の量と質こそが真の「国力」の指標であり、そして今や日本民族が「生物学的」な非常時に際会しているという判断があったからである。古屋が注目していたのは、一九二〇年以来、明確な傾向を示していた出生率の低下であり、彼によれば日本の人口が「茲数十年以内に、恰も英独の今日に見る如き状態(＝人口危機)を実現するであらうことは火を睹《み》るより明か」なのであった(古屋『民族問題をめぐりて』人文書院、一九三五年、三四頁)。そして古屋は、こうした事態を引き起こしている要因は、大都市のインテリを中心とする産児制限の広まりであるとし、さらにその基盤には「西洋流の個人主義、物質万能主義」に培われた「自由主義」の浸透があるとした。古屋の「民族生物学」では、医学的見地と共に、「文化学」の重要性が強調されていたが、それは彼が日本民族が直面する「生物学的非常時」の根源を、西洋化＝「近代化」に伴う日本固有の民族「文化」の衰退に見出していたからであった。

古屋によれば、このような「民族生物学」を国策の最高指導原理として採用したのがナチスドイツであった。しかし日本における現状は、次のように低調なものであった(前掲古屋『民族生物学』三頁)。

我国でもこの方面(＝民族生物学)の関心は、近来だんだんと高まりつゝある。勿論我国での民族生物学的の関心はまだまだ極めて表面的といへるだらう。なぜなら政府の首脳部は今は主として財力問題に気を取られて居り、または兵力問題に専心して居るからである。尤も政府でも軍部でも国民の体力問題は、熱心に考へて居るやうである。が、これも元はといへば国の壮丁の体位が次第に下向しつゝあるといふことを言ひ出した人々の要望に基いて起つたものであつて、より広汎な見通しと、より深遠な学術研究に基いた、つまり真の意味の民族生物学の認識に出発したものとはいへないと思ふ。

つまり古屋の観点からみれば、厚生省設立の過程でクローズアップされるようになった「体力」問題といえども、単に「壮丁の体位が次第に下向しつゝあるといふことを言ひ出した人々の要望」に応じたものに過ぎず、そこに「真の意味の民族生物学の認識」が伴っていたわけではなかったのである。

このように早くから民族＝人口の量と質の重要性を論じていた古屋は、厚生省技師に就任すると、彼が関係する部局(体力局・衛生局・予防局・社会局)でそれぞれ個別に扱われていた人口問題、「体力」問題、優生問題、結核問題などの諸問題を、民族＝人口問題の観点から統合した「民族国策としての人口政策」の樹立を提唱するようになる。その結果、一九三九年半ば以降の厚生省では、これらの諸問題がなんらかの形で人口問題と関連づけられて説明されるようになる。その際に古屋がとくに重視したのは、厚生省においていまだ明確な指導理念が定まっていなかった「体力」問題を、「真の意味の民族生物学の認識」から位置づけ直すことであった。

先述のように古屋は、当時の「体力」問題の捉え方に不満を持っていたが、実際に厚生省の官吏となった彼にとって、体力局の課長(事務官)たちが立案する企画は、「体力局なるものは軍部のお声がかりで出来た局で、必要性によって出来た局でなかっただけに、或る程度止むをえなかったかも知れない」とはいえ、「ただのお座なりか思い付き」

に過ぎないものであった(前掲古屋『老学究の手帖から』四二頁)。

こうした体力行政の低調ぶりを前にした古屋は、「国民の体位の低下といふことは軍の方が言ひ出したことで……体位はそんなに下つてをらんなど丶言つてゐる人もあ」るが、「私から見ますれば明かに下つてゐる」こと、そして「体力」問題が「実は、人口問題と密接にからんだ問題」であることを強調した。古屋は自らが行った調査により、「農村から都会に来ますと子供の体格が悪くなる、どこが悪くなるかといふと胸囲が小さくなる」ことを確認しており、「人口の都市集中、農村から都会に出て来る人間は益々多くなつて来るといふことになれば、日本人の平均体位の下つて来る……耐久力のない青白いひよろ長い人間がどん〳〵出て」くるのは当然と考えていた。こうした問題の把握を通じて古屋は、「体位」の低下という問題と出生率の低下問題が、いずれも都市化＝「近代化」という共通の背景を持つ民族＝人口問題であることを提示したのである(古屋「民族国策の諸問題」『医事公論』一九三九年九月二三日)。

このような理解に立つ古屋が関与することにより、厚生省の「宿題」とされていた国民体力管理制度にも、民族＝人口問題の観点から積極的意義が附与されるようになる。一九三九年一一月に発表された厚生省体力局「国民体力管理制度案要綱に就て」(『内務厚生時報』第四巻一一号)は、同制度の意義を次のように説明している。

国民体力の現状を見るに、死亡率が極めて高いことは衆知の事実であるが、従来我国の誇であつた出生率さへ近年低下の傾向を示し、特に事変発生以来は激減して居る。又結核の蔓延及事変以来の過重労働等に因り、質的にも低下を来しつゝあるので、今日之を根本的に改善することを図らなければ、将来深憂に堪へないものがあるのである。国民体力管理制度は此等の欠陥に対処する為に立案せられたものである。

……

明らかなように、ここで「国民体力の現状」として述べられているのは、人口の量と質の問題である。国民体力管理制度は一九四〇年四月、国民体力法として公布されることになるが、それは厚生省＝古屋によって、民族＝人口政策の一環として位置づけ直された制度だったのである。こうした事例にみられるように、民族＝人口問題という考え方は、古屋というイデオローグを媒介として、厚生行政のさまざまな分野を包括する新たな指導理念となっていったのである。

日本学術振興会第一一特別委員会

「民族国策としての人口政策」の樹立を目指す古屋の活動は、厚生省内にとどまるものではなかった。その舞台となっていたのは一九三九年一〇月、日本学術振興会に設置された「民族科学」に関する第一一特別委員会（委員長＝林春雄）である。日本学術振興会の特別委員会とは、各方面の専門家による総合研究を必要とする重要課題を扱うものであり、第一一特別委員会の課題とされた「民族科学」とは、古屋が「民族生物学」を民族の量と質の増大強化をはかる政策科学として再定義した概念であった。

第一一特別委員会は「日本学術振興会の他の委員会とは多少性質が異つて居りまして、謂はば行政に直接の関係の深い問題を取扱ふ」ものであり、当初から研究の成果を行政に反映させることが意識されていた点に特徴があった(日本学術振興会民族科学研究第一一特別委員会『緊急人口政策に関する若干の課題』日本学術振興会、一九四二年、一頁)。同委員会を構成していたのは、「体力問題」、「疫学及び乳幼児問題」、「家族制度及び民族毒問題」、「民族人口問題」という四つの分科会(表9)である。このうち古屋自身が主査をつとめた第一分科会(「体力問題」)と幹事をつとめた第四分科会(「民族人口問題」)は、当初案の第一分科会(「人口及体力に関する研究」)を分離拡充したものであり、古屋がとくに重視していたテーマであったといえる。

第一分科会は委員構成からみてとれるように、「体力問題」に関する厚生省と陸海軍および文部省の共同研究であり、その課題とされたのは一九四〇年度から実施予定の国民体力管理制度で得られるデータをもとに「国民の体力を低下せしめる社会的産業的原因」を究明し、対策を検討することであった。また第四分科会は舘稔ら人口問題研究所のメンバーを中心に、①日中戦争下における「未曾有の急激なる工業化及都市化」が「民族の生成発展」に与える影響を「科学的に解明し、適切なる対策の指針を定」め、

表 9　日本学術振興会第 11 特別委員会の構成

第一分科会 (体力問題)	主査＝古屋芳雄(厚生技師) 委員＝渡辺甲一(陸軍省医務局衛生課長)，鎌田調(陸軍省医務局医事課長)，田中肥後太郎(海軍軍医学校長)，小笠原道生(文部省体育課長) 専門研究委員＝野津謙(厚生省体力局体育官)，重田安正(厚生省体力局技師)，安田守雄(体育研究所技師)，鈴木繁(同)，松井三雄(同)，石垣純二(厚生省体育官補)，江西甚良(日本大学歯科助教授)，矢ヶ崎徳蔵(愛媛県宇和島保健所長)，加藤義二郎(静岡県浜松保健所長)
第二分科会 (疫学及び乳幼児問題)	主査＝小島三郎(伝染病研究所所員) 委員(疫学部)＝野辺地慶三(公衆衛生院教授)，南崎勇七(厚生省防疫課長) (乳幼児部)＝斎藤潔(公衆衛生院教授)，古屋芳雄 専門研究委員＝宇田川与三郎(厚生省体力局嘱託)，西野睦夫(厚生省社会局技師)，谷口正弘(同)，館林宣夫(厚生省予防局防疫官補)，斎藤文雄(愛育会附属病院長)，八田貞義(伝染病研究所技手)，村江通之(同)，内田勇四郎(京橋特別衛生地区保健館員)，安藤茂雄(石川県七尾保健所長)，与謝野光(埼玉県所沢保健館長)
第三分科会 (家族制度及び民族毒問題)	主査＝戸田貞三(東京大教授)／幹事＝笠森伝繁(駒澤大教授) 委員＝権田保之助(文部省社会教育局嘱託)，古屋芳雄，大平得三(九州大教授)，近藤正二(東北大教授)，高田保馬(京都大教授) 専門研究委員＝小塩完次，大橋政雄(厚生省予防局技師)
第四分科会 (民族人口問題)	主査＝下村宏／幹事＝古屋芳雄 委員＝中川友長(人口問題研究所研究官)，美濃口時次郎(企画院調査官)，戸田正三(京都大教授)，水島治夫(京城大教授) 専門研究委員＝舘稔(人口問題研究所研究官)，小山栄三(同)，青木延春(同)，左右田武夫(同)，山岸精実(公衆衛生院助教授)，横田年(厚生省予防局技手)，楠本正康(厚生省予防局技師)

注)『医事衛生』1940 年 1 月 24 日より作成.

また②「日本民族と大陸諸民族との接触の問題」を研究するものであった(『医事衛生』一九四〇年一月二四日)。なお第四分科会には美濃口時次郎が参加しているが、彼は企画院における人口問題の担当者であり、そのため「人口政策確立要綱」立案の際には起案責任者をつとめることとなる。

このように第一一特別委員会は、「体力」問題、保健衛生問題、人口問題などの諸問題を「民族科学」という観点から統一的・総合的に把握するプロジェクトであり、そこでは厚生省内のみならず学界・陸海軍・企画院などの関係者による人的ネットワークが構築されていた。「人口政策確立要綱」の作成にたずさわることになる美濃口時次郎、古屋芳雄、舘稔、中川友長らはいずれもこの委員会のメンバーであり、のちに古屋は、この委員会の活動が、「政府の人口政策遂行(=「人口政策確立要綱」の成立)に対して直接間接相当の役割を演じた事は否定し得ない事実」と自賛している(林春雄・古屋芳雄「序」『民族科学研究』第一輯、朝倉書店、一九四三年一二月)。「人口政策確立要綱」へ向けた動きを主導していたのは、古屋を中心とした「民族科学」の動向だったのである。[3]

3　「人口政策確立要綱」と民族―人口主義的「社会国家」

第二次近衛内閣と「基本国策要綱」

すでにみたように、人口の量と質の増大強化を目指す戦時人口政策は、一九三九年後半の段階から厚生省の古屋芳雄や舘稔らを中心に、いわば「民族国策としての人口政策」として構想されるようになっていた。それが「人口政策確立要綱」として具体化するのは、一九四〇年半ばに生じた全体主義的総力戦体制確立への動きによってである。一九四〇年春季におけるヨーロッパ情勢の激変(ナチスドイツによる西ヨーロッパ制覇)を背景に成立した第二次近衛内閣(七月二二日成立)は、「高度国防国家」の建設を標榜してその実現に向けた「新体制」運動に着手する。その基本方針とされたのが内閣成立直後に閣議決定された「基本国策要綱」であり、本章のはじめに述べたように「人口政策確立要綱」はこの「基本国策要綱」に基づく「基本国策」の一つとして作成されることになるのである。

もっとも「基本国策要綱」のベースとなったのは、一九四〇年初頭から陸軍省軍務局が国策研究会に委嘱し、「各省の革新官僚を内密に動員」して作成した「総合国策十年計画」であり、そこには「東亜新秩序建設の礎石たる人的資源の質的並量的発展を期する」ための恒久的人口政策を樹立するという「人口政策」がすでに盛り込まれていた(稲葉正夫ほか編『太平洋戦争への道　別巻　資料編』朝日新聞社、一九六三年、三一一頁)。また厚生省では人口問題研究所を通じて人口政策の具体案の作成に着手しており、一九四〇年七月一九日に開かれた人口問題研究所参与会合では「人口政策要綱案」の第一次案が検討されている(『人口問題研究』第一巻五号、一九四〇年八月)。民族＝人口政策の「国策」化は、第二次近衛内閣成立以前の段階で、既定路線となっていたといえよう。

本章冒頭で触れたように、「人口政策確立要綱」の起点となった「基本国策要綱」の項目は、「国是遂行の原動力たる国民の資質、体力の向上並に人口増加に関する恒久的方策特に農業及農家の安定発展に関する根本方策を樹立す」というものであった。ただしこの項目の具体的方策は、「人口政策の確立」と「農業及農家の安定」に分けて策定されることとなり、八月一日の閣議決定において、「人口政策の確立」については企画院・厚生省・農林省・拓務省が「起案庁」、内務省・陸軍省・海軍省・商工省が「主たる協議官庁」に、「農業及農家の安定」については企画院・農林省が「起案庁」、厚生省・拓務省・内務省が「主たる協議官庁」として定められている(「基本国策要綱に基く具体問題処理要綱」「公文類聚」第六四編・昭和一五年・第二巻)。

こうした分担で行われた「人口政策の確立」は、企画院の美濃口時次郎を責任者として立案作業が行われ、その第一案(「人口政策確立要綱(案)」)は一九四〇年一〇月二四日付けで作成されている。案文の検討は第六案(一九四一年一月一六日)まで続けられており、一月二二日に「人口政策確立要綱」として閣議決定されたのは、この第六案を一部修正した最終案(一月二〇日作成)であった(「人口政策確立要綱(案)」は、第五案を除き、「美濃部洋次文書」のなかに残されている)。

このような経緯で成立した「人口政策確立要綱」は、延べ四〇項目以上にわたる厖大なものであり、そこに列挙された個々の項目から作成者たちの意図を理解することは容易ではない。そこで以下では、関係者の発言や右の立案史料を手がかりに、「人口政策確立要綱」の政策論理を読み解いてみよう。

目標としての人口一億

「人口政策確立要綱」の基本目標とされたのは、①「人口の永遠の発展性を確保すること」、②「増殖力及び資質に於いて他国を凌駕するものとすること」、③「高度国防国家に於ける兵力及び労力の必要を確保すること」、④「東亜諸民族に対する指導力を確保する為其の適正なる配置をなすこと」という四つの項目であった。そしてこれらを達成するために掲げられたのが、昭和三五年＝一九六〇年の「内地人」(第三次案までは「皇国民族」)の総人口を一億とするという全体目標である。

「人口政策確立要綱」に関する従来の説明では、もっぱらこの目標の中の「一億」という数値が着目される傾向にある。しかし「人口政策確立要綱」で重要な意味を持たされていたのは、「一億」という人口数そのものではなく、昭和三五年という時期の方であった。このことを理解するためには、まず右のような目標設定の前提となった将来人口推計に触れておく必要がある。

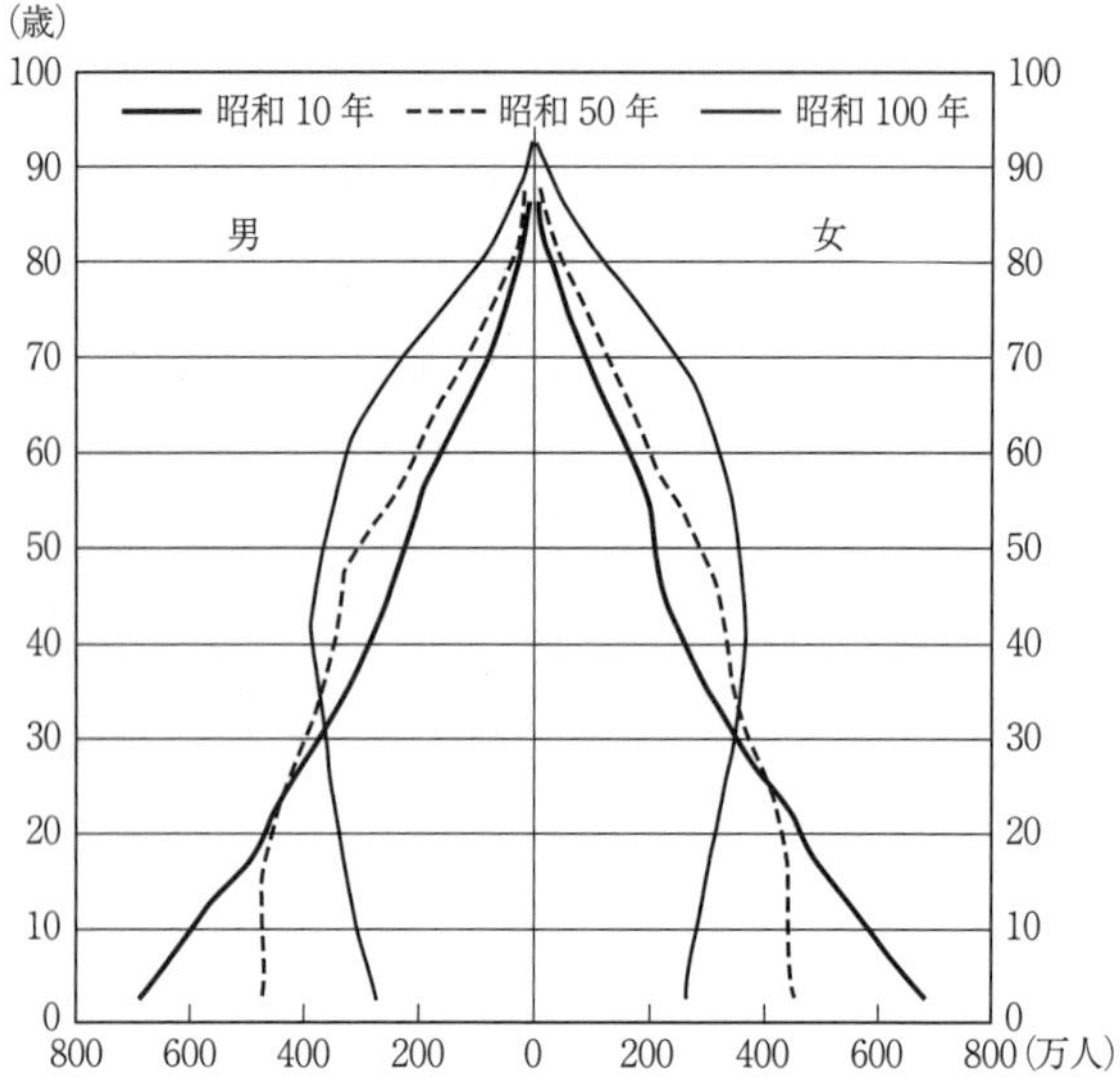

出典）中川友長「将来人口の計算に就て」『人口問題研究』第1巻2号（1940年5月）

図17　中川推計による人口ピラミッド

第二章で触れたように、一九三〇年代には上田貞次郎によって出生率・死亡率双方の動向を組み込んだ将来人口推計がなされるようになっていたが、それがなお暫定的なものであることは上田自身が認めるところであった。これに対して「人口政策確立要綱」の基礎とされたのは、中川友長（人口問題研究所調査部長）による推計（一九三九年人口推計ベース）であり、そこでは日本の総人口は一九六〇—六五年の間に一億人

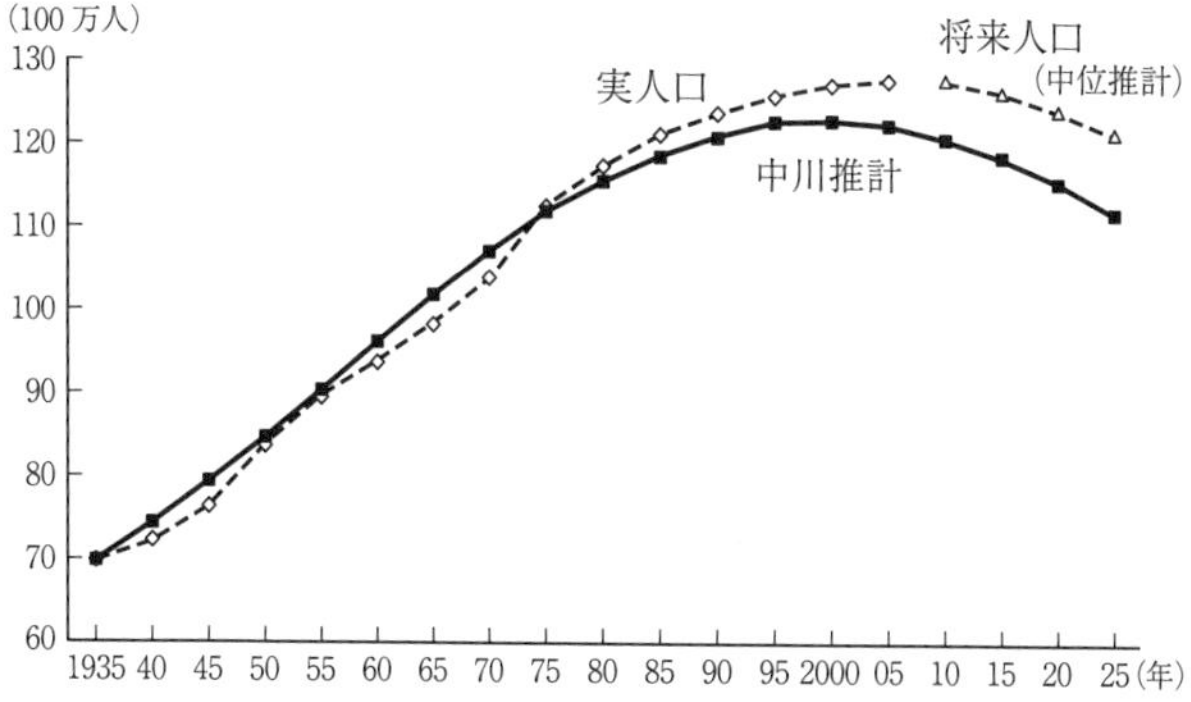

図18　中川推計による将来人口

を超えるものの、昭和七五年＝二〇〇〇年の約一億二二七四万をピークとして減少に転じることが見込まれていた。そしてその間を通じて人口の少子高齢化が進行することにより、日本の人口ピラミッドはいわゆる「富士山型」から「釣鐘型」となり、さらに人口減少社会となった昭和一〇〇年＝二〇二五年頃には「現在何れの国に於ても見るを得ぬ如き若年人口の少数、老年人口の多数なる年齢構成」＝「壺型」へと移行すると想定されていたのである(図17)。

こうした中川の推計を実際の人口推移および現在の将来推計と比較してみると、戦後におけるさまざまな条件の変化にもかかわらず、両者が近似した曲線を描いていることが判明する(図18)。戦時期の日本では、二〇世紀の終わりから二一世紀にかけて、「日本の人口がだん〳〵に年寄りばかりが多くなるとともに、その増加の勢ひが次第に弱まってきて、つひに減少の道をたどることになる」(企画院「人口問題をどうする(下)」『週報』第二二八号、一九四一年二月一九日)ということが、統計学的に予測されるようになっていたのである。

他方、「人口政策確立要綱」のいま一つの前提となっていたのは「国策」遂行上の要請であり、こちらの側では一九五〇年の所要人口を八五〇〇―八六〇〇万とする見積りが提示されていた。(4) しかしこれは、中川推計における一九五〇年総人口＝約八四三四万と大差ないものであり、そもそも一〇年後というタイムスパンは、人口増殖の観点からすれば短過ぎるものであった。

「人口政策確立要綱」が掲げた一九六〇年に一億人という目標は、こうした事情を踏まえて設定されたものであり、その第一の目的として掲げられたのが、「人口の永遠の発展性を確保すること」、すなわち「日本の民族の老衰と衰亡の起る危険性を政策の力を以て取り除く」ことであった(美濃口時次郎「人口政策確立要綱の目標と方策」人口問題研究会『我国の将来人口』刀江書院、一九四一年)。「人口政策確立要綱」の目標を実現すべく算定された計画人口を、中川推計および実際の人口動態と比較してみると(図19)、計画人口の人口増加率は一九四五年以降、中川推計と次第に大きな差を有するようになっていることがみてとれる。一九六〇年に一億人という目標の意味は、このような高い人口増加率(約一八‰)を実現することにあり、そしてこのことを通じて人口減少に向かう長

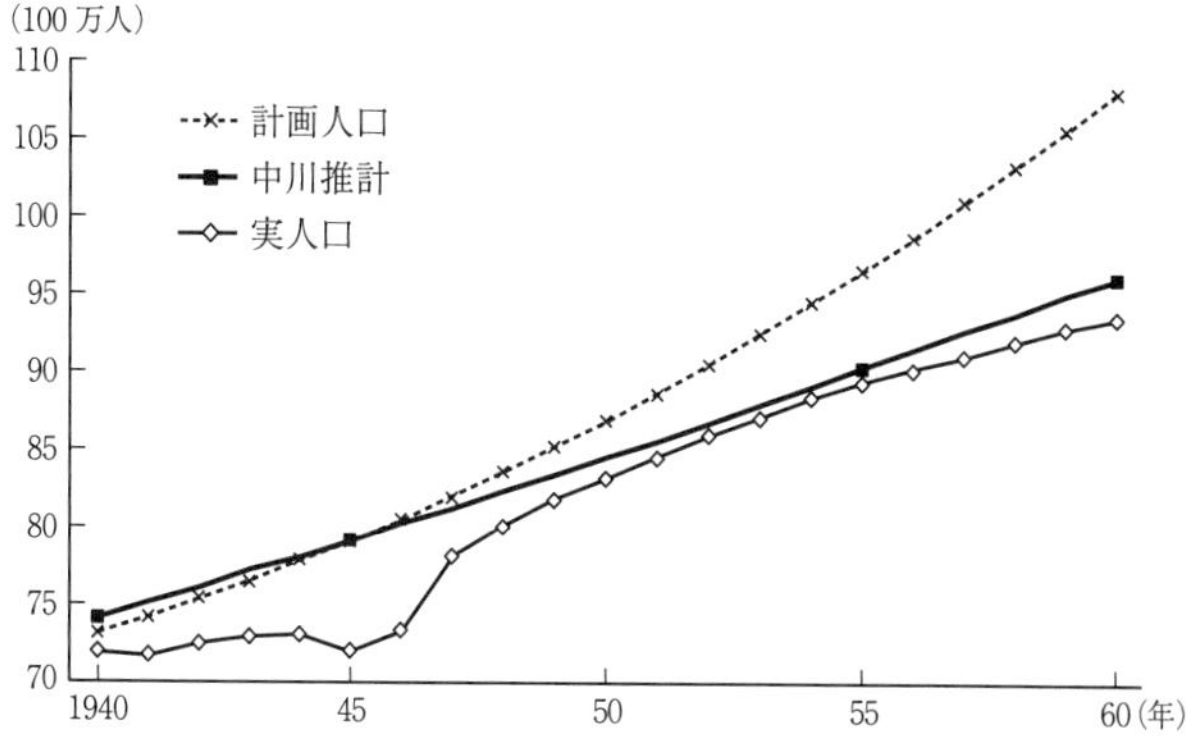

図19 「人口政策確立要綱」の計画人口

期的傾向を是正し、文字通り「人口の永遠の発展性を確保」することにあったのである。(5)

右のように、「人口政策確立要綱」における一九六〇年に一億人という全体目標は、人口学的見地から根拠づけられたものだった。このことは兵力動員の当事者である陸軍が、「本目標は仔細に検討すれば自然の傾向と大なる差あるものにあらず、其の真に企図する所は寧ろ人口運動其のものの根本的是正に存する……自然の傾向に委するも昭和四十年前後に於て内地人口は一億に達するに拘らず之を僅々数年短縮することに依て実は一方は近き将来に於て衰退に向ふに反し一方は無限の向上を辿るべきものにして窮極する所出生率の恢復を其の根本目的とせるものなり」(陸軍省兵備課『大東亜戦争に伴ふ我が人的国力の検討』一九四二年[高崎隆治編『十五年戦争極秘資料集1』不二出版、一九八七年]三九頁)

と理解していたことからも裏付けられる。もとより「人口政策確立要綱」が「国策」遂行上の要請を無視していたわけではなく、「この出生率と死亡率とをもつて発展すれば、わが民族は近隣諸国の増殖力によつて脅される危険は先づな」く[6]、「高度国防国家における必要なる兵力および労力を確保する上においても、また東亜諸民族に対する指導力を確保する上からいつても、差当り大した不足を来さない」(人口問題研究所『我が国人口問題概要』一九四一年、八頁)とされていたのである。

「人口政策確立要綱」では右のような全体目標を達成するため、「出生の増加を基調とする」方針が掲げられた。これは「人口政策確立要綱」の主眼が人口減少に向かう長期的傾向の是正であったことからすれば当然の方針であり、その目標としては、「今後の十年間に婚姻年齢を現在に比し概ね三年早むると共に一夫婦の出生数平均五児に達する」ことが示された。これは当時の女性で二四歳、男性で二八歳であった平均初婚年齢をそれぞれ二一歳、二五歳とし、かつ一夫婦あたり四人とみられていた平均出生児数を五人とすることによって、出生率を一九四〇年当時の二八―二九‰から一九三五年の三一・六‰以上に引き上げようというものであった(前掲人口問題研究所『我が国人口問題概要』八頁)。他方、死亡率減少の目標としては「一般死亡率を現在に比し二十年間に概ね三割五分低下すること」が掲げられたが、それは当時一六―一七‰程度であった死亡率を、当時ヨーロッパでもっとも低い水準にあったドイツの死亡率＝一一・七‰程度まで引き下げることを目指すものであった(同前)。

人口政策の具体案

「人口政策確立要綱」の中心をなしているのは、人口増加のための二つの方策(「出生増加の方策」・「死亡減少の方策」)、および「国防及び勤労に必要なる精神的及び肉体的の素質の増強を目標」とする「資質増強の方策」である。これらのなかには、当時厚生省がすでに着手もしくは構想していた政策が少なからず含まれており、とりわけ「当面の目標を乳幼児死亡率の改善と結核の予防」に置くとする「死亡減少の方策」は、その多くが厚生省の政策課題を反映したものであった。「人口政策確立要綱」には、当時の厚生省各局の政策課題のうち、別に「勤労新体制確立要綱」がまとめられた労働政策以外のものを民族＝人口政策の課題として統合し、戦時人口政策＝「戦時社会政策」として国策化しようとした一面があったといえる。

これに対し、「人口政策確立要綱」の独自性が示されているのが、「出生増加の方策」である。「人口政策確立要綱」における「出生増加の方策」は一一項目におよんでおり、そこでは「不健全なる思想の排除」と「健全なる家族制度の維持強化」を前提としつつ、結婚の「紹介、斡旋、指導」のほか、①婚資貸付制度や人口政策的税制(家族控除の多子累進化、独身税など)、家族手当制度などの導入、②二〇歳以上の女子の就業制限と結婚を阻害する就業条件の改善、③学校制度改革における人口政策の考慮、④多子家庭・妊産婦に対する物資の優先供給、⑤乳幼児保護施設の拡充、⑥産児制限の禁圧などが列挙されている。

これらのうち②は一見矛盾する方針だが、二〇歳以上の女子の就業制限というのは、「農村から若き女子が都会へ出て労働する者が多い、そこで青年まで農村に厭気が生じて離村する、かくて青春なき村が屢々問題とされてゐる」という傾向を矯正しようとした農村女性対策であり（小田橋貞寿「人口一億の可能性」前掲人口問題研究所『我国の将来人口』）、結婚を阻害する就業条件改善というのは都市勤労女性対策であった。

また③学校制度改革における人口政策の考慮という項目は内容が不明瞭であるが、それはもともと「婚姻年齢の高まりたる原因の一が上級学校通学者の増加したことにある事実に鑑み、現行学校制度を改革して就学年限の短縮を行ひ男子は満二十歳女子は概ね十六歳を以て学業を終了せしむる」（第一次案）とされていたものが、第四次案で「現行学校制度を改革して就学年限の短縮を行ふ」、第五次案で「現行学校制度の改革につきては特に人口政策との関係を考慮する」と表現が改められたものであり、事実上就学年限の短縮を求めるものであったといえる。

しかし「人口政策確立要綱」における出生増加策の眼目とされていたのは、ヨーロッパ諸国ですでに実施されていた①のような諸制度の創設であった。先述のように、早くから出生率の低下がみられた当時のヨーロッパでは、各種の出生増加策が実施されるようになっていたが、「人口政策確立要綱」が取り上げた制度のモデルは、イタリアの独身税、ドイツの婚資貸付制度、フランスの家族手当であった。

イタリアの独身税は、一九二六年、ファシズム政権下における人口増加政策の第一歩として導入されたものとして知られ、結婚しない者は年齢・所得に応じて税金を負担するというものであった。ただしその金額は決して大きくなく、「この税の創設に依つて国の人口増加政策がはつきり示された所にその教育的、宣伝的効果がある」と評されていた(北岡寿逸『人口政策』日本評論社、一九四三年、一六二頁)。

またドイツの婚資貸付制度は、ナチスが政権についた一九三三年に失業対策の一環として導入したものであり、①結婚した者に対して商品購入券を貸し付ける、②出産一人ごとに四分の一ずつ返還額が免除され、八年以内に四人の子供を生めば返還義務がなくなる、③ただしナチズムに対して忠誠を認められない者、非アーリア系や遺伝性の欠陥を持つ者などには適用されないというナチス的制度であった(厚生省予防局『諸外国の人口政策』同、一九三九年)。ただしこれは極端な事例であって、一九三七年に導入されたイタリアの婚資貸付制度は、第四子まで出産すれば返還義務がなくなる無利子の資金貸付制度(前掲舘『人口問題説話』)、またやはり一九三七年に制定されたスウェーデンの制度は、結婚奨励に目的を限定した低利資金貸付制度であった(前掲厚生省予防局『諸外国の人口政策』）。

他方、フランスの家族手当は、子供のいる労働者に特別手当を支払うものであり、もともとは企業経営者の任意的制度として広まっていたものが、一九三二年に国家的制度とされたものである。この制度は扶養家族を有する労働者の賃金をかさ上げするものでもあり、そうした労働者の雇用が忌避されないように家族手当補償金庫を通じた支払いという方式がとられていた。このような家族手当制度は、一九三九年に制定された「家族法典」により対象が自営業者や農民にも拡大され、二人以上の子女を有するすべてのフランス国民（有職者）に支給されることとなった。これにより人口政策的所得保障制度としての性格を強めたフランスの家族手当は、ヴィシー政権を経て戦後に受け継がれ、今日でもフランスの社会保障制度の大きな特徴となっている。

右のように一九三〇年代のヨーロッパでは、出生率の低下に対する危機意識の高まりを背景として、出生増加を目指す人口政策が政治体制の相違を超えて実施されるようになっており、そこではフランスの家族手当制度やスウェーデンの出産手当（一九三七年）のように、第二次世界大戦後の福祉国家へと連なる重要な制度も登場していた。「人口政策確立要綱」は、同時代のヨーロッパで進行していた右のような「社会国家」の人口政策的拡大を参照しつつ、その制度を導入することで「子供を産み、これを育てることが苦にならぬやうな社会体制、或は子供の多いことが生活上の重荷にならぬやうな、社会状態を作り出」し、(古屋芳雄「都会は人生の墓場」『生活科学』第一巻一号、一九四二年一月)、日本民族「永遠の発展」をはかろうというものだったのである。こうした性格を持つ「出生増加の方策」を基軸に、先述の「死亡減少の方策」・「資質増強の方策」を組み込んだ「人口政策確立要綱」＝戦時人口政策構想は、民族＝人口政策の立場から唱えられた「社会国家」構想といってよく、本書ではこのような「社会国家」構想を、民族―人口主義的「社会国家」と呼ぶこととする。

4　戦時人口政策と農業人口問題

農業人口をめぐる対立

ところで「人口政策確立要綱」＝民族―人口主義的「社会国家」構想には、狭義の「人口政策」にとどまらない政策方針が含まれていた。その一つが「資質増強の方策」のなかに掲げられた、「農村が最も優秀なる兵力及労力の供給源たる現状に鑑み、内地農業人口の一定数の維持を図ると共に日満支を通じ内地人人口の四割は之を農業に確保する」という方針である。美濃口によれば、この四割という割合は「今日の農業人口の割合を其儘維持する」ことを意図したものであり(前掲美濃口「人口政策確立要綱の目標と方策」)、その目的は戦時工業化の下で進行していた農村から工業＝都市への労働力移動に歯止めをかけることにあったといえる。しかしこの方針の歴史的性格を考えるためには、戦時下の農業政策論の場で展開されていた農業人口をめぐる議論を踏まえておく必要がある。

第二章で述べたように、二・二六事件後の農業政策では満洲への分村移民事業により「過剰農家」を整理することで、一戸あたりの経営面積を拡大し「安定農家」を創出しようとする動きが始動していた。ところが日中戦争の進展は、こうした動向の前提となっていた諸条件を一変させることとなる。つまり「事変前までは、農村における「過剰人口」農村に於ける「余剰労働力」が主要な問題であつたのに、事変の発生以来一ヶ年を出ずして、農村に於ける人口の減退、農村における不足労働力の問題が生産力の問題と関連して現下の主要な問題として前面に現はれ」るようになったのである(吉岡金市「労働力の不足と生産力の拡充」『農政』第一巻三号、一九三九年三月)。

このような状況の急転の中で、日中戦争下の農政論は大きく三つの立場に分岐することとなった。こうした農政論の動向について、一九四〇年の段階で「相剋する農政イデオロギー」を論じた桜井武雄は、当時の農政論の潮流を、①「「土地生産力」の増進政策により、国民食糧の自給をはかり、日本民族の血の源泉なる農村人口をできるだけ多く維持せんとする農本主義的小農保護論」、②「「労働生産力」増進の見地から、小農維持政策を再検討し、事変を契機とする国民経済再編成の方向に沿つて、農業機構を再編成し、農業を機械化・協同化すべしと説く農業近代化論」、③「「中農」主義を真向にかざして、満洲移民分村計画の遂行により、内地農村の土地問題を一挙に解決し、日満を通じて中農を基底とする理想国家、理想農村を建設しうべしと主張する農本主義的中農化論」の三つに大別している(桜井『日本農業の再編成』中央公論社、一九四〇年)。

こうした三潮流は、日中戦争初期の段階では、杉野忠夫による①保護主義派(過小農維持論)、②自由主義派(自由放任論)、③大陸主義派(「逞しき農家」の創設維持論)という整理とほぼ照応する。そして杉野によれば、この三つの潮流は、「今次事変の結果として予想さるゝ我国農村の構造変化に際して、如何なる農民層の維持を以つて政策の目標とするか」という問題をめぐり、「昭和十三年に中央農林協議会に設けられた戦後農村対策専門委員会の一ヶ年に亘る十数回の特別委員会に於いて散々闘はされたまゝ今日(一九四〇年)に持ち越されて居る」、戦時農政論の基本的な対立なのであった(杉野「新農政の課題「逞しき農家」提唱の意義」『農業と経済』第七巻一号、一九四〇年一月)。

これらの農政論のうち、①「農本主義的小農保護論」を代表する論者は、大槻正男(京都帝大農学部教授)、渡辺庸一郎(同)、八木芳之助(同経済学部教授)らであった。彼らのうち大槻は早くも一九三八年の段階で、「我が国の近年に於ける人口の増加、就中出生率の低下は、先進欧米諸国と同一経路を辿るものとして識者によつて深く憂ひられてゐる」、「東洋の永く安定勢力たるためには、尠くとも一億の内地人人口を必要とする」といった理由を挙げ、ドイツやイタリアのような人口増殖政策を採用すると共に、「軍力に不可欠な強健敢為な壮丁、並に資本主義産業の発達に必要な有為な労働力の、永続的給源としての農村人口維持政策としての農業政策」を樹立すべきことを論じている(大槻「農業保険と農業政策の根本方針」『農業と経済』第五巻一号、一九三八年一月、同「戦時及び戦後の農業経営問題・報告二」『農業経済研究』第一四巻三号、一九三八年一一月)。大槻がこうした主張を展開したのは、彼が日本農業の特徴である「小農」経営の労働集約的性格＝土地生産性の高さを発展させる方向で農業生産力の拡充を構想していたからである。大槻はこうした「小農」主義の立場から「経済発展の勢ひに無暗につられて、減少しやうとする農家戸数及び農村人口」を「凡ゆる手段、方策をつくして防止」する必要を主張していたのであり、その弁証のために農村の人口政策的意義が強調されていたといえよう。

他方、③「農本主義的中農化論」を代表する論客は農村更生協会の杉野忠夫であったが、彼もまた、「農村人口の工業人口化による過少農整理は、〔ママ〕茲に当然農村人口の低下を来たし、一国人口の自然増加率を減少することは各国の事例の示す所であり、日本のみがその例外たりと断言し得ることは出来ない」とし、「今次事変を契機として吾が国の国力に及ぼせる変化の最も暗黒なる面は実にこの人口減退の傾向である」と断じている(前掲杉野「新農政の課題「逞しき農家」提唱の意義」)。しかし同時に杉野は、「農本主義的小農保護論」(保護主義派)を激しく批判している。杉野によれば、農村が真に「優良なる人口給源」たるためには、多数を占める「過小農」の経営規模や生活水準の引き上げ(=中農化)が不可欠なのであり、こうした観点から杉野は、「猫額大の耕地にしがみついて居る過少農を、或は人口給源保持に名を借り……甚だしきに至つては農業生産力維持と伴《いつわ》〔ママ〕りて、維持せんとする一切の企は遠からざる将来に於いて、我が内地農村を救ふべからざる混乱に陥し入るゝ悪魔的所業」とまで述べている(同)。もちろんこのように述べる杉野の「中農」主義的立場が、「満洲移民分村計画の遂行により、内地農村の土地問題を一挙に解決」しようとするものであったことは第二章で触れた通りである。農村人口維持の主張、人口政策の重視では歩調を同じくしつつも、「農本主義的小農保護論」と「農本主義的中農化論」は激しく対立する関係にあったのである。

農業「近代化」と「適正規模農家」論

ところでこれらとは異なり、人口問題への論及がほとんどみられないのが、②「農業近代化論」であった。この潮流に属する論者は数多く、勝間田清一(企画院調査官)、川俣浩太郎(同)、石橋幸雄(帝国農会経営課長)、東畑精一(東京帝大農学部助教授)、近藤康男(東京帝大農学部助教授兼農林省統計課長)などの昭和研究会農業政策研究会のメンバーや、和田博雄(農林省)、吉岡金市(日本労働科学研究所研究員)、我妻東策(東京農業大学教授)らがそれに当たる。また農地制度改革同盟(一九三九年一一月結成)に集った三宅正一ら農村社会運動家たちも、この潮流に含めることができる。

彼らの主張は必ずしも同一ではないが、そこに共通しているのは、戦時工業化＝重化学工業化の推進と結びついた労働生産性向上論＝農業生産力向上論である。たとえば勝間田清一は、「日本人口の約半数が従事しなければ農業生産力を維持し得ざる程、日本農業が労力集約的経営の上に立つてゐる」ことが、「重化学工業への労力動員の桎梏」となっているとし、「国民経済全体が凡てその発展の後進性を克服し、高度の生産関係と生産力に統一発展せんとする強い要求や動きの中、遅れたる日本農業が如何に桎梏となつてゐる事か……この立ち遅れた農業の中から農業者を解放し、近代的な高度の国防経済を建設しなければならぬことは余りにも明白」と、日本農業の「再編成」＝「近代化」を主張している(勝間田『日本農業の統制機構』白揚社、一九四〇年、八一頁)。

こうした「農業近代化」の基本とされたのが、単位労働力当り生産力＝労働生産性の向上であり、そしてこのような生産力がもっとも合理的に消費され、かつ安定的な経営が可能な規模の「適正規模農家」が創出されねばならないとされた。このような生産力的観点から設定される「適正規模農家」の規模についてはさまざまな見解が示されたが、石橋幸雄は、北海道を除く内地農家の平均耕作面積八反七畝の二倍以上にならなければ「到底真の農家として立ち得る経済的な農業経営の基礎を確立することは出来ない」とし、そのためには一町未満の農家三二四万戸（全農家の六五・三％）を整理する必要があると述べている（東亜経済懇談会『東亜農業懇談会速記録』一九四〇年、四三頁）。そしてこのような「適正規模農家」論を中核として、「適正規模農業と協同経営との有機的に結合せる形態を主体的目標とし、さらに機械化、労力の協同化、生産の計画化をはかり、生産技術の発展とあひまつて、農業生産力の増進、農家経済の安定を期する」こと、また「農地管理制度を設定し、農地の処分ならびに利用の制限をなし、小作料および地価の適正なる引下げと小作料の金納化を実施し、さらに農地の集団化、協同所有地の設定保持をはかり、大土地所有および不在地主を漸次解消せしめる」ことなどが主張されていたのである（昭和研究会『農業改革大綱』同、一九四〇年一〇月、四頁）。

右のように「内地農業の新たなる生産関係の創出」（同三頁）を目指す「農業近代化」論は、生産力拡充＝重化学工業化の要請をその論理的梃子とした一種の「農地改革」論であり、大河内一男が唱えた「戦時社会政策」＝生産力主義的「社会国家」構想の農業政策版として位置づけることができる。それゆえこの潮流においては、「農村人口がその自然的ならびに社会的環境から、日本民族の血と精神の源泉であり、強き兵士の源であるとの論は一応正しい」とされながらも、「重化学工業化を中心として国民経済の再編成を遂行し、その生産力の飛躍的発展をはからざるべからざる今日においては、農村よりの労働力吸引の要求は当然であり、その意味において農村人口の減少はやむをえざるものである」こと、また「都市人口が如上の理想に合はざる理由は本質的のものでなく、教育施設、ならびに生活様式の根本的改善によって（都市人口の量的・質的強化が）可能」であると、人口の工業化・都市化の必然性と「社会政策」による都市人口の量的・質的強化の可能性が強調されていたのである（同二二一—二二三頁）。

民族＝人口政策論と農業政策論

以上のように、日中戦争下の農業政策をめぐっては、「農本主義的小農保護論」・「農本主義的中農化論」・「農業近代化論」という相異なる三つの潮流がせめぎ合う状況が生じていた。ではこうした三つの潮流と、厚生省に台頭していた民族＝人口政策論は、どのような関係にあったのか。

農業政策論に対する人口政策関係者の姿勢は、たとえば一九四〇年一〇月末に開催された東亜経済懇談会主催「東亜農業懇談会」での議論に示される。すなわちこの懇談会では、生産力主義的「適正規模農家」論を提起した石橋幸雄報告に対し、人口問題研究所関係者（北岡寿逸）から次のような批判が浴びせられている（前掲東亜経済懇談会『東亜農業懇談会速記録』八三頁）。

人口政策と云ふ見地から言ひますれば、農業人口と云ふものを成べく多く内地に保存して置きたいのでありまして、此の農家の生活程度を引上げる為に、農家の過剰農家を整理する……日本の農家の耕作反別を殖やす為に農家の数を減さなければならぬと云ふことは、是は出来ることでもなし、又為すべきものでもなからうと私は思つて居る。私は矢張り出来るだけ生活程度を低めても、多数の農家を日本内地に置いておくと云ふことは、日本の国力全体の膨張発展の為に欠くべからざる要件であると考〔ママ〕つて居る。……又将来長期に亘つて考へますならば、現在の農家を整理せずとも、十分に外地に発展し得る人口を置き得ると思ふのであります。如何に農業人口を多数置いておくと云ふことは、日本の全体の国力、産業並に軍力発展の為に必要かと云ふことは、私が呶々《どうどう》を要しないと思ふ。

またやや後のことであるが、古屋芳雄は「農村戸数を減らし、これによつて浮いて来る人口を都市の工業に振向け、以て生産力の拡充を図つたらどうかといふ考へ方」が、「農村人口の確保のための政策遂行上の障碍になつてゐる」として、「農村の一戸当りの耕作面積が一町八反になつて居つて、偶々《たまたま》現今の適正規模農家論者の規準に一致して居」り、また「乳幼児死亡の如きは驚くべく低く、ヨーロッパの極く進んだ国の程度」となっている関西の某「文化農村」が、産児制限により出生率を非常に低下させている事例を挙げ、「適正規模農家」化は農家戸数を減少させるばかりか農家の生活水準・文化の向上を通じて人口増加率の低下を導くと批判している(古屋「人口政策と国土計画」『技術評論』第一九巻一号、一九四二年一月)。

これらの発言に示されているように、人口政策関係者の関心はもっぱら高い人口増加率を持つ農業(農村)人口をできるだけ保存することに向けられており、農家戸数を減らすことで工業労働力を確保すると同時に、農業生産性の向上と農家の経営安定＝生活水準の向上を目指す「適正規模農家」論＝「農業近代化論」に対しては明確に敵対していた。民族＝人口政策論の立場は、日中戦争下の農業政策論の三つの潮流の中では、「農本主義的小農保護論」にもっとも近いものだったのであり、両者は相互に支え合う関係にあったと考えられる。

なお右の事例にみられるように、民族＝人口政策論では農家の生活水準向上が否定的に捉えられていたが、こうした主張は「農本主義的小農保護論」の側からもなされており、たとえば大槻正男は「私の考へからすれば日本の農家の生活程度を上げてはいけない」と断言している。大槻によれば、「今日のイギリス崩壊の原因」は、「生活程度を自由に放置し、上げた」ことによる農村人口の減少にあるのであり、「共栄圏が確立すると生活程度が上ると皆さう思つてゐる」が、「イギリスのやうな立場をとつて生活程度を引上げると云ふことはいけない」ことなのであった(大槻正男・川村和嘉治「適正規模問答」『農政』第四巻三号、一九四二年三月)。民族＝人口政策論・「農本主義的小農保護論」が重視していたのはあくまで日本民族の発展だったのであり、そのためには個々の農家の生活水準向上は望ましくないものと考えられていたのである。民族＝人口政策論・

「農本主義的小農保護論」と「農業近代化論」は、その目指す農家像という面でも相容れない関係にあったのである。

「人口政策確立要綱」と「農業政策要綱」

では以上のような民族＝人口政策論・「農本主義的小農保護論」と、「農業近代化論」および「農本主義的中農化論」との力関係はどのようなものだったのか。この問題を考える上で注目されるのは、「人口政策確立要綱」と一体のものとして作成が進められていた「農業政策要綱」の存在である。

先述のように、「基本国策要綱」における「国是遂行の原動力たる国民の資質、体力の向上並に人口増加に関する恒久的方策特に農業及農家の安定発展に関する根本方策を樹立す」という項目は、「人口政策の確立」と「農業及農家の安定」に分けて策定されることとなっていたが、企画院・農林省を「起案庁」とする後者は、間もなく「基本国策要綱」の別の項目（「国民生活必需物資特に主要食糧の自給方策の確立」）と合流し「農業政策要綱」案として立案作業が進められることとなった。この「農業政策要綱」案は、一九四一年一月九日の経済関係七相会議（経済閣僚懇談会）において、「要綱中の基本方針に関し一般的問題が討議され……而して各閣僚間に同要綱を中心に討議した結果農業生産力拡充の要請に随ひ農業及び農家の安定を策すべき農業政策の根本的国策を明示することについて全く意見の一致を見た」ことが報じられたものの(『朝日新聞』一九四一年一月一〇日)、その後この要綱の審議に関する報道は途絶え、閣議決定に至らないまま姿を消すこととなる。

このように幻の「国策」となった「農業政策要綱」案は、「美濃部洋次文書」に残されている「農業政策要綱(基本国策実施要領)」(Ac:16:10:B)がそれに該当すると考えられる。この要綱案は「第一方針」と「第二要領」の二部からなり、うち前者は総論と四つの項目から構成されている。この総論部分では、農業政策の基本目標が「農業人口の定有」と「国民食糧の確保」にあるとされ、その実現のため農村を「中農を基礎とする強固なる生産的及生活的協同体」に「再建」し、「農業生産力を高度化し農家の安定向上を図」ることが主張されている。また第二項では、国土計画による「純農村」の維持が謳われる一方、「農業戸数は之を日本及満洲の耕地に分存せしめ」ることが明確に打ち出され、さらに「農業戸数の包容力を拡大する」ために「日満の国土開発計画」の樹立・実施が提言されている。さらに第三項においては、「中農を基礎とする強固なる生産的及生活的協同体」に関連するものとして、農業経営の協同組織化、農地配分の適正化、「耕作関係の安定及小作料の合理化」などの方策が挙げられている。

他方、「第二要領」は一一項目から成り立っており、そのうち「農業及農家の安定」に関するものは、①「農村計画の実施」、②「農地制度の確立」、③「電動力の普及」、④

「農業災害制度の拡充」、⑤「農村医療保健其の他社会文化施設の普及」の五項目である。このうち①「農村計画の実施」は、「満洲開拓政策の強力且急速なる実現を期し中農を基礎とする健全農村を建設」することを目指すものとされ、具体的には地方別に「標準農地及標準農業経営組織を設定し町村毎に分村計画を基本とする農村計画を樹立」すること、「農業経営の協同組織化を本旨」とする「農地の適正なる配分及集団化」および各種共同利用施設の整備拡充などが挙げられている。また②「農地制度の確立」の項では、「農地の適正なる配分及集団化」、「耕作関係の異動の統制」、自作農維持創設の促進、「小作料其の他小作条件」の統制と合理化、農作物の作付統制、土地利用目的変更の制限、空閑地等の利用強制などが列挙されている。

右のように、「農業政策要綱（基本国策実施要領）」のポイントは、①日満を通じた「農業人口の定有」と「国民食糧の確保」という目標が、農業生産力の高度化、「農家の安定向上」とのセットで考えられていること、②その達成が満洲移民の強力な推進、およびそれと連動した「農地の適正なる配分及集団化」による、「中農」＝「標準農業経営組織」を基礎とする「生産的及生活的協同体」＝「健全農村」の実現というルートで構想されている点にあった。ここにみられる日満を一体とした「農業人口の定有」論と「中農」主義、農業経営の協同化・集団化・計画化への志向の強さなどは、要綱の基調が「農本主義的小農保護論」ではなく、「農本主義的中農化論」を基軸としつつ、そこに

「農業近代化論」が結びついたものであったことを示している。

戦時「農地改革」構想と「農業新体制」

「農本主義的中農化論」と「農業近代化論」が結びついた「農業政策要綱(基本国策実施要領)」の特徴は、その原案である「農業及農家の安定方策」案(「美濃部洋次文書」Ac：16：1)により鮮明に述べられている。すなわちこの方策案では、「満洲開拓政策を強力に遂行すると共に内地農村の零細農家の過剰に鬱積せる現状を打開し農家に対し健全なる農業経営を行ひ得べき土地面積を供給し以て農村を質実剛健なる中農の同質的協同体に再建する」ことが「根本の方針」とされ、「農本主義的中農化論」の論理が前面に押し出されている。

しかしその実現の方策としては、満洲移民のための「農村計画」の実施と同時に、「農地の耕作利用は所有権に優先するの観点」から、①「行政官庁の監督」下における「農業団体(部落団体)」による農地の管理と「農地の合理的配分及集団化計画」の設定、②「小作農家の生活を安定し農業生産の増進を可能ならしむる」ような「適正小作料」への引き下げと金納化、③「大多数の農家を自作農」とするための農地に対する「適正価格」の設定と、小作農家の土地購入を支える「特別金融機関の発行する農地証券」制度の創設など、国家による農業団体への農地管理権の付与を媒介とした自作農の大量創設へのプロセスが具体的に示されている。このような内容を持つ「農業及農家の安定方策」案は、「大土地所有および不在地主を漸次解消せしめる」という昭和研究会の「農地改革」構想が、「新体制」期の企画院・農林省の政策構想でもあったことを示すものであろう。

もちろん、ここにみられるような具体的な叙述は、「農業政策要綱(基本国策実施要領)」の段階では簡略化され、トーンダウンされている。しかし「美濃部洋次文書」に残されている「農業政策要綱」の草案群においては、「農業政策要綱(基本国策実施要領)」(Ac：16：10：B)の直前の段階まで、①国家および「部落協同体」による農地管理下における農地配分の適正化、②「漸次農地の所有を経営と一致せしむる為」の措置、③小作料統制による小作料の低減と金納化といった項目が存在しており(「農業政策要綱(基本国策実施要領)」Ac：16：7)、企画院・農林省の狙いは事実上「農地改革」にあったと考えられる。その意味で、「農業政策要綱」は「農本主義的中農化論」と「農業近代化論」が結びついた特異な戦時「農地改革」構想であったといえるだろう。

なおこうした構想において重要な役割が与えられている農業団体＝「部落協同体」についても、別の形でその組織化が構想されていた。一九四〇年一一月二七日、農林計画委員会団体部会に提示された「農林漁業団体統制要綱」(いわゆる「幹事試案」)がそれであり、その特徴は、①多数存在した農林漁業団体を一元的に統合した国策遂行団体であることと、②「農林生産を基底とする経済活動の協同的実践単位」として部落団体が設定されていたことであった(小平忠『農業団体統合論』大貫書房、一九四二年、一五七―一六五頁)。

このように「新体制」期においては、国家による農地の管理と農業者の国策遂行団体への組織化を通じて、農村社会の「再編成」＝戦時「農地改革」を目指す「農業新体制」構想が登場していたのである。

農業人口「定有」の論理

「農業政策要綱」が戦時「農地改革」を志向するものであったとはいえ、そこには別の側面も存在している。「農業政策要綱」の論理は、先述のように「農本主義的中農化論」の論理を基軸に据えることにより、民族＝人口政策論の論理をも組み込んでいたからである。このことは、「農業政策要綱」の基本目標の一つとして掲げられた「農業人口の定有」という方針に表されている。

「農業人口の定有」とは、一九四〇年頃から農政文書に頻出するようになる文言であり、一般には戦時下の農業人口減少に対し一定の農業人口を確保するという意味として理解されている。しかし「農業政策要綱」に掲げられた「農業人口の定有」方針は、こうした一般的理解とは異なる独特の内容を持つものであった。このことを示しているのが、同じく「美濃部洋次文書」に収録されている「農業戸数保有標準」という史料である。これは「農業及農家の安定方策」案の検討が、「農業政策要綱」として行われるようになった段階で本文から分離され、最終的に「農業政策要綱」の付属文書である「農林政策参考資料」(Ac：16：8)の一つに収められたものであり、その主な内容は「日本及満洲の耕地に分存せしめ」るとされた「内地人」農業戸数に関する具体的案である。つまりこの史料は、「農業政策要綱」が掲げた「農業人口の定有」方針を具体的に示したものなのであり、「農業政策要綱」作成者たちの意図を理解する上で重要な意義を持つ。

「農業戸数保有標準」の基本方針は、「農業戸数は之を日本及満洲の耕地に分存せしめ概ね二十年後に於て六百七十万戸に増加することを目途とし之が実現を期する為満洲開拓既定計画を倍増実施すると共に内地に於ては食糧増産上の必要に対応し一定計画の下に耕地を開発増加し内地植民を行ふ」というものであり、その趣旨については次のように説明されている。

農業戸数は大正元年に於て五百五十万戸にして爾来三十年を経過するも依然として五百五十万戸に止り最近に於ては減少の傾向を示せり。其の原因は農耕地の増加せざるに因ると雖、将来我国家民族の永遠の発展を期するが為には農業戸数の増加を図らざるべからず。而して其の目標とすべき所は国民構成の見地よりは現在農家人口が全人口に対し占め居る割合(四割五分)を維持するを要すべく、又一面に於ては国民経済上の見地よりは各農家に対し生産性の高度化を図り得べき適当なる農地面積を供給すること必要なるを以て此の両面を考慮し、現実の条件に即して保有農業戸数を決定する要あり。

右のように、この史料の特徴は、日満を通じた農業人口の配置が「生産性の高度化を図り得べき適当なる農地面積」の供給と一体のものとして計画されている点にある。しかし同時にこの史料では、農業戸数の問題が第一義的には「国家民族の永遠の発展を期する」という観点から位置づけられている。このことは「人口政策確立要綱」における「我国人口の急激にして且つ永続的なる発展増殖」(趣旨)や、「人口の永遠の発展性を確保する」(目標)といった文言に照応するものであり、この問題の検討は「人口政策確立要綱」と同一の理念の下になされていたといってよい。

第二に注目されるのは、この史料におけるガイドラインが、「現在農家人口が全人口に対し占め居る割合」＝全人口比四五％[7]の維持に置かれている点である。二〇年後までに農業戸数を一二〇〇万戸増加して六七〇〇万戸とするという目標も、このラインから導き出されている。このように将来の人口増を想定した上で、常に一定の比率の農業人口を確保するという比率主義こそが、この時期に農業政策の基本理念として登場した「農業人口の定有」という用語の特異な意味であったといえるが、そこで設定された比率が現在の農家比率を維持するものであったことは、それが民族＝人口政策論の要求によって枠付けられていたことを示すものであろう。

この「農業戸数保有標準」は、「今後二十年後を想定し日満を通じて保有すべき農業戸数」として表10のような数字を挙げている。この表で注目されるのは、「農業人口の定有」を達成すべく設定された一二〇〇万戸の増加が、満洲における農家戸数二〇〇万という数字によって支えられていることである。この点を明確にするために、右の史料に付された「将来に於ける日満を通ずる農家戸数及耕地面積予定表」から農家戸数の部分を抜粋して作成したのが表11である。明らかなように、満洲における農家戸数の増加は自然増ではなく、内地からの入植農家戸数の累積として計算されている。先の史料の本文において「満洲開拓既定計画を倍増実施」するとあるのは、文字通り「二十箇年百万戸移住計画」を倍のスケールに拡大するということなのである。もっとも内地側の「満洲開拓農家移出戸数」は合計一〇〇万戸であるが

表10　農業戸数保有標準

農業戸数	総戸数	670万戸
	内　地	470万戸
	満　洲	200万戸
国土開発計画	内　地	100万町歩
	満　洲	2000万町歩
農家一戸当に供給すべき農地面積	内　地	1町5段歩(平均)
	満　洲	10町歩(平均)
農家人口と全人口との割合(%)	昭和15年	全人口：7,300万人 農家人口：3,300万人 (1戸6人と推定) (45%)
	昭和35年	全人口：9,080万人 (年89万人増加と仮定) 農家人口：4,020万人 (44%)

表 11　日満を通じた農業戸数予定　(単位＝千戸)

年	満洲開拓農家移出戸数	内地農家戸数現在	新規満洲入植農家戸数	満州入植農家戸数現在	日満農家戸数合計
昭和 15	—	5,500	—	—	—
16	20	5,490	40	40	5,530
17	20	5,480	40	80	5,560
18	20	5,470	40	120	5,590
19	20	5,460	40	160	5,620
20	20	5,450	40	200	5,650
21	50	5,410	100	300	5,710
22	50	5,370	100	400	5,770
23	50	5,330	100	500	5,830
24	50	5,290	100	600	5,890
25	50	5,250	100	700	5,950
26	70	5,190	140	840	6,030
27	70	5,130	140	980	6,110
28	70	5,070	140	1,120	6,190
29	70	5,010	140	1,260	6,270
30	70	4,950	140	1,400	6,350
31	60	4,900	120	1,520	6,420
32	60	4,850	120	1,640	6,490
33	60	4,800	120	1,760	6,560
34	60	4,750	120	1,880	6,630
35	60	4,700	120	2,000	6,700
計	1,000		2,000		

（内地農家戸数の減少が八〇万戸なのは開拓による耕地増加により毎年一万戸の農家収容力増大が見込まれていたためである）、この点につき右の予定表に付された註は、「満洲開拓農家移出戸数は満洲開拓入殖戸数中其の五割が農家現在戸数より減ずるものと予定せり」と説明している。これは満洲移民の半数が、農家戸数の減少につながらない農家の二三男や非農業者を想定したものであったことを示すものといえる。いずれにせよ満洲移民によって内地農家戸数を減少させ、そこに生じた余剰地の分配により一戸あたりの耕地面積を増大させて「安定農家」を創出する（中農化）、他方では内地で減少した分を上回る農家戸数を満洲において確保することにより、日本民族の総人口に占める農業人口の比率を維持するというのが、「農業政策要綱」における「農業人口の定有」の論理だったわけである。

以上のように「農業政策要綱」の論理は、「農本主義的中農化論」を基軸に据えることにより、「農業近代化論」と民族＝人口政策論の矛盾を満洲における農家戸数を担保として解決しようとする折衷的なものであったといえる。そしてこのような「農業人口の定有」の具体案は、平行して立案が進められていた「人口政策確立要綱」における「日満支を通じ内地人人口の四割は之を農業に確保する」という方針の具体的内容を示すものと考えられる。なお「人口政策確立要綱」においては、その第六項「指導力確保の方策」（公表された要綱では伏せられている）の中に、「日満不可分関係強化の趣旨に則り人口の一定割合に相当する内地人人口を其の地域に移住せしむること」、「之が為一層大規模の綜合移民計画を樹立すると共に、日満を通じて之が遂行に必要なる措置を講ずるものとす」という、大規模移民方針が盛り込まれていたが、これも「農業戸数保有標準」に示された計画に照応したものといえるだろう。このように「農業政策要綱」・「人口政策確立要綱」は、「国家民族の永遠の発展」のため、一九六〇年までに二〇〇万戸(=約一二〇〇万人)にのぼる「内地人」農業人口を、満洲において確保することを目指すものだったと考えられるのである。

「農業政策要綱」の挫折

ところで先述のように、「基本国策」の同じ項目から作成された「人口政策確立要綱」と「農業政策要綱」のうち、閣議決定されたのは「人口政策確立要綱」のみであり、「農業政策要綱」の方は幻の文書となった。「農業政策要綱」が不発に終った事情は不明であるが、一九四一年初頭という時期との関連で連想されるのは、この時期から強まりつつあった「新体制」に対する反動、とくに一月一六日から始まった「革新官僚」に対する弾圧=企画院事件である。(8)

企画院事件は平沼騏一郎(一九四〇年一二月より内務大臣に就任)ら復古主義的右翼勢力による大政翼賛会=「革新派」攻撃の一環であり、この事件によって、正木千冬や稲葉秀三ら現役の企画院官僚と共に、「農業近代化論」の推進者であった和田博雄(当時農林省農政局農政課長)・勝間田清一(当時大政翼賛会組織部九州班長)・八木沢善次(当時大日本肥料会社調査課長)ら元企画院官僚が、農村の社会主義的変革を目指す「共産主義者」として検挙された。稲葉秀三が第三章で触れた昭和研究会労働問題研究会のメンバーであったことからすれば、企画院事件は「戦時社会政策」＝生産力主義的「社会国家」構想の推進者たちに対する弾圧であったともいえる。そしてこうした状況を背景として「農業近代化論」の構想を盛り込んだ「農業政策要綱」が挫折する一方、民族＝人口政策論に基づく「人口政策確立要綱」が成立したことは、農業政策をめぐる生産力主義と民族＝人口主義の対立が、「新体制」に対する反動の中で後者の優勢へと転じたことを示すものであろう。

農林省における「適正規模農家」設定の試みはその後も続けられるが、それは「生産力増強の国家的要請と……民族的政策に基く内地農業人口の四割定有との二つの目的遂行に挟撃され」て、「理論的にも亦具体的にも混乱」を余儀なくされたものとなり(農林省総務局総務課『我国農業適正規模政策の展開類別』一九四八年[楠本雅弘・平賀明彦編『戦時農業政策資料集』第一集・第六巻、柏書房、一九八八年])、その一方では農業政策そのものが民族政策的色彩を強めていく。(9)戦時下の農業政策をめぐっては、地主制が後退し戦後の農地改革の基盤が作られつつあったことが指摘されている。(10)しかしその前提には、すでにみたような「農業新体制」構想とその挫折という事実が存在していたのである。

5　戦時人口政策と国土計画

国土計画への期待

前節で述べたように、「人口政策確立要綱」の成立を主導した民族＝人口政策論は、人口の給源としての農村を重視し、農業人口の保全を強く求める農本主義的性格を持っていた。それが「人口政策確立要綱」における「内地人」人口の四割を農業人口として確保するという方針や、満洲への大規模移民方針を生み出していたわけであるが、これらと関連して民族＝人口政策論がきわめて重視したものが国土計画であった[11]。

もともと日中戦争下における人口政策論の転換は、急速な工業化・都市化への懸念に根拠を置くものであり、そこでは早い段階から「悠遠なる国土計画の基本問題の一として、人口増殖力保持の立場から、将来の工業地、都市計画が反省さるべき」ことが指摘されていた(前掲舘「戦時経済下の人口問題」)。こうした人口政策的国土計画の必要は、社会衛生学の側からもなされており、たとえば日本学術振興会第一一特別委員会のメンバーであった楠本正康(厚生技師)は、次のように論じている(楠本「人口問題と国土計画」『医海時報』一九四〇年一月六日)。

由来農村は我が国人口の水源地であり、素朴なる国民精神の発揚の地である。……然るにこの人口水源地は今や危殆に瀕して居る。……その原因はどこにあるか、云ふ迄もなく都市の無統制なる膨張である。……一体大都市の発達はそのこと自体が既に国家に極めて不健康な要素を与へることとなる。そもそも一千万の大人口を雑然と集めてそこに人口問題を考へ、民族優生方策を按じ、結核予防を企図する所に余程の無理が存在する。……併し一方近代産業はあく迄之を発達させなければならないことは云ふまでもない。特に興亜の大業はあらゆる生産力の拡充によつて成就される。……然らば此の大きな矛盾を如何にして解決するか。この回答は極めて簡単である。即ち都市の無制限なる発達を防遏《ぼうあつ》し、同時に近代産業の発達は之を大陸に於て経営して、我が本土はあくまで農を以つて本としなければならないのである。そして日本農村が愈々堅実に発達する時にのみ人口問題の根本的解決が可能と信ぜられるのである。

つまり生産力拡充は工業化を必然とするが、日本社会の工業化＝都市化は人口問題対策を無効化しかねない。それゆえ「近代産業」はこれを大陸において開発し、内地の農村を保全しなくてはならないというわけである。楠本は厚生省予防局で結核対策を担当する技師であったが、当時の結核は、工業化の進展と比例する形で増加の一途をたどりつつあった(**図20**)。それゆえ民族＝人口政策論では、工業化＝都市化の進展が人口増殖

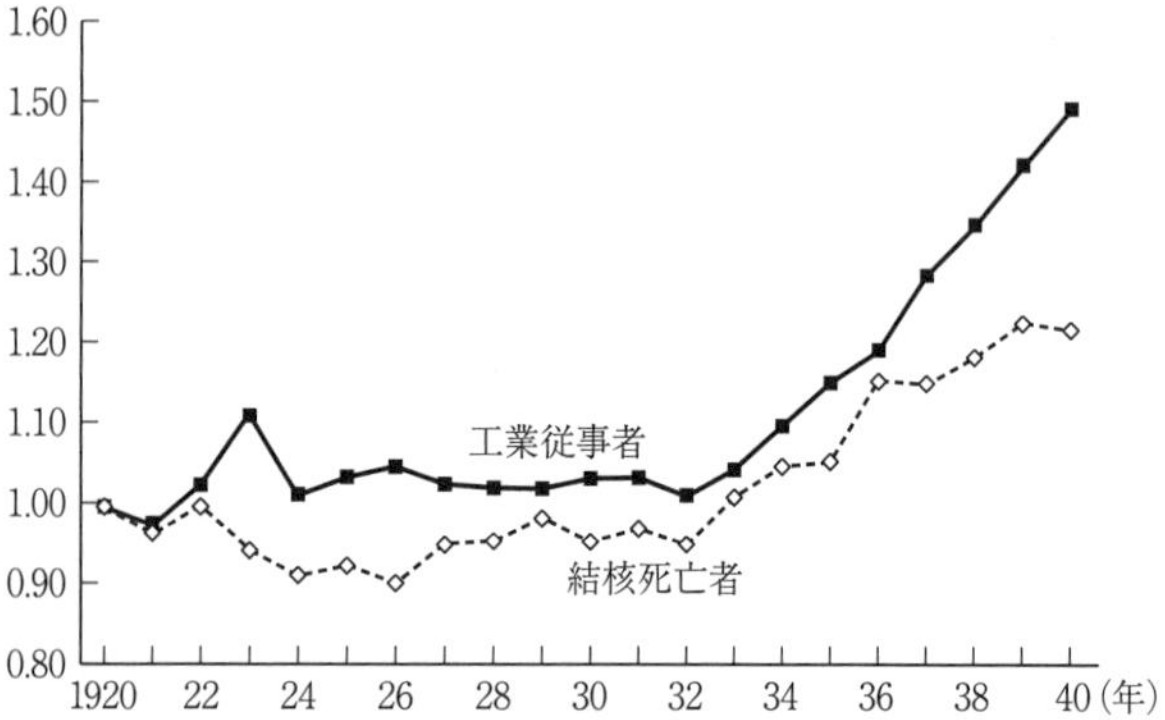

注）1920年＝1

図 20　工業化と結核死亡者数の相関

力を減退させるのみならず、人口の「質」を劣化させるものとして、国土計画によるその防止が強く望まれていたのである。

第四回人口問題全国協議会と国土計画

人口政策関係者の間で、国土計画の問題が現実味を帯びるようになるのは、第二次近衛内閣が「高度国防国家」の一環として国土計画の設定に乗り出し、「人口の量的質的増強と之が地域的職能的の適正なる配分」という項目を含む「国土計画設定要綱」を閣議決定した(一九四〇年九月二四日)ことによってである。古屋芳雄はこうした国土計画の登場により、「今日こそ吾々は保健衛生の根本的対策に直面することが出来るやうになつた」とその期待を語っている(古屋「国土計画と人的資源」『医事公論』一九四〇年一一月二日)。

このような国土計画への期待の高まりを背景に、一九四〇年一一月に開催された第四回人口問題全国協議会では「国土計画上人口政策の見地より考慮すべき点に就き其の会の意見を諮ふ」という厚生大臣諮問が行われることとなる。この諮問に対する答申は、①人口の職業別配置、②人口の地域的配置、③開拓民の配置、④食糧計画、⑤必要な機関の新設・改善・拡充の五章にわたる長文のものであるが(前掲人口問題研究会『人口・民族・国土』一一―一四頁)、これらのうち①②の要点は以下のようなものであった。

すなわち①に関しては、近い将来における工業人口の所要量は「多大」であると推測されるが、「内地に於ける重工業は一定限度に止め、逐次精密工業へ移行する方針を採り、爾余の大部のものは立地条件を考慮し、努めて之を大陸(朝鮮を含む)に移駐」することが提言されている。また農業人口に関しては、「国防並人口政策上の要求より、内地に於て一定限度の農業人口を確保する」一方、「大陸に於ける農業開拓に推進し……大陸経営の基礎を鞏固ならしむる」必要があること、しかし商業人口は「一般に過剰」であるから、「配給の合理化により其の減少を図り」、「極力労力所要産業部門に転換せしむ」べきであるとされている。

また②に関しては、「過大都市は人口の質の低下、人口増殖力の減退を導く傾向」が顕著であるため、「国防産業及人口政策上其の膨張を放任すること」は許されないとされ、「工業等の分散との関連に於て過大都市人口の膨張を制限し、更に其の積極的分散を図る」必要性が強調されている。また工業の地方分散に際しては、地方中小都市の人口増殖力を減退させないような適切な施設を講じると共に、「工業と農業との立地結束の実現を期し、協同社会安住地域及郷土性の確保を図り、農工的聚落への改編及新建設に努」めるべきこと、農村については「生産年齢人口の適度なる比率及其の適当なる体性比を保」つと共に、「健全なる農村文化の向上に資する諸般の施設、就中《なかんずく》、健全なる農村娯楽施設の拡充を郷村計画上考慮」すべきことなどが提言されている。なお人口の配置と関連して厚生施設・文化施設の拡充とその地域的適正配置が必要とされ、①「各地域の実情に適合せる厚生組織網」、②「適正なる結婚を助長せしむる機関」、③「出産及育児の保護指導機関」、④医療機関、⑤「地方保健施設」、⑥住宅、⑦公益的配給施設の整備・普及が望まれている。

このように戦時人口政策の推進者たちは、国土計画を通じて、①内地における工業化の抑制、②農村人口の維持、③大都市の膨張に対する制限およびその分散化を中心に、工業化＝都市化が人口におよぼす影響の抑制と農村社会の保全を望んでいた。「人口政策確立要綱」においては、農業人口四割維持と共に「国土計画の遂行により人口の構成及分布の合理化を図ること、特に大都市を疎開し人口の分散を図ること、之が為工場、学校等は極力之を地方に分散せしむる如く措置するものとす」という項目が挙げられているが、これらは右のような背景から組み込まれた、民族＝人口政策の立場からの国土計画構想だったといえるだろう。

人口政策的国土計画論

ところで民族＝人口政策論における国土計画構想は、農業人口の保全と大都市人口の分散にとどまるものではなかった。このことを示すのは、石川栄耀《ひであき》（内務省都市計画東京地方委員会技師）の国土計画論である。(12) 都市計画の権威として知られる石川は、一九四〇年三月、第一一特別委員会第一・第四分科会共催で開かれた懇話会において「人口再配分の方法論としての国土計画」を論じたのを皮切りに民族＝人口政策グループとのつながりを強め、一九四〇年一二月、日本学術振興会に古屋芳雄を主査とする「人口再配分（国土計画）委員会」の設置が決まると（実際には第一一特別委員会第五分科会として発足）、その委員に加わっている（『医事公論』一九四〇年一二月一四日）。石川は戦時下に多数の国土計画論を発表しているが、彼の国土計画論は民族＝人口政策論グループの国土計画への取り組みと結び付いていたのである。

石川の国土計画論は、とりわけアジア・太平洋戦争開戦後に明確な輪郭を以て示されるようになるが、それは「我が日本民族に数倍する他民族を指導するのは生産力であるより、寧ろはるかに民族力でなければならら」ず、そして「我が一億をして「身心共に健全にして民族的結合力強く且つ他民族の主盟たり得る大らかな人格の所有者」たらしめ、且つ、それを適正に諸民族間に配置する」ことが「国土計画の新しく課せられたる任務」であるという、民族＝人口政策論的国土計画論であった(石川『国土計画』河出書房、一九四二年、一一七頁)。こうした国土計画の課題に対する石川の解答は、「生活圏」を基礎とする都市の「適正規模」化＝小都市化であったが、その意義については次のように述べられている(同一五二―一五三頁)。

小都市に住むことは人々の心身の健康を回復せしめるのみならず、それは小都市であるが故に市民としての親和を具体的に醸成せしめる。又小都市にある時我々は自己の存在が明かなることを感じ自尊の念を生じ得ると共に都市に対する関心を呼び起こす。それは大都市の場合にはその効なきをもつて枯渇して居たものである。又農村及び小都市群が組織化して居ることは夫々の人間が単なる農村聚落人小都市市民に止ることなく大なる協同体の一員、ひいては国家の一分子なりと云ふ具体的なる感覚を呼び起こさせる。……かくして自分はこの形式が小都市制なるを以つて防空乃至食糧自給に適すると云ふ以上にこの人間の心質に与へる効果を最大なるものと考へるのである。いはんや、人口が郷土に安住する結果、性の構成がバランスし、あたゝかき家庭のもとに人口増殖が行はるゝとするならば何の方法を以つてこれに、かふべきやと借問《しゃもん》し度《た》いのである。

つまり住民が「協同体」＝コミュニティの一員となり得る小都市こそが、人口政策的にもっとも望ましい都市のあり方であるというわけである。

こうした石川の小都市論とほぼ同様の主張は、舘稔によって展開された社会学的国土計画論においてもなされている。舘は、都市における人口増加率の低さが出生率の低さによるものであることを確認し、それを規定している要因を都市社会における社会結合形態のあり方(ゲゼルシャフト化の程度＝ゲマインシャフト性の喪失の程度)に見出していた(舘「国土計画への関聯に於て見たる都市人口増殖力に関する若干の問題」『都市問題』第三二巻一号、一九四一年一月)。それゆえ舘は、「出生率改善の前提要件として、結婚年齢の引き下げ、結婚促進の諸方策、妊産婦保護施設等いづれも必要であるが、最も基本的なる問題は適正なる人口の地域的配置計画である」とし、都市に対する「人口補給地域」の設定などを通じて「都市の植民地的性質、利益社会的な社会関係を極力共同社会的な関係に置き代へることが必要」と論じていた(厚生省研究所人口民族部『戦争の人口に及ぼす影響』其二、謄写版、一九四二年、七九三―九四頁〔『民族人口政策研究資料2』文生書院、一九八一年〕)。なお舘は、一九四一年に企画院が国土計画の策定に乗り出すに当たって企画院調査官(兼任)となり、美濃口時次郎と共に国土計画における人口政策関連項目の立案を担当することになる(西水孜郎『国土計画の経過と課題』大明堂、一九七五年)。民族＝人口政策論グループは、人口政策面からする国土計画の立案を担うようになっていた。

一九四二年一一月、第六回人口問題全国協議会が決議した「人口の都市配置に関する継続委員会設置決議」は、右のように現実の国土計画に関与するようになった民族＝人口政策論グループが、石川や舘らが主張していた国土計画構想を戦時人口政策の重点課題として推進しようとしていたことを示している。すなわち、①「小都市(人口二万乃至十万)の健実なる発展を図る」ことを原則とし、その上で「中心都市」を段階的に設置するよう「都市の体系的整備」を目指す、②都市の配置に際しては「各都市の流入人口の増加を補給地域の人口の自然増加の範囲内に置くと共に補給地域内の男女年齢別人口構成の健全性を維持する」よう努力する、③「都市の所謂植民地化を防遏し都市に濃き郷土性を保持せしめ夫々固有の文化の保持向上を図る」、④「都市及人口補給地域を一体として人口政策的施設の適正なる配置を講ずる」といった構想である(『人口問題研究』第三巻一一号、一九四二年一一月)。民族＝人口政策論の国土計画論が行き着いていたのは、人々のコミュニティとしての小都市を基軸とする新たな都市体系、バランスのとれた都市・農村関係の創出だったのである。

6　戦時人口政策の屈折

これまでみてきたように「人口政策確立要綱」は、農業政策や国土計画と連動した「高度国防国家」における民族＝人口政策の体系であり、そこに提示されていたのは農本主義的色彩の強い民族─人口主義的「社会国家」構想であったと考えられる。そしてこのような「人口政策確立要綱」が決定されたことにより、それにあわせた厚生行政機構の再編が実施されることとなる。人口局の新設がそれである(一九四一年八月一日官制公布)。

人口局はそれまで「第一局」とされてきた体力局にかわる部局であり、その主管業務は①人口の涵養及び国民の保健の企画に関する事項、②体育運動、体力錬成その他体育訓練に関する事項、③妊産婦、母子、児童及び乳幼児の保護に関する事項、④その他人口の涵養及び国民の保健に関する事項にして他の主管に属せざるもの、であった。これらは相当広範な内容を持つものであるが、そもそも人口局は「厚生省全局の総務局」として、「企画院と提携して厚生省自体の施策は固より各省の行政部面に関しても人口政策の実施に必要な諸方策の実現促進を期して設置したもの」と報じられている(『医界週報』一九四一年八月二日)。この段階の厚生省は、「人口政策確立要綱」をベースとした厚生行政全体の再構築を目指していたのである。

また一九四一年六月一九日には、「日本民族国策研究会」なる団体が結成されている。日本民族国策研究会とは、「日本民族力の強化を目的とする諸般の調査研究を遂げ我国の民族国策に資する」ことを目的に掲げた団体であったが、それは「厚生省人口局と表裏一体をなして現実の行政にその成果を反映」させることを意図した政策集団であった

(『医界週報』一九四一年六月二一日)。この日本民族国策研究会の設立を推進したのは古屋芳雄らであり、その会長には佐々木行忠(人口問題研究会会長)が、また役員には人口問題研究会関係者や日本学術振興会第一一特別委員会のメンバーのほか、厚生省の局長・課長・技師や陸海軍衛生部関係者らが多数参加している(『医事公論』一九四一年六月二一日)。人口局の設置を前にして、民族＝人口政策の実現へ向けた期待は大いに高まっていたのである。

ところがこうした期待を担っていた民族＝人口政策は、時局の推移の下で失速を余儀なくされることとなる。すなわち一九四一年七月以降に生じた対ソ戦・対米戦の危機は「新体制」から「臨戦態勢」への移行をもたらすことになり、民族＝人口政策のような長期的国策より当面の緊急事態への対策が優先されるようになったのである。たとえば初代人口局長となった武井群嗣によれば、彼が就任した当時には「人口政策確立要綱」の実施に必要とされた内閣人口対策審議会構想に対しても、「内閣と時局に移動があった為か……容易に同調を得られず、当時の主導者であった企画院も、それ程の熱意を示さな」くなっていたといい、「新春鳴物入りで宣伝された人口政策要綱は、先づ審議会設置案で冷却される形となつた」とされている(武井群嗣『厚生省小史』厚生問題研究会、一九五二年、六八頁)。

さらに厚生省では、七月一八日の第三次近衛内閣の成立に伴って小泉親彦が厚生大臣に就任していたが、彼の人口政策に対する姿勢は「重点主義」であった。このことを示すのが、七月二五日に健民懇話会[13]が首相に提出した「進言書」である。事実上、小泉の意向表明であったこの「進言書」の要点は、①「保健厚生費に軍事費と同等なる重要性を与へ、真剣に万般の施設を拡充すること」、②「健民人口政策の基調を結核の絶滅と乳幼児対策とに集中し、重点的に必要施設の徹底的実施に努力すること」、③「従来の如き個々の部分的施設の散漫なる実施を排し、厚生行政の組織並運用と厚生各般の施設とを綜合統一し、的確なる実効を収むる様工夫すること」の三点であったが(『医界週報』一九四一年八月二日)、このうち②の方針は出生の増加を基調とした「人口政策確立要綱」を換骨奪胎するものであったといえる。小泉は民族＝人口政策を否定していたわけではないものの、彼の関心は明らかに民族＝人口政策論グループとは異なっていた。そして次章にみるように、小泉厚相の下での厚生行政は、「健兵健民政策」として展開されることになるのである。

ただし民族＝人口政策は失速したとはいえ、アジア・太平洋戦争が民族意識を高めたことにより、民族―人口主義的「社会国家」構想そのものはアジア・太平洋戦争下にむしろ強化されることになる。このことは一九四二年二月に設置された大東亜建設審議会(二月二一日官制公布)における第三部会答申「大東亜建設に伴ふ人口及民族政策」(一九四二年五月二一日決定)に典型的に示されている。[14]

この答申では、「皇国国力の源泉にして大東亜共栄圏建設の推進力たる大和民族の躍進的増強」のため、「人口政策確立要綱に掲げられたる諸方策を全面的且強力に実施する」と共に、「大和民族の民族的発展の拠点たるべき地域を満、支、濠洲、「ニュージーランド」等民族力涵養の適地に置」くことなどが提言されていた(企画院『大東亜建設基本方針』一九四二年七月、一三—一七頁〔『大東亜建設審議会関係史料1』龍渓書舎、一九九五年〕)。このような内容を持つ「大東亜建設に伴ふ人口及民族政策」は、民族＝人口政策の対象範囲をオーストラリアやニュージーランドを含む「大東亜」地域に拡大した「人口政策確立要綱」の強化拡大版であり、いわば第二の「人口政策確立要綱」であった。

また同審議会第六部会では、「大東亜建設に伴ふ人口及民族政策に於て決定せる大和民族人口の四割を我が民族培養の源泉たる農業に確保する既定方針に則」った「皇国農業及農民の維持培養対策」を含む「大東亜の農業、林業、水産業及畜産業に関する方策」が答申されているが(一九四二年七月一日決定、同四〇—五六頁)、それは「農業政策要綱」の「中農」主義的「近代化」路線を大きくトーンダウンさせた「農業政策要綱」の縮小改編版であった。

こうした大東亜建設審議会の答申にみられるように、アジア・太平洋戦争期における「社会国家」構想の基調となっていたのは、あくまでも民族—人口主義的「社会国家」構想だったのである。

第五章 「健兵健民」政策と戦時「社会国家」

小泉親彦(『日本医学及健康保険』1941年7月26日)

一九四一年七月一六日、第二次近衛内閣は対米交渉方針に異議を唱える松岡洋右外相を更迭するため総辞職し、七月一八日に第三次内閣を成立させた。この第三次近衛内閣の厚生大臣に就任したのが、かつて「衛生省」設立を唱え厚生省成立の最大の「推進力」となった陸軍軍医中将小泉親彦であった。小泉は同年一〇月一八日に成立した東条英機内閣にも留任、同内閣が倒壊する一九四四年七月まで三年間にわたって厚相をつとめ、アジア・太平洋戦争下の厚生行政を強力に推進した。

こうした小泉厚相時代の「戦時社会政策」は、一般に「健兵健民」政策と呼ばれている。「健兵健民」とは小泉が厚相就任前後から用いるようになった造語であり、彼の厚相時代に厚生行政の目的を端的に示す言葉として広く用いられた。小泉はこうした「健兵健民」政策の趣旨を、次のように述べている(小泉「健民と国民健康保険」『国民健康保険』第四巻一二号、一九四二年一二月)。

大東亜戦争を完勝し大東亜の建設を完うして皇国永遠の発展を策します為には何と申しましても我が大和民族の増強を図ることが根本であります。就中《なかんずく》明日の決戦に備へつゝ太き長き決戦の連続に勝ち抜きます為には身体が丈夫で頭脳も明晰であり肚もあり皇国日本にしつかり足を踏みしめた質実剛健な国民、即、健民を急速に然も多数育成することが刻下喫緊の要務であります。蓋し斯る健民こそ、内に在つては今日国家の絶対要請たる生産戦に勝ち抜き、外に出でては健兵となつて、徹底的に敵をたゝきのめすことが出来るからであります。

つまり「健民」とは、「身体が丈夫で頭脳も明晰であり肚もあり皇国日本にしっかり足を踏みしめた質実剛健な国民」のことであり、こうした「健民」こそが優秀な兵士＝「健兵」となり、「生産戦」を勝ち抜く優秀な労働者となる。そしてこのような「健民」を「急速に然も多数育成する」ため、「大和民族」の増強をはからねばならないというわけである。ここには総力戦体制下で浮上していた「戦時社会政策」をめぐる兵力＝体力、生産力＝労働力、民族＝人口という三つの政策課題が一通り登場しているが、あくまでそのベースにあるのは第一章で検討したような「人的要素」を重視する小泉独特の「衛生」観である。第四章で述べたように、アジア・太平洋戦争期における「社会国家」構想の基調は、民族―人口主義的「社会国家」構想であったが、厚相となった小泉は、こうした自己の「衛生」観に基づいて「戦時社会政策」を再構築し、戦時「社会国家」を確立しようとしたのである。

このような「健兵健民」政策の最大の特徴は、「健兵健民」の実現のために新たな保健医療体制の構築が重点的に追求された点にある。それは社会保険を含む保健医療の制度的改革から、保健医療関係者の国家目的への動員、さらには国民組織の設立にまでおよぶきわめて大掛かりなものであった。そこで本章では第二章で触れた医療制度改革論のその後の流れを押さえた上で、「健兵健民」政策の下で実施された①日本医療団の創設、②国民皆保険の推進、③国民体力管理制度の確立という三つの施策を検討し、小泉がアジア・太平洋戦争下で実現を目指した戦時「社会国家」の特質を検証してみたい。

1　日中戦争下の医療制度改革論

医薬制度調査会と「医療制度改善方策」

小泉が厚相に就任した当時、医療制度改革をめぐる議論は煮詰まった状況にあった。第二章で述べたように、国民健康保険法案の審議を行った一九三七年の第七〇議会では、日本の医療制度全般を根本的に再検討するため、官制による調査会設置を求める附帯決議がなされていた。この調査会は厚生省設立後、厚生大臣の諮問機関である医薬制度調査会として設置されることとなり、その官制・委員は一九三八年七月一日付けで公布・発令されている。医薬制度調査会に対して行われた諮問は「国民医療の現状に鑑み現行医療制度改善の方策如何」(一九三八年七月二六日)というものであり、木戸幸一厚相は諮問に際し、現在の医薬制度は「社会情勢の変化並に社会政策及保健国策の見地よりして種々検討を要する点が多い」とし、調査会がこの問題を「国民医療の公共性に留意」して審議することを要望した(『医事衛生』一九三八年七月二七日)。この諮問に関する審議は、二つの特別委員会およびその下に設けられた小委員会で行われたが、その結論である「医療制度改善方策」[1]が可決・答申されたのは、諮問がなされてから実に二年四カ月後の一九四〇年一〇月二八日のことであった。

このように医薬制度調査会の審議が長期に及んだのは、そこに提示された医療制度改革案の是非が、全国の開業医＝医師会の猛反発を引き起こしたからである。そもそも医薬制度調査会に対しては、その成立の経緯やメンバーから、医薬分業を悲願とする日本薬剤師会の策動とする見方が強く、医師会方面からは「官製の医薬分業促進会」(『医事衛生』一九三八年七月六日)に過ぎないという観測がなされていた。ところが医薬制度調査会の議論を実際にリードしたのは厚生省衛生局の官僚たち、とりわけ林信夫(衛生局長：在任一九三八年一月―一九四〇年四月)、野間正秋(同医務課長：在任一九三八年一月―一九四〇年一一月)の二人であった。彼らは開業医＝医師会の意向を尊重してきた従来の内務省衛生局官僚とは異なり、今日では「積極的に(開業医)制度の根本に再検討を加へねばならぬ、との議論は相当強い」として、「如何なる制度が国家目的に合致するかゞ問題であり、「この範囲に於て従来の個人主義的、自由主義的な考へ方は修正せらる可き」という立場に立っていた(野間「医療制度に就て(二)」『医事公論』一九三八年九月一〇日)。

では彼らが提示した医療制度改革構想とは、いったいどのような内容を持つものだったのか。

医薬制度調査会における審議は、医療制度そのものの改革（第二特別委員会）と医師会の改組（第一特別委員会）の順に進められた。このうち第二特別委員会に提示された衛生局案＝「幹事案」（一九三八年一二月一四日）の特徴は、①医療費合理化のため診療報酬の公定や都市周辺における医薬分業が提唱されたこと、②医師の都市集中を是正するため新規開業の制限や勤務指定制度の創設がはかられたこと、③公営医療の拡充、とりわけ農山漁村においては「原則的公営制度の採用」が提唱されたこと、などである（野間「医薬制度調査会の小委員会研究項目概要に就て」『日本医師会雑誌』第一四巻五号、一九三九年一月）。

このうち①は医療費の低減により医療の社会的普及を目指すもの、②③は医療機関の地理的偏在を是正することで医療の地理的普及を目指したものである。また①②は、従来の開業医制を医師に対する国家管理の強化という方向で修正するものであり、③は公営医療の拡充により、医療制度を開業医制と公営医療の二本立てへと変更することを意味するものであった。こうした特徴を持つ「幹事案」を貫いていたのは、医療の社会的・地理的普及を通じた国民に対する医療の普遍化＝「医療の国民化」への志向といえるだろう。

なおこれらのうち③の公営医療の拡充については、一九三〇年代初頭から衛生局が無医村問題への対応として公立診療所の設置に乗り出しており、一九三七年からはその決定販として道府県立診療所の設置が着手されていた。ところが野間らは、官吏の身分と安定した収入(年俸二〇〇〇円程度)が保証され、住宅や看護婦さらには往診用の小型自動車と運転手まで用意されているところすらある道府県立診療所ですら医師の確保が容易でないことを挙げ、無医村対策には医師の「医学的良心からも農村進出を容易ならしむる方策」(野間『医療制度改善論』ダイヤモンド社、一九四〇年、一五〇頁)が必要であるとした。そしてその方策とされたのが無医村診療所の上級機関＝地域医療センターとしての道府県立総合病院の設置であった。総合病院と連携することによって、無医村へ勤務した医師は専門医の後見を受けられ、医術を練磨する機会ともなり、「次第によってはこの総合病院に帰り得る張合」を持つことができる。かくして「無医村で働く公医は恰もこのセンターからの分遣医師たるが如き連鎖関係に立つことによつて始めてその使命の発揮が出来る」のであり、野間はこうした無医地区の診療所と総合病院がセットで普及されることで「今日不完全の儘放置されてある農村方面の医療機関問題は大方解決する」と主張した(同一五二―一五六頁)。このような野間の考えは、第二章でみた、無医村対策には「農村医療中枢機関」＝総合病院を中心とする地域医療ネットワークが不可欠とする全医協の主張とほぼ同様のものであり、それゆえ全医協(産業組合)・医師会の双方に大きな反響を巻き起こすこととなったのである。

次に医師会の改組については、医師会の同業組合色を払拭して「国家の別動団体」とするという「幹事試案」(一九三九年一二月二三日)が提示された(林信夫「医師会改組に関する基礎的見解」『日本医師会雑誌』第一五巻一〇号、一九四〇年一月)。この路線の上で作成された「医師会改組要綱案」(一九四〇年九月一〇日)では、医師会は「医事衛生に関する公共的活動を行ひ以て国民体力の増強に寄与する」ことを使命とするものとされ、その事業としては、「医道の振作」、「医療の普及及向上」、「予防衛生の強化並衛生思想の普及」、「医師の医学及医術の補習」などに関する事項が盛り込まれていた(「医薬制度調査会審議の医師会改組要綱案発表」『日本医師会雑誌』第一六巻六号、一九四〇年九月)。また医師会長は政府・地方長官の任命制とされ、同時に「行政官庁は医師会に対し医事衛生に関し必要なる事務の執行を命ずること」が可能とされた。他方、組織面では、役員の地位強化、日本医師会の権限強化、郡市医師会の廃止(道府県医師会の支部化)などを通じ、医師会の中央集権化と事業団体化が目指された。これは医師会制度を日本医師会を頂点とした医師の統制団体へと改変し、開業医を国家的管理の下に置くことを目指すものであった。

右のような構想に基づいて作成された「医療制度改善方策」は、両幹事案が開業医＝医師会の反対運動を引き起こす中で、一部医師会側への譲歩(たとえば農村部における「原則的公営制度の採用」は、「無医地区に対する公営医療機関の設置」に限定された)を行いつつも、「新体制」への動きを背景に二年以上をかけてようやく成立にこぎつけたものであり、厚生省主導による医療の「新体制」構想であったといえる。もっとも、「医療制度改善方策」に基づいて制定されるべき「医師法」改正案は、「相克摩擦」を避けようとする第二次近衛内閣の方針によって第七六議会（一九四〇年一二月開会）への提出が見送られることとなったが、道府県立総合病院の設置に関しては、衛生局が「医師法」改正とは別に一九四一年度から一〇年計画で三〇〇カ所を整備する方針をたててその実現に乗り出している（初年度＝五カ所）。

以上のように一九四一年段階における厚生省の医療制度改革構想は、道府県立総合病院を核とする医療機関の整備と医師会の「国家の別動団体」化を中心として、「全国民に対する医療の普及」（「医療制度改善方策」）を実現しようとするものだったのである。

医薬制度調査会と産業組合

前述のような厚生省の医療制度改革論に対し、独自の方向性を示したのが全医協・産業組合であった。全医協・産業組合は、医薬制度調査会に三宅正一と千石興太郎（産業組合中央会副会頭）の二人の委員を送ると共に、①「産業組合を基礎とする医療制度こそ新しき国民医療制度の根幹となるべきもの」であり、この医療利用組合と国保制度・保健所の三者を「総合合体しこれを本邦医療制度の根幹たらしむることに依り初めて完全なる合理的医療制度の確立」が可能となると主張し（一九三八年一一月「農村医療制度確立に関する建議」、『医療組合』第三巻二号、一九三九年二月）、医薬制度調査会を通じて自らの医療制度改革論が実現することを期待していた。

このような全医協・産業組合にとって、医薬制度調査会第二特別委員会で衛生局が提示した「幹事案」は、「医療の公益性を強化せんとするものにして寔に当を得たる英断」と高く評価されるものであり、「政府が此信念を一層強固にして断乎として凡ゆる障害を排除し勇往邁進」すると同時に、「公営制度の確立に当りては徒に形式に拘泥することなく」、産業組合などの「農山漁村の実情に則したる公益的医療制度」を採用されたいという決議が挙げられている（第一回全国産業組合保健協議会決議「医薬制度調査会に関する件」『医療組合』第三巻三号、一九三九年三月）。

ところが審議の過程で明らかとなった衛生局の「公営」医療構想は、組合員の共同利用施設である産業組合病院は「特定人医療機関」であるから、むしろ道府県立に統合することにより一般医療施設とした方が望ましいというものであり、一九三九年九月に提出された第二特別委員会小委員会答申案においては「現存の町村立一般診療所及産業組合立診療所は之を道府県に移管する」方針が示されていた。そのため全医協・産業組合は、こうした衛生局構想を「公営医療制度の拡充に付ては名は公営といふも、その実町村営、産業組合営等を認めず道府県営のみに拠らんとする医療の官営案と称すべきもの」と猛反発し、答申案を「産業組合の診療所は綜合病院として適当なるものを公営（道府県）に移管する」と修正することで妥協にこぎつけている（黒川泰一「医薬制度調査会のいきさつ」『医療組合』第三巻一一号、一九三九年一一月)。

日中戦争下においては、厚生省の公営医療施設拡充路線と全医協・産業組合の協同組合路線が、共に総合病院を中心とする地域医療ネットワークの構築を目指しつつ、競合するという状況が生じていたのである。

日中戦争下の農村保健問題

ところで日中戦争下の全医協・産業組合は、医薬制度調査会による医療制度改革に期待する一方、一九三八年には「農村保健運動促進要綱」・「農村保健運動設計図」(一九三八年五月発表)を作成し、さらに一九三九年一月には第一回全国産業組合保健協議会を開催して「銃後農村保健運動」の展開を決議するなど、運動の体系化と全体化に邁進するようになっていた。

このような全医協・産業組合の保健医療問題への取り組みは、戦前来の運動の発展としてなされたものであったが、それは日中戦争下にさらに悪化しつつあった農村の保健医療事情に促されたものでもあった。その一つは応召に伴う農村部の医師のさらなる減少であり、厚生省『衛生年報』によれば、一九三七年から三八年にかけて診療に従事する医師が減少した道府県は三四、そのうち農村部＝郡部で医師が一〇%以上減少した道府県は青森県のマイナス三四%、北海道の三〇%、徳島県の二八%などを筆頭に、岩手、秋田、山形、福島、群馬、千葉、神奈川、愛知、三重、京都、大阪、香川、長崎、熊本、鹿児島の一八道府県(医師減少数一六二一人)に及んでいる。そしてこうした中で、一九三六年に三二四三であった無医村数も、一九三九年には三六五五(八月現在)へと増加して過去最高を記録したのである(厚生省人口局『衛生年報昭和十四年』同、一九四二年)。

また日中戦争下の農村では、第四章で触れたような労働力の流出を背景に、残された人々の過重労働が問題視されるようになっていた。農村部の労働力不足に対しては、勤労奉仕運動や共同作業の励行による対応がなされたが、結局のところ労働力不足の穴を埋めたのは、女性・老人・子供といった家族労働であった。だが本来農業労働は重労働である上に、戦時下には肥料を含む農業生産資材の不足のなかで生産増強が求められたため農業労働の負担は一層加重され、農家の間には労働日・労働時間の増加と労働強化による過労が広まった(2)。とくに家事労働をも担う農村女性の過重労働は深刻であり、一九三九年になると農村においても労働力の保全が問題とされるようになってくる。そこで脚光を浴びるようになったのが農繁期における共同炊事と託児所であったが、当時これらの普及運動を推進しようとした山下粛郎(農林省農政局農政課)は、「農林事務局(当時担当は農政課農会係、臨時農村対策部計画課)は農村婦人産業指導に関する予算――その内容は農作業伝習会と共同炊事、託児所設置であるが――を度々要求したがそれは厚生省に属するものとして一蹴され、厚生省は鉱工業の厚生省の観を呈して農村に殆んど顧みる事をしなかつた」と述べている(山下『戦時下に於ける農業労働力対策(第一分冊)』農業技術協会、一九四八年、一九六頁)。

右のような状況下で、農業団体では農村保健問題を農業生産力問題の一環として位置づけ直し、独自の立場からその強力な推進を目指そうとする動きが生じることになる。こうした動きがはっきり示されるようになるのは、「農業新体制」をめぐる動向の中においてであり、そしてその端的な現れが一九四〇年九月になされた全医協の全国協同組合保健協会への改組であった。

「農業新体制」と全国協同組合保健協会

一九四〇年九月五日、全医協は臨時総会を開き、従来の医療利用組合の全国組織という形態を、産業組合聯合会、国民健康保険事業を行う産業組合、保健事業を行う産業組合などを包括した「全国協同組合保健協会」へと改組し、「国家新体制運動の一翼」として「人的資源増強の国策」に対応した「相扶共済の精神を基調とする国民保健運動」=「協同主義を指導原理とする保健運動」に邁進することを決定した(「全国協同組合保健協会趣意書」『医療組合』第四巻九号、一九四〇年九月)。しかしこうした全医協の全国協同組合保健協会(以下「全保協」)への改組は、「経済再編成の途上に於ける農村新体制運動の進展動向」を睨んだものでもあり、それゆえその組織は「今後の農村団体再編成の動向に即応せしめる為当分任意組織として将来の発展に備へる」暫定的なものと考えられていた(高橋新太郎「協同主義を基調とする保健運動の再編成」『医療組合』第四巻九号、一九四〇年九月)。つまり全保協は、来るべき「農業新体制」における保健医療運動の新展開を準備すべく設立された団体だったのである。

全保協が成立した頃の産業組合は、農業部門における統制経済を担う国家機関としての性格が強まるようになっていた。そうした中で産業組合は、「高度国防国家」の下における自らの「任務」を「食糧の生産確保、供給を全うする」こと、および「兵力、労働力の源泉たる農村生活の刷新厚生に努め」ること、つまり「生産力拡充」と「農村厚生」の問題に集約するようになる(「高度国防国家建設下に於ける産業組合活動方針」『産業組合』第四二三号、一九四一年一月)。産業組合による農業団体再編成構想(「農業団体統制大綱」)もこうした路線に沿ったものであり、そこでは「農業生産力の維持拡充」のための「生産様式の合理化、高度化」と共に、「農業者の労働強化、生活水準の低下、体位の劣悪化等を防ぎ兵力、労力、食糧生産の源泉たる人的資源の保護培養を図ると共に新生活体制を確立」するため、①医療共同施設の拡充、②労働力保全の共同施設の拡充、③文化・娯楽施設の普及などを推進することが柱の一つとされていた(『産業組合』第四二〇号、一九四〇年一〇月)。このように「新体制」期の産業組合は、農業生産力拡充と一体をなすものとして、農村における「人的資源の保護培養」を重視するようになっていたのである。

「人的資源増強の国策」への対応を目的とする全保協の設立は、こうした産業組合の「農業新体制」に向けた動きの一環としてなされたものであり、そこでは「農村厚生事業の綜合体系は相扶共済を指導精神とする協同組織を拠点として構築さる可き」こと、それゆえ「農村に於ける厚生施設は特殊のものを除き原則として新農林漁業団体に包摂統合すること」、さらには国民健康保険組合の事業をも新農業団体の事業として「包摂統合」することなどが主張されている（「農業団体統制幹事私案中農村厚生事業促進に関する修正意見」『保健教育』第五巻二号、一九四一年二月）。全保協・産業組合は新農業団体をいわば巨大な生産＝厚生団体として誕生させることを通じて、国家的規模の農村厚生事業を展開しようとしていたのであり、いわば組合主義的な「社会国家」が目指されていたといえよう。

もっとも、右のような新農業団体を実現すべく期待された農業団体統合法案は、部落農業団体の統轄をめぐる内務省との軋轢を主な要因として第七六議会への提出が見送られることとなり(3)、「農業新体制」の実現は無期延期となる。しかしそうした中で開催された第三六回全国産業組合大会（一九四一年五月）では、「高度国防国家」体制を作る上においては「少なくとも国民保健の問題は国家が責任を負ふべきである」という趣旨から、産業組合中央会が①五カ年間で全国の五五〇カ所（保健所設置個所に準じたもの）に総合病院を設置する、②総合病院を中心として無医地域に診療所を設置する、③国民健康保険法を改正して産業組合を実施主体とし、五カ年間に全国普及を完成する、④町村産業組合および国保組合直属の保健婦を五カ年間で全国に普及するという「戦時農村保健対策五ヶ年計画」を樹立し、政府にその指導と「相当額の助成」を要望すべしという決議案(岩手支会提出)が可決されている(『産業組合』第四三〇号、一九四一年八月)。「農業新体制」への動きの中で、医療制度改革をめぐる厚生省と全医協(全保協)・産業組合の競合・対立はエスカレートするようになっていたのである。

2 国民厚生団と日本医療団

小泉の医療制度改革構想

すでにみたように、小泉親彦が厚相に就任した当時、医療制度の改革をめぐる議論の方向性は大きく分極化しつつあった。では小泉はこうした状況を前にして、いかなる改革路線をとったのか。

第四章でも触れたように、就任当時の小泉の抱負は、七月二五日に健民懇話会が近衛首相に提出した「進言書」に示されていた。そこからは小泉が、結核対策と乳幼児死亡対策に重点を置いた、大規模かつ「綜合統一」的な保健厚生政策を望んでいたことがうかがわれるが、その具体的方策は読み取れない。

実際のところ、厚相に就任した当初の小泉は、確固たる医療制度改革方針を表明していない。たとえば一九四一年九月、彼は厚生省各局に対し、自らの「希望的研究事項」を提示して政策方針の再検討を促しているが、そのうち衛生局に示されたのは、①「医療制度を根本的に再検討する必要があり、例へば農村医療に対する産組(産業組合)医療機関の拡充、国民医療の解決に対し国民一人宛医療費と栄養費を含めて約三円平均を税金によつて徴収し医療制度を全然新構想に於て確立することの〔ママ〕が出来るか否か根本的に再検討すること」、②「医薬制度調査会の案を時局の見地に立つて再検討し急を要するもの不急のもの及び強化の必要あるもの等を検討すること」の二項目であったと報じられている(『医界週報』一九四一年九月一三日)。

小泉と全医協(全保協)・産業組合は、日中戦争下につながりを深めており、しかも小泉が厚相となって間もない八月一六日には、全医協が久しく要望してきた産組医療施設の員外医療の認可と農林省・厚生省による共同管轄が実現している。これらの措置は、厚生省が産組医療施設を国民医療機関として公認したものといえ、産業組合の医療運動にとっては大きな前進であった。そのためこれ以後の全保協・産業組合では、産業組合中央会が八月二〇日に行われた職制改正に合わせて「厚生課」を新設(初代厚生課長＝黒川泰一)するなど、保健医療運動に対する取り組みが強化されるようになる。また一一月一日に開催された第一回全国保健主事打合会においては、道府県産業組合聯合会に総合病院を中心とする医療機関整備計画の作成を求める「総合病院及診療所配置計画要項」が審議されているが（『医界週報』一九四一年一一月八日）、この計画は産業組合が「衛生局の諒解の下に」、「全国的に医療網を拡充し、医療機関の独占的地位を確保せんとの態度を明にせるもの」とみられていた（加藤健「時の動き」『医界週報』一九四一年一二月六日）。

国民厚生団の構想

しかし小泉は、各局に政策の再検討を指示して間もなく、厚生省首脳に対して「全然新構想」による保健医療改革構想を提示していた。それが「国民厚生団」の構想であり、小泉の下で人口局長・厚生次官をつとめた武井群嗣によれば、その概要は次のようなものだったという（前掲武井『厚生省小史』一四頁）。

〔小泉厚相が〕抱負の実現を要望した最初のものは国民体力緊急対策に関する構想の要旨（昭和十六年九月廿七日）である。これも大臣自筆の執筆で、その主旨を要約すれば、先づ「不取敢」の措置として「国民厚生団なる特殊法人を設立して、母子保健、結核対策、防疫医療に資すると共に、諸般の厚生施設を国民に供与する事業を行はせることとし、そのため厚生団に医療、厚生及び材料の三本部、並に中央金庫（政府出資三十億円、別に厚生債権の発行を認む)を置く。別に、全国民強制加入の国民厚生保険を創設する」と謂ふのであるが、当時の現実と照し合せて、如何にこれを消化するかに付、次官並に関係局長が鳩首凝議《きゅうしゅぎょうぎ》したことは言ふ迄もない。

ここにみられるように、小泉の国民厚生団構想とは、「医療」(母子保健、結核対策、防疫医療)と「厚生」(諸般の厚生施設)および「材料」の三本部からなり、三〇億円の政府出資金をもとに運営されるという超巨大な特殊法人=事業団構想であった。なお一九四一年度における厚生省歳出(決算)は約一億九〇〇〇万円、政府の一般会計総歳出は約八一億三〇〇〇万円である。こうした財政状況の中で資本金三〇億円という特殊法人を構想した小泉は、健民懇話会の「進言書」で表明されていたように、真剣に「保健厚生費に軍事費と同等なる重要性を与」えることを考えていたといえよう。

右の武井の回想からは、国民厚生団の具体的意図などをうかがうことはできないが、一九四一年一〇月一三日付けで作成された「国民厚生方策に関する緊急対策案説明要領」(「美濃部洋次文書」Ac：33：9)における次のような方針は、小泉の意図を示していると考えられる。

第二　方　針

一　万般の政策の樹立遂行に当りては、物に偏することなく、人本位の見地を強力に採り入れ、又根本国策の指向するところを愈々善く国民に知らしむるの方策を

講じ、以て国民生活に歓喜と希望とを有たらしむること

二　地方及業態の実情に即応したる適正なる厚生事業を大いに興し、其の目標を国民の資質、体力の増強、勤労後の体力恢復に置き、以て国民生活の明朗化、心身錬成の促進に資すること

三　現行医療制度を根本的に刷新改善して、医療の国民各層に行き亘る合理的普及を徹底し且適正的確なる疫癘防圧対策を講じ、以て国民を普く病弱に依る生活苦より解放すること

四　特に青年に目標を置きたる統一的且全面的結核対策を強化徹底し、以て健兵、健民の根源を愈々鞏固にすること

五　乳幼児死亡率の著減、流早死産の防止に目標を置きて母性及乳幼児の保健対策を強化徹底し、以て皇国発展の根柢を愈々鞏固たらしむること

つまり国民厚生団の目的は、①厚生事業(厚生運動)の普及による「国民生活の明朗化、心身錬成の促進」、②医療の「合理的普及」による国民の「病弱に依る生活苦」からの解放、③青年層に主眼を置いた結核対策の強化徹底による「健兵健民」、④乳幼児死亡率と流産・死産の防止による人口増強というわけである。小泉はこうした異なる目的を持った厚生事業・保健医療事業を、国民厚生団という事業団を通じて一元的に実施することによって、「従来の如き個々の部分的施設の散漫なる実施を排し、厚生行政の組織

並運用と厚生各般の施設とを綜合統一」(前掲健民懇話会「進言書」)しようとしていたといえよう。

なお武井の回想にある「全国民強制加入の国民厚生保険」は、「国民厚生方策に関する緊急対策案説明要領」では、「既存の各種社会保険を拡充強化し、必要に応じては之を統合整備して、原則として全国民強制加入の国民厚生保険制度を確立すること」と記されている。これは国民皆(健康)保険の構想にほかならない。

以上のような国民皆保険を含む国民厚生団構想には、その後の「健兵健民」政策で展開される諸政策のポイントが一通り備わっており、その意味で国民厚生団構想は厚相となった小泉が目指そうとした戦時「社会国家」の原型を示すものとして位置づけることができる。

国民厚生団から日本医療団へ

前述のような国民厚生団構想は、小泉の意向を受けた厚生官僚たちによってその実現の方策が探られたが、結局のところ未発に終わることとなる。その間の事情について、武井群嗣は一九四二年の時点で次のように説明している(日本厚生協会『厚生運動指導者懇談会』同、一九四三年［高岡裕之編『資料集　総力戦と文化2』大月書店、二〇〇一年、八四頁］)。

厚生団の資金をどうするか、保険院には保険の金があるから、それを廻して貰〔ママ〕はう。

それでも足らない処は、厚生債券を発行するやう、富籤も……と云ふ訳で、何億からの金を纏めてやらうと云ふ事で、二案、三案、四案と計画したのであります。大体この計画の狙いは、国民を大別して丈夫な人間と、それ程丈夫でないが病気でない人間と、もう一つは病気に悩んでゐる者とを分ち、……即ち病人に対しては速かに病気を癒するが必要であるから、これに就いては国民に対して普く医療の施設を与へなければならぬ。それには医療団と云ふのを作り、医師会に奉仕して貰つて、速かに病人をなくさう、結核を撲滅しやうと云ふ事で、病人のためには医療団を作り、弱い者、及丈夫な者に対しては、健全明朗の施設として……厚生団を作ると云ふ事で進んでゐたのであります。然る処、そのうちに内閣が迭《かわ》つて現内閣（＝東条内閣）となり愈々戦争だと云ふ事になり自然に、健全娯楽、明朗生活と云ふ事は第二段と考へられて、先づ病人をなくする事が必要であると云ふことで、茲に医療団を作る事になつたのであります。

ここで述べられている「医療団」とは小泉構想における「医療本部」、「厚生団」とは「厚生本部」のことであるが、いずれにせよアジア・太平洋戦争への突入という事態の中で、より重要な「医療団」が独立して設立されることとなったというわけである。これが「国民医療法」（一九四二年二月二五日公布）に基づき、「国民体力の向上に関する国策に即応し医療の普及を図ることを目的」として設立された日本医療団（一九四二年六月二五日設立）である。

日本医療団とは政府出資による資本金一億円、およびその五倍を限度とする医療債券によって運営される特殊法人であり、その主な事業は「病院、診療所及産院の経営」および「医療関係者の指導及錬成」とされていた。このような日本医療団は、三〇億円という小泉の国民厚生団構想と比べれば小規模なものであり、また事業内容の面でも積極的な保健活動を行わない事実上の「医療施設営団」[4]にとどまるものであった。しかしながら一億円という資本金は住宅営団に匹敵する額であり、日本医療団が巨大な事業団であったことにかわりはない。

こうした日本医療団の目標は、「国民医療法」の審議の過程で結核対策、無医村対策および医療内容の向上であるとされていた。しかし日本医療団で実際に策定されたのは、中央総合病院から地方診療所に至る一般医療施設の整備を含んだ「日本医療団病院診療所組織体系」であった。それは①東京・大阪に「中央総合病院」（五〇〇床）、②道府県庁所在地に「道府県総合病院」（二五〇床）、③道府県内「枢要地」五八八カ所（ほぼ各郡一ヵ所に相当）に「地方総合病院」（五〇床）を設け、さらに④無医町村などに診療所ないし出張所を置くという全国的な医療施設整備計画（一般体系）であり、これとは別に一九四二年当時存在した一万七〇〇〇の結核病床を日本医療団に統合しつつ、五カ年間に一〇万床にまで増加するという「結核療養所十万床建設計画」（特別体系）が設定されていた（『日

本医療団史』日本医療団、一九七七年、三九頁)。

このような日本医療団の構想は、すでに述べたように厚生省が着手していた無医村対策としての道府県立総合病院整備構想を踏襲したものといえる。ただし日本医療団においては、医療の普及と共に医療内容の向上が強調されており、そのため各レベルの医療施設の中では、地方総合病院(内科、外科、産婦人科、小児科、耳鼻科、眼科、歯科の七科)が、「現在の日本国民にふさはしい医療が行はれる」施設として「本団医療体系の基底」に位置づけられていた(高野六郎「日本医療団の医療施設」『日本医療団情報』第三輯、一九四三年三月)。つまり日本医療団では、一定の専門医をそろえた地方総合病院こそが日本の医療の「標準」を示すものとされていたのであり、その組織体系が無医村地域に限定されない全国的な整備計画であったのも、こうした「標準」的医療施設の普遍的整備が目指されたからであった。第二章で検討したように、一九三〇年代には総合病院に対する地域の「必要」の高まりが、広区域医療利用組合=産組病院設立の背景となっていたが、地方総合病院の整備に力点を置いた日本医療団の構想は、こうした動向を踏まえて地域医療の新たな水準を設定しようとするものだったといえよう。

日本医療団の現実

国民厚生団構想の中で唯一実現をみた日本医療団は、小泉が目指した戦時「社会国家」の根幹をなすべき組織であったといえる。しかし一九四三年から着手された日本医療団の医療施設整備は、結核療養所以外の一般体系に関しては一向に進捗しなかった。

もともと日本医療団の医療施設整備は、医療団による新設のほか、自治体・産業組合・公益法人などの施設の統合・買収によって行われるものとされていたが、発足した日本医療団では後者を中心とする方針がとられた。たとえば日本医療団の「昭和十七年度事業計画」(認可は一九四三年二月)によれば、同年度において新設すべき一般体系施設は道府県病院二、地方病院五四、同診療所二〇〇、同出張所一三〇であったのに対し、同統合すべき施設は中央病院(となすべきもの)二、道府県病院三三、地方病院四四九、同診療所一四七五とされている。戦時下の資材難が深刻化していた中で、日本医療団は既存の医療施設を統合することにより、ともかく医療施設体系の整備をはかろうとしたのである。

ところが一九四四年三月末段階の日本医療団施設は、新設施設のうち着工したものが七病院、統合・買収が決定済の施設は一九病院(都道府県病院四、地方病院一五)に過ぎない有様であった。このような計画と実績の極端な乖離について、日本医療団の理事(調査部長)であった三宅正一は、「稲田(龍吉)総裁は臨床では大家であっても何らの意見もなく、また、知事出身の業務担当理事も医療制度が如何にあるべきかについて何らの識見ももっていなかったので、小田原評定に終始した」、「医療団の幹部は、医師会の反抗もあり、また病院経営に自信をもっていなかったことなどもあって、〔統合・買収は〕遅々として進まなかった」と、医療団幹部の能力不足を指摘している（三宅『幾山河を越えて』恒文社、一九六六年、二九二頁）。しかしより根本的な問題は、統合対象とされた諸施設の経営主体が統合を忌避したことであり、その代表が三宅自身の拠点である全保協・産業組合であった。

産業組合中央会戦時対策部長であった金井満によると、日本医療団発足時の厚生省衛生局は、全国の産業組合中もっとも多くの病院を有する岩手県の産組病院を統合して、これを日本医療団のモデルとする構想を持っており、金井は当時の衛生局長であった灘尾弘吉と話し合いを重ねた。しかし金井が「農民はどうしても協同体組織でやらなければダメなのだ。戦争をやるにしても自発的でなくては勝てないだろう」と頑強に主張すると、灘尾は「今乱暴しようと思えばやってやれないことはないけれど、ぼくは乱暴や無理はしたくない」といって手を引いたという（岩手県農業協同組合史編纂委員会『岩手県農業協同組合史』岩手県農業協同組合、一九六九年、一九三―一九四頁）。

当時の産組医療施設は、病院八七、診療所一五八に達しており（一九四一年三月現在）、それらは統合によって日本医療団の最大の基盤となることが期待されていた。しかし全保協・産業組合は、日本医療団の構想が発表されると、統合の対象が自治体や産業組合であって一般開業医が除外されていることの不合理や、日本医療団の組織上の不備を問題とし、「医療団の直営に移すよりも、出来る限り従来の経営機構をそのまゝ活かし、医療団の統制管理下に参加せしめる」という一種の「代行」を主張した（熊野英「日本医療団と国民医療」『保健教育』第六巻二号、一九四二年二月）。その結果、産組医療施設は日本医療団の外部にありつつ、「多年の経験を基礎として、これに献策をなしその健全なる進展に協力する」という形となるが（『医事公論』一九四二年六月二七日）、こうした産業組合の姿勢が認められたことは、日本医療団への統合の流れを失速させるものであったといえる。

他方、結核病床一〇万床を目指す特別体系の整備は、既存施設の統合に関してはほぼ予定通りに進行した。しかし残り八万三〇〇〇床の新設は、当初からつまずくことになる。日本医療団理事であった高野六郎によれば、本来「日本医療団は全国に理想的な療養所を建設する考で発足した」ものであり、「現状に即して最も療養効果の高いサナトリウムを作り出す」ことが考えられていたという（高野「奨健寮の活用に就て」『戦時医学』一九四四年八月一五日）。ところが資材・労力の不足の中で日本医療団の結核対策は、既存建物を転用して青年層の軽症結核患者を収容する「奨健寮」によって行うこととなり、最終的に旅館・料理店・遊郭などを用いた奨健寮が七〇カ所（約七〇〇〇床）設けられるにとどまっている。

なお日本医療団の一般医療施設は、一九四四年に入って次第に増加するようになっている。しかしそれは、応召医師の増加による経営難や医薬品不足などを背景として、「自己所有の医療施設を転売せんとする希望者」（『医事公論』一九四四年二月一二日）が続出するようになったからであった。こうした中で統合・買収を進めた日本医療団の施設は、一九四七年の時点で病院一八〇（うち地方病院一五九）、診療所二二八に達していたが、そのほとんどは敗戦前後の時期における医療の崩壊状況の中で集積されたものであった。

結局のところ戦時下の日本医療団は、そこで掲げられた医療の普及と向上という課題についても、結核病床の整備という面においても、ほとんど実績を残すことができなかったのである。

3　戦時下の国民皆保険

小泉親彦と国民健康保険

その計画がペーパープランに終わった日本医療団とは異なり、まがりなりにも目標を達成したのは国民健康保険制度の普及である。小泉の強い意向により一九四二年度から強行された国保組合普及運動は、四三年度には農村部への普及をほぼ達成し、四四年度には都市への普及が目標とされるまでになっていた。アジア・太平洋戦争下におけるこうした国保制度の広まりにより、この時期は「第一次国民皆保険時代」と呼ばれている。

小泉が国民健康保険制度を重視した背景には、先に触れたような日中戦争下における農村保健問題の深刻化があった。小泉は国保組合普及運動を始めるにあたり、この問題に対する認識を次のように語っている(小泉「国防国家と健民」『国民健康保険』第三巻一一号、一九四一年一一月)。

高度国防国家建設への再編成、而して其の機能の完全なる発揮は、要するに優秀なる大和民族あつてこそ期待し得るのである。換言すれば、皇国人的資源の確保培養であり、同時に、国民生活の安定である。然るに、我国の現状を観るに、人口は昭和七十五年に至れば絶対数に達すると憂へられ、国民生活亦必ずしも安定して居るとは謂ひ難い。乳幼児死亡率の高率、結核患者の増嵩、又国民の非科学的生活の継続等即ち之である。就中《なかんずく》、現下の乳幼児死亡の高率、結核患者の増嵩は、人的資源の確保上極めて寒心すべき実情であり、殊に兵力、労働力の給源である農村に於て更に顕著であることは、今次事変に依る応召者の大量を出し、更に時局産業への農村労働力の転出益々増大してゐる結果、生産能率の高い男子労働力の減少或は又老年者の農業労働への再動員、婦人労働力の増嵩等、所謂在農村民の労働力の過重と、産業労働転出者の罹病帰村等に依つて漸く悪化の傾向を露呈し、加ふるに、現行医療制度の諸欠陥は更に之に拍車を加へて居ることは憂ふべく問題は余りに深刻であり、健民対策上並に健兵対策上、全国家的問題として一日も速に之が解決を図るべきことの緊要なるは贅言する迄もない。

ここには当時の農村保健問題が羅列されているが、ともかく小泉は「健兵健民」対策の上から、「兵力、労働力の給源である農村」の保健状況が日中戦争下に急速に悪化していることを重要視していたといえる。そしてその対策として彼が注目したのが、国民健康保険制度だったのである。

国保普及五ヶ年計画と「厚生組合」

ところでアジア・太平洋戦争下の国保組合普及運動は、小泉厚相によって推進されたものの、その計画の大要はあらかじめ厚生省によって作成されていた。

国民健康保険法が成立した一九三八年、厚生省保険院が作成した普及計画は、一九四七年までの一〇年間に約六〇〇〇組合を設立、二五〇〇万人(農村人口の約六割)を被保険者にするという漸進的なものであった。当時の保険院には、「この新しい国民の生活組織を当時の思想や環境が齟齬《ママ》するのは容易なことではない」という危惧があり(全国国民健康保険団体中央会『国民健康保険二十年史』同、一九五八年、二一八頁)、目標は低めに設定されていたのである。

しかしこうした漸進的方針は、一九四〇年になると大きく転換する。それは国保組合の普及実績が当初の予定を上まわるものであったことに加え、この時期に「農村社会政策」の必要があらためてクローズアップされたためである。先述のように、一九三九年には農村の保健医療問題が注目を浴びるようになっており、一九四〇年二月の第七五議会では厚生省の農村に対する姿勢を問われた吉田茂厚相(後の首相とは別人)が、農村は「日本国力の最も尊い源泉」であり「農村厚生行政と云ふものにもつと〳〵力を入れなければならない」という答弁を行っている(一九四〇年二月一六日「第七十五回帝国議会衆議院予算委員第五分科会(文部省及厚生省所管)会議録(速記)」第一回、二九頁)。

こうした中で社会保険局は、一九四〇年三月に国保普及計画の目標年次を四五年度に繰り上げた「普及六ヶ年計画」を公表しているが(『健康保険医報』一九四〇年四月七日)、七月になると「普及六ヶ年計画」を修正した「新五ヶ年計画」が発表され、従来の設立目標六〇〇〇組合・二五〇〇万人が、一万二八五四組合・三二三〇万人へと拡大されることとなる(『健康保険医報』一九四〇年七月二〇日)。

他方、一九四〇年四月には、厚生省内の農村問題に関係する局課が会合を開き、①「厚生省は都市省と謂はれる位で、農村問題については頗る冷淡であつたが、今日の社会情勢は農村を重視し、農村対策に積極的でなければならぬ、それには省内の農村関係局課を総動員して、大規模な計画の下に連絡ある仕事をしなければならぬ」、②「農村厚生運動は一局課で独占するやうな小規模なものであつてはならぬ、省全体を挙げて具体的に進むべきである。それには先づ医療、保健の問題から取上げ、国民生活の指導に迄進展すべきである」という点で意見の一致をみたとされ（『医事衛生』一九四〇年四月一七日）、こうした動きはその後「農村保健対策懇談会」の結成へとつながっている（同、一九四〇年五月一日）。

また七月には、社会保険局国民保険課長であった石原武二が、厚生省が「農村保健運動の目標を明確にし、保健対策を整備して、農山漁村に一大国民保健運動を展開」することを主張するようになる（石原「農村問題と厚生行政」『健康保険医報』一九四〇年七月六日）。石原の主張は「医療利用組合の整備拡充、国民健康保険事業の代行、保健婦の設置の三者」を掲げる産業組合の農村保健運動を「大に参考」としたものであり、具体的には「町村に於ける保健、衛生、厚生関係の諸団体を整理統合」した「保健衛生を目的とする一つの協同組合」＝「厚生組合」を設立し、「医療機関の普及も、保健婦の設置も国民健康保険も、農村隣保施設も、衛生組合施設も、此の協同組合の一事業」として行うべしという構想であった。

さらに同年一〇月に開催された国民健康保険全国大会では、①国保組合が保健施設として「母性並に乳幼児保護、栄養の改善指導、結核の予防、寄生虫の予防」を行うこと、②保健婦の設置を進めること、③組合を「各種厚生施設を広汎に行ふ綜合的協同組織」とし、「国民厚生組合の如き名称」に変更できるよう国保法を根本的に改正することなどが決議されている（『紀元二千六百年記念第一回国民健康保険全国大会報告書』国民健康保険協会、一九四一年)。

こうした一連の流れにみられるように、一九四〇年には厚生省が農村厚生行政への進出を模索する中で、国民健康保険の普及計画が繰り上げ・拡大される一方、国保組合には農村保健運動の基盤＝総合的厚生施設としての役割が求められるようになっていたのである。

国民健康保険組合普及運動

以上のように厚生省では、農村厚生行政を国保組合の普及を通じて展開しようという構想が、小泉が厚相に就任する以前の段階で成立していた。小泉が行ったのは、こうした構想をさらに強力に推進することであった。小泉は国保普及五ヶ年計画に基づき提出された一九四一年度普及計画＝新規被保険者八〇〇万人を一四〇〇万人へと拡充させ(『医界週報』一九四一年一〇月一八日)、さらにアジア・太平洋戦争が始まると、五ヶ年計画を三ヶ年計画に繰り上げた。

また一九四二年二月には、国民健康保険法の第二次改正が行われた(二月二一日公布)。この改正により、①地方長官の命令による普通組合の強制設立、組合への強制加入が認められたほか、②代行条件から「医療に関する施設を為すもの」という条文が削除されて一般産業組合による代行が可能となった。また③厚生大臣又は地方長官が保健施設・

療養施設の実施とその費用の支出に関する命令をなし得る規定が盛り込まれたが、これは国保組合が単なる「疾病組合」ではなく「綜合的厚生施設」であることを明確にするためであったとされている（杉田三朗「国民健康保険法改正の大要」『厚生問題』第二六巻四号、一九四二年七月）。

さらに同年八月には、「結核対策要綱」が閣議決定されているが（後述）、そこには「結核患者の療養を確保し、並に患者家族の生活援護に資する為、社会保険制度を国民の全部に拡充強化すること」がうたわれていた。これにより「国民皆保険」は、「国策」として位置づけられたことになる。

かくして国保法「制定当時の私的経済生活に於ける、個人的利益を享受せんとする制度の消極的意義は、今や戦力と労力を培養し、人口の増強を企図する健兵健民対策の根幹としての重要な意義をもつ」ものへと変貌したとされ（木村清司「国民健康保険組合の飛躍的大普及計画の実施に際して」『国民健康保険』第四巻三号、一九四二年三月）、国保組合は「健兵健民対策の根幹」としてその普及が強力に推進されるようになったのである。

国保組合の普及にあたっては、「国民運動」も展開されることになった。一九四二年七月二三日には大政翼賛会の主催による国民健康保険普及協力会議が開催され、大政翼賛会、大日本翼賛壮年団、帝国在郷軍人会、全国町村長会、大日本婦人会、全日本方面委員聯盟、中央社会事業協会、産業組合中央会、日本医師会、日本歯科医師会、日本薬剤師会、国民健康保険協会の一二団体代表者が、「健兵健民対策の根幹を為す国民健康保険制度の理想に邁進し速なる全国的普及完成と其の円滑なる発達とを希望し之が実現に協力」することを申し合わせている（『国民健康保険』第四巻八号、一九四三年八月）。

また一九四二年一一月二〇―三〇日には、厚生省の要請により、先の一二団体が「国民健康保険組合普及促進運動」を実施したが、その要綱では設立予定の「市町村役場に於ては予め設立同意書用紙を作成して全戸に配布し部落会、町内会又は隣組毎に責任者を定めて之を取纏むるか又は便宜連名の設立同意用紙（世帯主の住所氏名のみを記載せるもの）を作成し置き部落会、町内会、隣組常会の機会に於て捺印せしむる等適切なる方法に依り可及的本運動期間中に設立同意書の取纏を了せしむる」と、非常に具体的な指示がなされていた（『国民健康保険』第四巻一〇号附録、一九四二年一〇月）。

こうして国をあげて展開された普及運動により、一九四三年度末には国保組合数は約一万、被保険者数は三七〇〇万人を超え、全市町村の九五％が組合を有するという状況となった（**図21**）。ここに「事実上少数の都市を除いて、いわゆる第一次国民皆保険[5]は完遂された」のである（前掲『国民健康保険二十年史』二二二頁）。

戦時「社会国家」の基盤

ところで国保組合が「健兵健民対策の根幹」として普及されていく中で、一九四三年

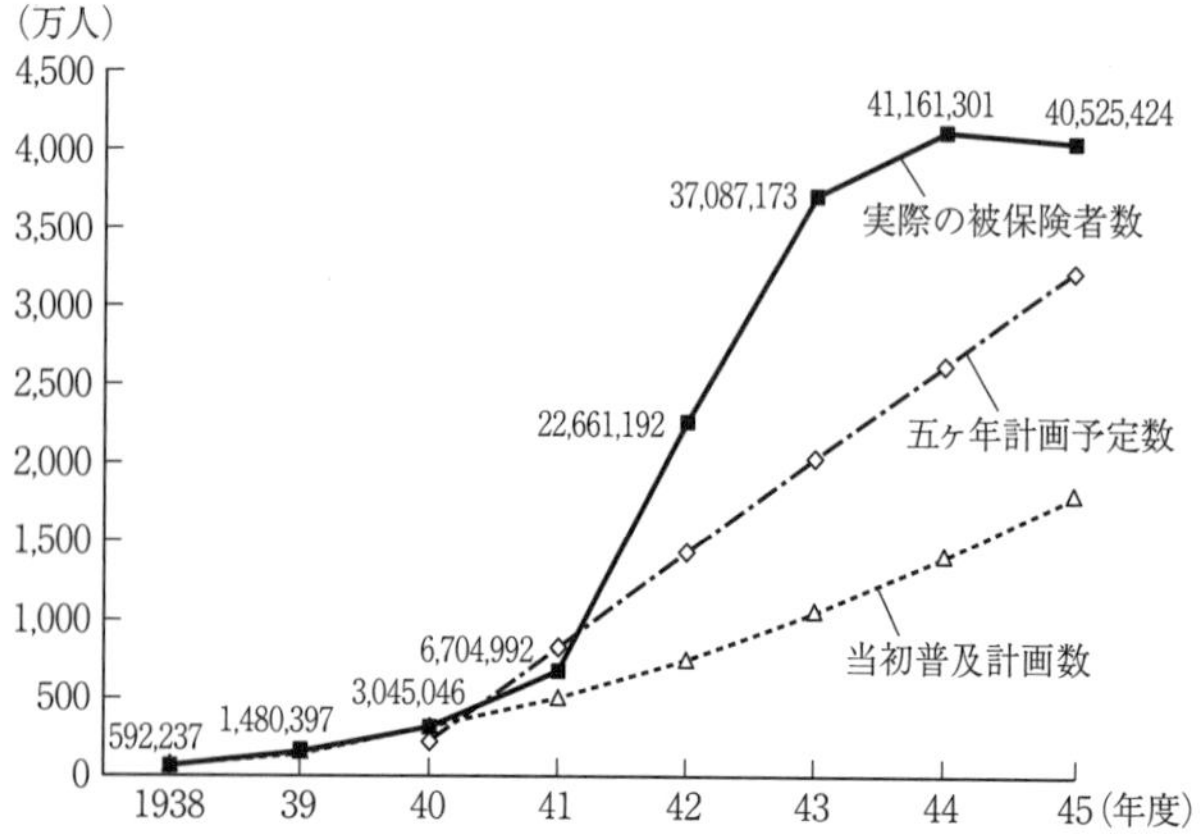

図21　国民健康保険被保険者の推移

度には国庫補助の増額が行われている。それまで設立後三年間は被保険者一人当たり年額一円四〇銭、四年目以降は八〇銭とされていた国庫補助が、設立後四年間一円六五銭、五年目以降一円五〇銭と引き上げられ、また特別・臨時の補助金が設けられることとなったのである。これにより一九四三年度における国民健康保険補助費は、一躍四六〇〇万円強（厚生省総歳出の二・三％）へと増大し、費目別では軍事扶助費に次ぐ地位を占めるまでになっている。

こうした国庫補助の増額は、①組合によって四―五割におよんでいる被保険者一部負担金を三割程度まで引き下げること、②結核性疾病に対する療養給付期間の延長、③保健施設の拡充強化を目的として行われたものであったが、これらのうち③に関しては、一九四三年九月、その内容に関する通達が出されている（「国民健康保険組合に於ける保健施設の拡充強化に関する件」『国民健康保険』第五巻九号、一九四三年九月）。

この通達では、保健施設の拡充強化は、国保組合を「都市町村に於ける綜合的健民施設たるの実体を整へ、健兵健民育成の母体として十全の機能を発揚せしめ」るための喫緊の要務とされ、具体的には①保健婦の設置、②母性並に乳幼児の保健・保護、③結核予防（国民体力法被管理者以外の健康診断など）、④栄養改善（共同炊事など）、⑤急性伝染病予防、⑥寄生虫予防、⑦トラホーム予防、⑧環境衛生（住宅、衣服、寝具、台所など）、⑨体錬などが指示されている。つまり総合的健民（厚生）施設とは、これらの事業を総合的に行う組織のことだったのである。

先述のように総合的健民（厚生）施設という発想は、厚生行政が農村進出をはかる中で、国保組合普及計画と結びつきつつ登場したものであったが、それは要するに、農村部に足場を持たない厚生省が、地域における厚生行政の実行組織を確保しようとする構想だったといえよう。国保組合が「健兵健民対策の根幹」と位置づけられ、その普及が強力に推進されたこと、またそこに莫大な国家予算が投じられたことは、こうした文脈から理解することができる。アジア・太平洋戦争下に展開された国民皆保険運動＝国保組合普及運動は、単なる医療保険組織の普及運動ではなく、「健兵健民」政策＝戦時「社会国家」の基盤創出を目指す運動だったのである。

なお右のような保健施設については、「保健婦を置かないやうな組合は猫に爪のないのと何等選ぶ所はなく、其の使命を果し得ない」と、保健婦の設置がもっとも重視されていた(杉田三朗「国民健康保険組合の設立(四)」『国民健康保険』第五巻七号、一九四三年七月)。国保組合において保健婦は唯一の保健専門家とされ、各種保健施設の実践と指導にあたると共に、「組合の地区内に於ける出生率、死亡率、各種疾病罹病率、壮丁及学童検査成績其の他衛生状態等一般に関し過去数年間に於ける状況を調査し資料を作成すること」までが求められていた(前掲「国民健康保険組合に於ける保健施設の拡充強化に関する件」)。国保組合の保健婦は、一九四一年の調査によると三四四人であったが、四三年には三二七五人、四四年には七一七二人に達していたとされ、また一九四二年からは市町村に駐在する道府県保健婦も設置されるようになっていた(国民健康保険協会『国民健康保険小史』同、一九四八年、三三〇頁)。(6)

以上のように、アジア・太平洋戦争下の国保組合は、本来の医療保険組織としての機能と共に、保健婦を中心として保健施設を行う総合的厚生(健民)施設として位置づけられていた。こうした国保組合のあり方は、石原武二が述べていたように、全医協・産業組合の農村保健運動をモデルとするものであり、それを厚生省主導によって展開しようとしたものであった。ただしこの時期には、一九四二年の法改正によって制限が撤廃された産業組合による「代行」も急増するようになっており、一九四二年一月時点で一八

%だった「代行」組合の比率は、国保組合数全体が増大する中で四三年七月にはかえって二七%にまで上昇している。国保組合普及運動においては組合の普及が最優先されていたのであり、そこにおいて産業組合が排除されていたわけではなかったのである。(7)

戦時国民皆保険の内実

すでにみたように、一九四二年から展開された国保組合普及運動によって、一九四四年に入る頃にはほぼすべての町村で国保組合が設立されるようになっていた。しかし当然のことではあるが、急激に普及した国保組合がその内実を伴っていたわけではない。そのことは、敗戦後の国保組合の過半数が事業休止に陥っていたとされる点からもうかがわれる。

前掲『国民健康保険小史』によれば、こうした国保組合の不振の原因は、「いわゆる国民皆保険という標識の下に、大政翼賛会式な普及が行われた」ため、「組合員の理解と協力とによってこの事業を運営するということが、比較的なおざりになり、官選市町村長ひとりの手で一夜づけの組合が作られた場面もすくなくなかった」こと、および「組合の設立が終り、いよいよこれから本格的な活動を開始しようとするときにあたって、戦禍が内地に及び、世の中がすっかり混乱状態に陥ったので、指導も宣伝も思うように行われがたく、組合の事業も停頓しがちであったときに、終戦という歴史的事件を迎えた」ことに求められている(四二―四三頁)。

前者のような組合がどれほどあったかは定かではないが、後者の問題は決定的であったと考えられる。そもそも国保組合とは、たとえ「組合員の理解と協力」があったとしても、容易に運営できる制度ではなかった。比較的初期に設立された国保組合の報告をみると、当初から経営に成功したという事例はほとんどなく、多くの組合が二、三年の試行錯誤を経てようやく収支バランスを安定させ、そこから保健施設に着手するという経緯をたどっていたことがうかがわれる。町村にとって未経験の国保組合の経営には、専門職員の指導と経験の蓄積が必要だったのであり、設立されたばかりの組合はきわめて不安定な状態にあったといえる。

しかも国保組合が急増した一九四三―四四年頃には、応召医師の増加によって、組合の本来の役割である医療給付を行うことが次第に困難になりつつあった。戦時下の医師数の変遷については、一九四二年から四五年にかけての全国統計が存在しないため[8]、その全体像を知ることは不可能である。ただし「終戦前内地の開業医師は三万五千余」といわれており(戸田正三「新日本の建設と医療私見」『日本医療団報』第二巻一号、一九四五年一一月)、一九四一年末の診療に従事する医師の総数が約五万四〇〇〇人であったことからすれば、アジア・太平洋戦争期における医師の減少は約三五%程度であったと考えられる。他方、統計データが残されている滋賀県の場合では、一九四〇―四二年にかけて四四〇―四五〇人台で推移していた医師数が、四三年＝三七八人、四四年＝三五七人と急減しており（厚生省公衆保健局『衛生年報 昭和十六―二十年』同、一九四七年）、また応召医師数は判明する範囲で一九四〇年＝一五人、四一年＝二二人、四二年＝三一人、四三年＝三六人、四四年＝五一人、四五年＝二八人と伝えられている（滋賀県医師会『滋賀県医師会創設百周年記念史』同、一九八九年）。こうした事例からすれば、地域の医師は一九四三年から四四年にかけて急速に減少するにようになったと考えられる。もちろん医師がいなければ、国保組合は機能しない。そのため保健活動に専念すべき保健婦が医師の代わりに医療行為をなすという、保健婦の「代行医療機関化」が生じたのであるが（下西陽子「戦時下の農村保健運動」『年報・日本現代史』第七号、現代史料出版、二〇〇一年）、それは制度上、本来あってはならないことであった。

このように戦時下に実現した「第一次国民皆保険」は形式的な面にとどまり、そこにおける地域の医療事情はむしろ悪化していたと考えられる。そのため国保組合は住民の信頼を得ることができず、敗戦により国保制度は崩壊の危機に直面することになるのである。

4　国民体力管理と健民修錬

国民体力法

日本医療団・国民健康保険制度と並び、「健兵健民」政策の主要な柱とされたのが、「国民体力法」(一九四〇年四月公布)を基本法とする国民体力管理制度である。この国民体力管理制度は一九三八年から一九三九年にかけて行われた準備調査と、国民体力管理制度調査会などでの検討を経て作成されたものであった。しかし第一章で触れたように、こうした制度制定の出発点となったのは、小泉親彦が自ら委員となって組織した日本学術振興会小委員会による「国民体力管理法」制定に関する建議であり、同制度の事実上の発案者は小泉であった。

こうした由来を持つ国民体力法は、未成年者に対して毎年一回の体力検査(徴兵検査に準じたもので身体計測・運動機能検査・疾病異常検診からなる)を行い、その記録を記載する『体力手帳』を交付することを定めたものであった。これは未成年者に対して国費による一種の健康診断を行うものといってよいが、それが単なる健康診断ではなかったのは、①体力検査の受検および『体力手帳』の保持が被管理者・保護者の義務とされたこと、②運動機能検査として「荷重速行」(二五kgの俵を担いで三〇秒間に移動し得た距離を測定する)が設けられ、機能面からする「体力」の把握が試みられたこと、③政府は体力検査の結果に応じて被管理者の「体力」向上に関して「必要なる措置」を行うことができるとされたことなどである。これらにより未成年者の「体力」状況を持続的に把握すると共に、疾病(結核と花柳病[性病]がとくに重視された)に対する早期発見体制の構築が目指されたわけである。

もっとも、国民体力管理制度の特徴は、こうした国民体力法それ自体の内容よりも、むしろその運用のあり方にあったといえる。たとえば国民体力法の本来の対象は未成年の男女であったが、その施行に際しては対象者が勅令で限定され、一九四〇年度は一七歳以上二〇歳未満の男子、四一年度は一五歳以上二〇歳未満の男子が被管理者とされた。さらに四二年度には法改正によって被管理者の範囲が男子のみ二五歳まで拡張され、以後一五歳以上二六歳未満の男子が被管理者とされることとなった。こうした範囲の限定は財政的・技術的事情によると説明されていたが、いずれにせよ国民体力管理制度の下に置かれた被管理者とは、原則として徴兵の対象となる青年男子であった(9)。

また国民体力法に基づく被管理者の「体力」向上策としては、本来さまざまなものがあり得たが、厚生省が実際に手をつけたのは「国民体力向上修錬会」と呼ばれる「筋骨薄弱者」対策であった。これは「筋骨薄弱」とみなされる一七、八歳の青年を学校・寺社などに一週間収容し、「体力」向上の短期集中指導を行うという企画であった。ただしその対象は、昼間通年制の学校に在学する学生・生徒などを除いた勤労青年のうち事情が許す者とされ、その参加目標とされたのは一九四一年度の場合で五万人であった。

「結核対策要綱」と健民修錬

これに対し、結核対策という旗印の下により大規模な施策として展開されたのが、一九四三年度から開始された「健民修錬」事業である。この事業の出発点は、小泉厚相の主唱による「結核対策要綱」(一九四二年八月二一日閣議決定〔赤澤史朗・北河賢三・由井正臣編『資料 日本現代史12 大政翼賛会』大月書店、一九八四年〕)であり、そこでは、体力検査の結果、①「健康者」と判定された者に対しては、「日常一定の鍛錬を責務として実行」させ「不罹患心身の保有者たらしむる」こと、②「弱者」(筋骨薄弱者・軽症結核患者・恢復期結核患者)と判定された者に対しては「一定期間療養及修錬を併施する健民修錬の施設を為す」こと、③「病者」と判定された者は結核病床に収容するという方針が定められていた。健民修錬はこのうち②の「弱者」に対する措置として位置づけられるものであり、その実施に際しては、寺院・道場などを利用して設けられた全国約二〇〇〇カ所に上る「健民修錬所」に、一九四三年度だけで約四〇万人の青年(一七―一九歳が中心)が収容され、二カ月間におよぶ修錬を受けたとされている(厚生省健民局「健民修錬の成果に就て」『内務厚生時報』第九巻五号、一九四四年五月)。なおこの健民修錬の実施によって一九四三年度の「国民体力管理費」は、前年度の六倍近い約三二〇〇万円(厚生省総歳出の一六%)に跳ね上がり、国民健康保険費に次ぐ費目となっている。

健民修錬は「結核対策要綱」に基づくものであったが、同要綱は「対策実施の基底を国民体力法に依る国民体力管理の徹底強化」に置くものであり、健民修錬は国民体力管理制度が「強化徹底」されたものにほかならなかった。そこでこうした観点から健民修錬のあり方を見直した場合、注目されるのはそこに収容された修錬者の内訳である。すなわち一九四三年度の予算定員は約四二万人であったが、そのうちほぼ七割を占めたのは「筋骨薄弱者」の二九万人であり、結核要注意者(ツベルクリン反応陽転者約一一万人、軽症結核患者約二万人)を圧倒していたことが判明する(健民局「第八十四回帝国議会関係(健民局)」第二冊、国立公文書館所蔵厚生省文書)。つまり健民修錬の主要対象もまた「国民体力向上修錬会」と同様、「筋骨薄弱者」に置かれていたわけである。

ところが実際のところ、「筋骨薄弱者」と結核の相関関係はなんら証明がなされておらず、健民修錬の実施責任者であった阿賀正美(厚生省健民局修錬課長)も、次のような苦しい説明を行っている(阿賀「健民修錬について」『体育日本』第二一巻六号、一九四三年六月)。

筋骨薄弱者と結核とは直接には関係がないといふ説も大分あるやうでありますけれども、兎も角……結核対策要綱の修錬の対象として筋骨薄弱者が出て居るのであつて、直接結核と筋骨薄弱者とは関係がないかも知れませんが、筋骨薄弱者は普通の仕事を課せられても疲労がひどいとか、従つて結核発病の機会が多いとかいふやうにも常識的には考へられるのであつて……結核対策要綱の修錬の対象となる事も理解が出来ると思ふのであります。

このように結核との関係性が医学的に説明できないにもかかわらず、「筋骨薄弱者」が健民修錬の主要対象とされたのは、そもそも「結核対策要綱」の主眼が「青壮年男子中弱体の故を以て兵役に服し得ず又は銃後産業戦線に就き得ざる者の総てを立派なる第一戦《〔ママ〕》兵又は産業戦士として奉公し得るの心身保有者たらしめ」ること（小泉厚相談話）にあったためと考えられる（厚生大官房文書課「結核対策閣議決定に就て」『内務厚生時報』第七巻九号、一九四二年九月）。

総力戦下の「壮丁体位」低下

第一章でも触れたように、「筋骨薄弱者」は国民「体力」低下の象徴的存在であったが、日中戦争下の徴兵基準改正によって「筋骨薄弱者」も第二乙種・第三乙種「合格」に繰り上げられており、彼らの「体力」向上が軍部の大きな課題となっていた。しかも日中戦争が長期化した頃から、壮丁の体位は実際に全体として低下するようになっていたのである。

第一章で検証したように、二・二六事件後に小泉が「壮丁体位」低下を問題とした頃

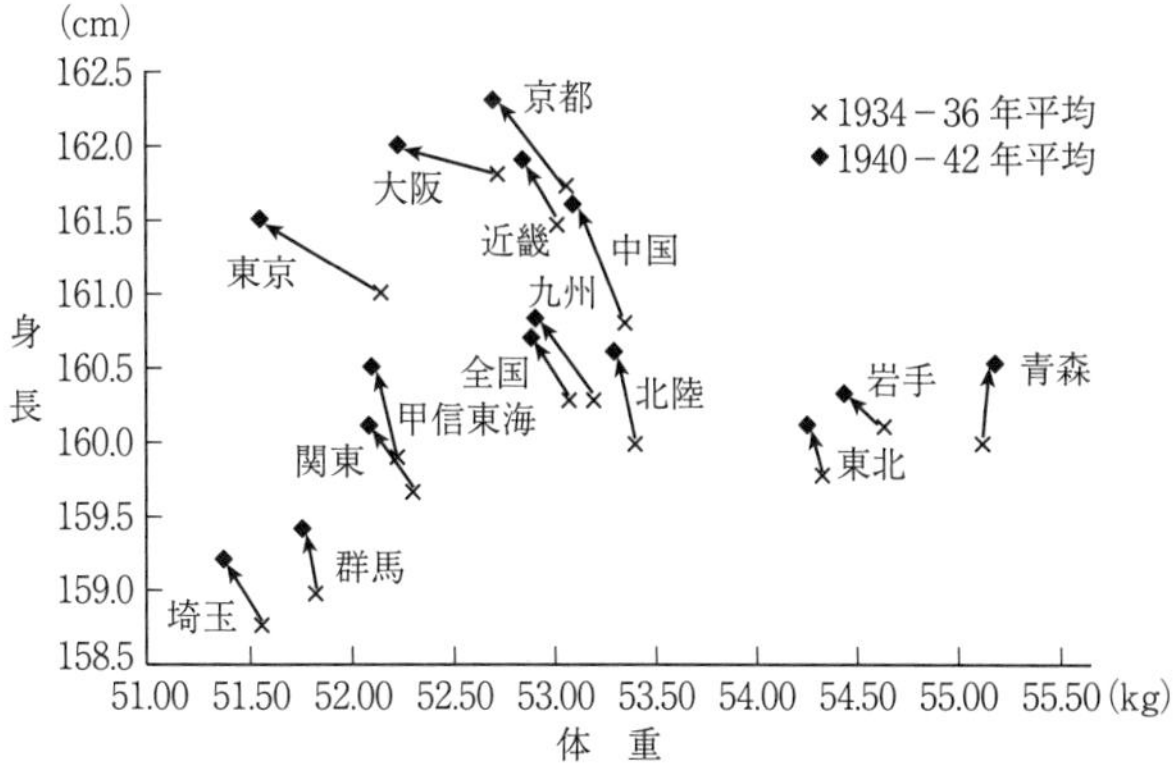

図22　戦時下における壮丁平均身長・体重の推移

には、壮丁の実際の体格は身長・体重共に向上しつつあった。ところがこうした傾向は、一九三九年頃を境に変化し、体重の低下がはっきりとみられるようになる。こうした変化は全国的に生じていたものであるが、とくに大都市部において顕著であった(**図22**)。またこのような変化の背後では、徴兵検査受検者の職業における農業の減少と工業の増大が一層進行しており(**表12**)、それが日中戦争下で進行した戦時工業化、およびその下での労働・生活条件の悪化の反映であったことがうかがわれる。

健民修錬とはこうした深刻な事態を前に、「健兵健民」確保のために実施されたきわめて軍事色の強い「戦時社会政策」であった。このことは、健民修錬の要修錬者判定基準(「筋骨薄弱者」)が、陸軍の選兵基準である身

表12　徴兵検査における壮丁職業調査結果(2)

（単位：人，%）

年	農林水産業	鉱業	工業	商業	交通・運輸業	公務自由業	その他	合計
1935	218,462 (34.5)	7,633 (1.2)	188,512 (29.7)	98,652 (15.6)	31,359 (4.9)	45,047 (7.1)	44,221 (7.0)	633,886 (100.0)
1940	179,689 (25.9)	14,251 (2.1)	266,046 (38.4)	76,492 (11.0)	66,865 (9.7)	63,731 (9.2)	25,729 (3.7)	692,803 (100.0)
1942	175,397 (27.5)	12,633 (2.0)	249,512 (39.1)	46,664 (7.3)	59,716 (9.4)	71,955 (11.3)	21,634 (3.4)	637,511 (100.0)

長一四九cm未満(一八、九歳の場合)の者や視力が〇・三に満たない者などを除外していたことや、判定基準(身長・体重・胸囲)そのものが陸軍諸学校の身体検査基準を参考として作成されたことに示されている。なお当時の陸軍では「筋骨薄弱者」などの「弱兵」に結核要注意者を加えた「特別保育隊」「特別訓練隊」などと呼ばれる集団を作り、特別の教育訓練を実施する「健兵対策」が広く行われるようになっており、その性格については「今度国で始める健民修錬と同じ考へのもの」と説明されている(逆瀬川幸禎「健兵対策と健民修錬」厚生省人口局『健民修錬指導者講習会講演集』第一輯、一九四三年中の刊行と推定、二一頁)。

このように、健民修錬の性格を文字通りの結核対策事業として理解することは困難であり、その基本的性格は陸軍の「健兵対策」に準拠した、「弱体者」に対する体力管理の強化徹底であったと考えられる。こうした健民修錬が、巨額の国費を投じた「結核対策」の最重点施策として推進されたところに、小泉厚相により推進された「健兵健民」政策＝戦時

「社会国家」の著しい特質が示されている。

ところで一九四四年になると、以上のような健民修錬のあり方に無視できない変化が生じている。その一つは、「徴兵適齢者たる被管理者にして徴兵検査に於て筋骨薄弱の為第二乙又は第三乙種と判定せられたる者」を対象とした「壮丁要鍛錬者」の新設である。これは「筋骨薄弱者」に対する入営前の特別指導にほかならず、その目的とされたのは「軍隊入隊後直ちに軍事諸般の要求に応じ得る気力及体力を早急に獲得せしむる」ことであった(「本年度の健民修錬実施方針」『体育日本』第二二巻三号、一九四四年四月)。このように「健兵」を直接の目的とする「壮丁要鍛錬者」が加わったことは、健民修錬所が軍の「健兵対策」に直結する施設であったことを雄弁に物語っている。

いま一つの変化は、新たに「一般要鍛錬者」というカテゴリーが設けられ、その中に「筋骨薄弱者」と「運動機能不足」者が含められるようになったことである。これは体格面のみならず、運動機能の面においても「要鍛錬者」を捕捉しようとする意図の現れといえ、そしてそのために行われたのが、法定上の運動機能検査である「荷重速行」に代えて「体力章検定」を実施することを可能とする措置であった。それではここに登場する「体力章検定」とはいったいどのような制度だったのか。

体力章検定と基礎体力

　体力章検定制度は国民体力管理制度と共に、総力戦体制下における「体力」行政の機軸となった制度であるが、その役割はまったく異なるものであった。この制度は厚生省が一九三九年に創設したものであり、その要旨は数え年一五歳から二五歳の男子を対象に、「日本人の一人前の体力としてはこれ迄に到達せねばならぬと云ふ具体的な体力修練の目標」(栗本義彦『体力向上と体育運動』保健衛生協会、一九四一年、三四頁)を設定し、この標準に合格したものに「体力章」を付与するという一種の運動能力テストであった(**表13**)。つまりこの制度の登場によって、走・跳・投・運搬・懸垂という五つの領域において、青年層が達成すべき「標準」体力が明示されることとなったわけである。しかし体力章検定が持った固有の意義は、そこで「標準」とされた「体力」の内容にあった。

　体力章検定制度が立案された当時、こうした運動能力テストはすでにドイツ、ソ連、アメリカ、フランス、スウェーデンなど少なからぬ国で実施されており、そのため厚生省の正史などでは、体力章検定の要綱はドイツやソ連の制度を参考として定められたとされてい

検定標準

運搬	懸垂
運搬(50m)	懸垂屈臂
60 kg で 15 秒以内	12 回以上
50 kg で 15 秒以内	9 回以上
40 kg で 15 秒以内	5 回以上
30 kg で 15 秒以内	4 回以上
25 kg で 15 秒以内	3 回以上
25 kg で 15 秒 1 以上	2 回以下

設けられたもの.

表 13　体力章

		走		跳	投
		100 m 疾走	2000 m 走	走幅跳	手榴弾投
上級		14 秒以内	7 分 30 秒以内	4 m80 以上	45 m 以上
中級		15 秒以内	8 分以内	4 m50 以上	40 m 以上
初級		16 秒以内	9 分以内	4 m 以上	35 m 以上
級外	甲	17 秒以内	10 分以内	4 m 未満	35 m 未満
	乙	18 秒以内	11 分以内	3 m80 未満	30 m 未満
	丙	18 秒以上	11 分 1 秒以上	3 m50 未満	25 m 未満

注）級外標準は不合格者に対する奨励・参考として 1940 年度より

る。しかし当時の運動能力テストを比較検討した木下秀明は、体力章検定にもっとも近い内容を持つのは陸軍戸山学校の「運動能力検定」(後に「運動能力到達標準」)であり、体力章検定が戸山学校の系譜に位置するものであることは疑問の余地がないと述べている(木下「いわゆる「運動能力テスト」に関する陸軍戸山学校の系譜と体力章検定」日本大学文理学部人文科学研究所『研究紀要』第五一号、一九九六年)。

体力章検定には、右のような軍事研究の最新の成果が取り入れられたことになる。実際に体力章検定と戸山学校「兵運動能力到達標準」を比較してみると、前者の「初級」標準は後者の「本業基本教育末」における到達目標にほぼ相当する。これが意味するところは、体力章検定の「初級」程度の「体力」が、陸軍が兵士に求める「基礎体力」であったということである。体力章検定の実施に際しては、その検定結果が「取扱如何に依りては我が国青年の体力程度を諸外国に知得せしめ国防上好ましからざる結果を生ず」ることが問題とされ、「体力章検定成績に関する書類は総て「秘」扱とする」措置がとられたが(厚生省体力局長発「体力章検定結果発表に関する件」一九三九年一一月一六日、前掲栗本『体力向上と体育運動』四三五―四三六頁)、それは体力章検定の「標準」が以上のような性格を持っていたからである。

こうした体力章検定は、国民体力法に基づく体力検査とは異なり、あくまでも「あるべき体力」の「標準」を示すものであって、その受検は個人の自主性に委ねられていた。それでも現在確認できる検定結果統計によると、一九三九―四二年を通じての受検率は五割から六割に達するものであり、また合格率も着実に上昇していたことがうかがえる。体力章検定の場合、いったん合格すればさらに上級を目指す者以外は再受検しないので、実際の普及率はより高いものであったろう。なお一九四〇年度までの成績を踏まえた厚生省の担当者は、「多数の年齢該当者を有する大都市に於て周知方法の不徹底や施設の不充分な為受検率が不良であることは残念」としつつも、「地方府県の中には七割、八割程度のもの少からず、九割以上のものすら存在する」として、「法令の強制のない本制度としては、大都市を除いて、受検率は相当良好」という判断を示していた(中川淳「昭和十六年度体力行政の概観」『体育日本』第一九巻五号、一九四一年五月)。

アジア・太平洋戦争下の体力章検定

しかしアジア・太平洋戦争期になると、体力章検定合格の「体力」が軍の要請する「基礎体力」であることがあらためて強調され、その合格が戦時下における「体力」向上の目標とされるようになる。たとえば受検率不良とされた大都市の一つである大阪市では、青年層の「体力」はあくまで「壮丁」本位に「錬成」されねばならないとして、次のような方針が打ちだされる(古藤敏雄「本市に於ける市民体力錬成運動」『保健月報』第八巻一号、一九四二年一月)。

国家の青少年層に求める体力と云ふものは壮丁を基準としたもので、戦時下の青少年の体力錬成目標は耐久力、機敏性、懸垂力、扛挙、運搬能力、手榴弾投擲能力、以上の運動項目に重点を置くべきである。之はすべて実戦即応の能力育成に重大なる役割をもつもので、今度青少年が自己の体力を錬磨する上に於ても重点を絶へず前述の鍛錬項目にしたがつて実践し、将来立派な壮丁として国家に十二分の御奉公が出来るやうに鍛錬すると共に、一般家庭も社会も青少年が将来立派な強兵になるやうに常にはつきり意識して育てあげなければならない。

つまりアジア・太平洋戦争下においては、「立派な強兵になる」ことが青年層の目標であることが従前以上に強調されるようになり、そしてこうした目標を達成するためにこそ、「普く青年をして体力章検定種目たる走力、跳力、投力、運搬力、懸垂力の強弱を知らしめ合格標準にまで到達する様に錬成せしむる」ことが急務とされたのである。

そのため大阪市では、市内の主要公園・運動場に鉄棒・跳躍場などを特設した「体力章検定錬成道場」が整備される一方(「体力章検定錬成道場公園運動場設備成る」『保健月報』第八巻一〇号、一九四二年一〇月)、市独自の「体力章検定指導者」の養成までが行われるようになる(「男子体力章検定指導者養成講習会」『保健月報』第九巻七号、一九四三年七月)。

このように体力章検定が、青年層にとって必須の制度とされていく中で、本来別々の制度として出発した体力章検定制度と国民体力管理制度がリンクするようになるのは必然であった。両者が結びつくようになったのは、一九四二年度の国民体力法改正によって「体力手帳」に体力章検定結果記載が求められるようになったこと、また同年度の体力検査実施に際し、受検者の体力章検定受検が「勧奨」されるようになったことが最初である。

だが一九四三年度から健民修錬が開始されると、体力章検定はより具体的役割を持つようになる。すなわち健民修錬の中核を占めた「筋骨薄弱者」に対しては、「体力章検定は国家が青少年に要請する基礎的綜合体力の標準であり……其の初級は徴兵適齢時に於て現役兵として略々《ほぼ》有《あら》ゆる役業に耐へ得る条件を備へ」ていることが強調され、「健民修錬所に於ては全員をして級外甲以上を以て一応の目途として錬成に当らしめる」という指導方針が掲げられたのである(厚生省健民局・国民体力研究会『健民修錬所に於ける体錬指導要領』一九四四年、九九頁)。

表14　健民修錬所における体力章検定成績

（単位：人，%）

	入所時	退所時	増　減
調査人員	25,550	25,550	0
上　級	30	155	125
中　級	682	1,642	960
初　級	3,706	7,132	3,426
小計①	4,418 (17.3)	8,929 (34.9)	4,511 (17.7)
級外甲	6,516 (25.5)	6,510 (25.5)	−6 (0.0)
小計②	10,934 (42.8)	15,439 (60.4)	4,505 (17.6)
級外乙	7,245 (28.4)	6,002 (23.5)	−1,243 (−4.9)
級外丙	7,371 (28.8)	4,109 (16.1)	−3,262 (−12.8)

注）厚生省健民局「健民修錬の成果に就て」『内務厚生時報』9巻5号(1944年5月)より作成.

そのため健民修錬所入所者に対しては、入所時と退所時に体力章検定が実施され、その間における成績の変化が修錬の成果を示す指標とされた。こうした成績については、厚生省が三四府県、六四五修錬所の入所者について整理したものが発表されているが(**表14**)、これによれば入所時に四割強であった級外甲以上の者(小計②)が退所時には六割に増加し、かつ増加分のほとんどが初級以上であったということになる。この初級以上合格率三四・九%という数字は、前年度における体力章検定初級合格率三四・八%をわずかながら上まわるものであり、こうした実績は「身体の構へとしては貧弱なる修錬生が二ヶ月にして運動機能は兎も角一人前以上の青年となつた」証しであり、健民修錬の将来に「大きな希望を与へる」成果として高く評価されている(斎藤俊保「健民修錬の成績と其の考察」『戦時医学』一九四四年七月一五日)。すでにみたように健民修錬の対象となった「筋骨薄弱者」とは、体格を基準に選り分けられた青年たちであったが、体力章検定は彼らをさらに運動能力の面から管理する、いま一つの基準として用いられるようになったのである。

さらに以上のような実践を踏まえてなされたのが、先述の一九四四年度国民体力検査における体力章検定の運動機能検査としての採用、およびそれに対応した健民修錬要修錬者判定基準の拡大であった。具体的には国民体力検査の一環として体力章検定を実施し、その成績が級外乙以下の者を健民修錬「一般要鍛錬者」に加えるというものである(前掲「本年度の健民修錬実施方針」)。これは級外甲が当時の青年の「標準」と目されていた(それゆえ修錬の目標とされた)ことからすれば、運動能力が「標準」以下の青年がことごとく健民修錬の対象となったということを意味している。かくして戦時下の青年男子は、規格化された体格(「筋骨薄弱」)のみならず規格化された運動能力によっても選別され、健民修錬所という名の「体力」向上施設へと送りこまれることとなったのである。

大日本体育会と「国民体育」

すでにみたように、「健兵健民」政策の下では、「体力」面で「弱者」と判定された青壮年に兵士や「産業戦士」にふさわしい「体力」を身につけさせるための健民修錬が重点的に実施されていた。しかし「結核対策要綱」が、「健康者」には「日常一定の鍛錬」を「責務」とすると述べていたように、「体力」の向上を求められたのは国民一般であり、そのために目指されたのが「国民体育」の実現であった。

厚生省によれば「国民体育」とは、「一部少数の選手」が「特技」によって「勝敗や記録を追求した競技本位」の「自由主義体育」とは異なり、全国民が「皇国民としての完全無欠な心身を錬成」するため「基本体力と国防技能を練磨修得」するものであった（厚生省「大日本体育会の誕生」『週報』第二八八号、一九四二年四月一五日）。そして一九四二年四月には、こうした「国民体育の振興に必要な一切の事業の企画経営に当」たる「体育翼賛団体」として、東条英機首相を会長、小泉厚相・橋田邦彦文相を副会長とする大日本体育会が設立されることとなった（前掲高岡「大日本体育会の成立」）。

大日本体育会を中心とする「国民体育」運動は、体力章検定の拡充強化と体育指導体制の整備という二つの方向で行われた。前者については、一九四二年度から体力章検定の「特殊検定」種目として水泳（三〇〇m）が、ついで四三年度から行軍（八kg負荷で二四kmを五時間以内）が加えられている。こうした検定種目の追加は、それらがアジア・太平洋戦争下にとくに必要とされたからで、とくに水泳に関しては一九四三年から大日本体育会と大政翼賛会が「全国壮丁皆泳必成訓練」運動に乗り出し、徴兵検査における調査により「要訓練者」と判定された者に対する特別訓練を行うようになった（大日本体育会『壮丁皆泳読本』旺文社、一九四三年）。また四三年度からは、新たに一五―二一歳の女子を対象とする女子体力章検定（基礎検定＝一〇〇〇m速行、縄跳、短棒投、運搬、体操、特殊検定＝水泳、行軍）も実施されるようになっているが、その理由については「女子の体力増強は女子勤労動員強化の現状に鑑みるも当面の主要問題」であるためと説明されている（前掲「第八十四回帝国議会関係（健民局）」第二冊）。

他方、体育指導体制の整備に関しては、一九四三年四月、部落会・町内会に「健民部」、職場に「健民会」を設ける指示がなされ、これら「健民実践体」による日常的「健民対策」の一環として「居常錬成」（体育と日常生活の結合）の実行が求められた。こうした「居常錬成」がとりわけ必要とされたのは「体位」の低下が著しい都市住民と工場労働者であり、とくに「町内会の健民部は一般国民体育実践の第一線指導組織なるが故に、之れが整備充実を図ることは最も喫緊の要務である」とされた（大日本体育会『都市体育の運営と全国都市体育施設状況』同、一九四四年、三頁）。大日本体育会が編纂した『国民体育指導要項草案』（一九四三年）によれば、健民部・健民会の「居常錬成」として推奨すべき種目は、体操、歩走（軽快な歩行、駈け足）、武道、防空訓練、勤労作業、力比べ、厚生遊技などであり、青年は「以上の外体力章検定種目や行軍、自転車行軍、陸上戦技、銃剣道、射撃基本訓練、剣道、柔道等基本体力の増強と戦技の訓練につとめ、青年女子は女子体力章検定種目で体を練る」べきこと、また休日や健民運動期間中の特別行事としては、行軍、登山、各種競技会、運動会等を行うべきことが提唱されている。なお大日本体育会では、これら「健民実践体」の体育活動の指導者を養成すべく、一九四三年から「国民体育指導者検定」を開始し、一九四四年九月までに約二万人の「国民体育指導者」が適任証を交付されている(『体育日本』第二二巻一二号、一九四四年一二月)。

さらに一九四四年になると、大日本体育会は「体力章検定当該年齢以上の国民に体力錬磨の機会を与へ、居常生活と体育とを緊密ならしめんがため」、男性は二六―三五歳、三六―四五歳、四六―五五歳、五六歳以上、女性は二五歳まで、二六―三五歳、三六―四五歳、四六歳以上に区分した体力章検定種目による「国民体力錬成目標」を発表し、全年齢層の男女に対する体力章検定の普及に乗り出した。また労働者に対しては、青少年労働者を「強健なる国防戦士」「生産性高き産業戦士」に育成するため(『体育日本』第二二巻九号、一九四四年九月)、大日本産業報国会と共に『産報体育指導要項』(一九四五年)が作成されている。

以上のように「健兵健民」政策とは、「病者」や「弱者」のみならず、健康な老若男女に対しても「国民体育」の実践による「体力」向上を求めるものであった。こうした健民修錬や「国民体育」のあり方には、衛生主義的「社会国家」を構想していた小泉に主導された戦時「社会国家」の一面が端的に示されているといえるだろう。

しかし戦争末期における右のような「国民体育」体制の整備は、「一般には、今日の如く食糧逼迫の折柄、体操よりも休養安静がよいといふ声を聞く」という状況の下で、「体操すると腹がへるといふ理由で……体育を等閑視」することは許されないと(野津謙

『産業体育』東洋書館、一九四四年、一三頁)、強引に進められたものであった。一九四四年当時、大都市部の住民の摂取栄養量は成人の最低必要水準と目されていた一九〇〇カロリーを割り込み、栄養失調に陥る者も出現するようになっていた(萩原弘道『日本栄養学史』国民栄養協会、一九六〇年、一七一―一七三頁)。日本国民の生活は、敗戦を待たずして崩壊しつつあったのであり、そこに「体力」向上の「科学的」基盤はもはや存在していなかったのである。

終章　戦時「社会国家」の歴史的位置

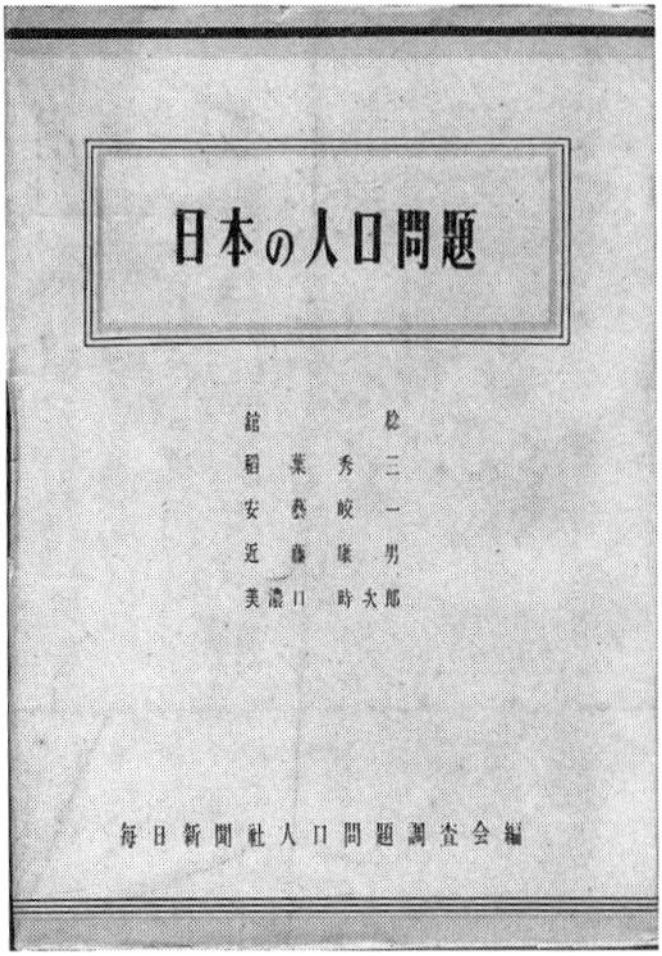

毎日新聞社人口問題調査会編『日本の人口問題』(毎日新聞社，1950年)

以上本書では、戦時下における「社会国家」化をめぐる動向を、その政策体系・政策構想に即して検証してきたが、そこで明らかとなったのは、「社会国家」化の論理が決して一つではなかったということである。その主要な潮流となっていたのは、「体力」の向上(衛生主義的「社会国家」)、「生産力」の増大(生産力主義的「社会国家」)、「民族」＝人口の増殖(民族—人口主義的「社会国家」)という三つの政策体系であり、さらにこれらと関連しながら「協同組合」による農村厚生(保健医療)問題の解決を目指す構想(組合主義的「社会国家」)や、満洲大量移民(分村移民)による農村社会の再編成を目指す構想(農本主義的「社会国家」)なども登場していた。戦時「社会国家」とは、その目指す方向が必ずしも同一ではないこれらの政策構想の束であり、そしてそこには複数の構想が相互に矛盾・対立・競合する面がある一方で、合従連衡《がっしょうれんこう》や包摂の関係が成立する面も存在していたのである。

こうした「社会国家」化の過程は複雑な様相を呈するものであったが、その大筋を整理すると以下のようになる。まず第一章で検証したように、第一次近衛内閣によって創設された厚生省は、二・二六事件後に陸軍＝小泉が目指した「衛生省」(衛生主義的「社会国家」)構想が実現したものとは到底言い難いものであった。他方、第二章でみたように、同時期に実際に登場したのは、国民健康保険や満洲大量移民構想などの「農村社会政策」であったが、前者の背景には医療に対する社会的「必要」の高まりが、後者の背景には当時の「社会不安」の根源と目されていた「農村過剰人口」問題があり、いずれも一九三〇年代前半＝恐慌期に浮上していた農村社会問題への対応という性格が強いものであった。ところが生産力拡充政策の実行を課題とする第一次近衛内閣が登場すると、工業化に伴う諸問題への対応がクローズアップされ、「農村社会政策」路線は後景に退くことになった。厚生省の設立は、こうした生産力拡充政策に照応したものとして決定されたと考えられるが、設立当初の厚生省の主要業務は圧倒的に軍事援護事業であった(第三章)。

これに対し「戦時社会政策」の背景となったのは、日中戦争下に進行した戦時工業化に伴う社会変動であった。すなわち戦時工業化が進展するようになると、戦時工業化の推進による社会の「近代化」を主張する生産力主義的な「戦時社会政策」(生産力主義的「社会国家」)構想が生産力拡充政策と連動して登場する(第三・四章)一方、戦時工業化が民族＝人口の量・質におよぼす悪影響を憂慮し、工業化・都市化の抑制と農業人口の保全を主張する民族主義的・小農主義的な「戦時社会政策」(民族―人口主義的「社会国家」)構想も登場することになる(第四章)。両者の構想は農業(農村)政策をめぐって真っ向から対立するものであり、その対立は「新体制」期に頂点に達するが、「新体制」への反動が強まる中で後者の優位が明確となる。

しかし一九四一年夏以降の「臨戦態勢」への移行と小泉親彦の厚相就任に伴い、「戦時社会政策」は民族―人口主義的「社会国家」構想を基調としつつも、小泉の衛生主義的「社会国家」構想を軸に再構築がはかられ、戦時「社会国家」化は「健兵健民」政策として推進されることとなった(第五章)。そこでは、農村に対しては日本医療団と国保組合による医療施設・厚生施設の普及、都市・工場に対しては体力管理の徹底が目指されたが、前者に関しては壮大な計画と現実の落差が大きく、後者に関しても生活諸物資の欠乏のなかで国民「体力」は低下する一方であった。日本ファシズム＝全体主義的総力戦体制は、たしかに戦時「社会国家」の実現を目指すものではあったが、総じてそれらは計画・構想のレベルにとどまるものであったといえる。そしてその結果、人々の記憶にはむしろ衣食住すべてにわたる窮乏化という「戦争の経験」が刻みこまれることになったのである。

それではこうした戦時「社会国家」と戦後社会の間には、いったいどのような連続と断絶があるのだろうか。まず断絶面からみれば、戦時「社会国家」の制度のうち占領下に廃止された主なものは、軍事保護院とその諸施設、国民体力法、住宅営団、日本医療団などである。これらのうち住宅営団と日本医療団は、敗戦後の荒廃の中で住宅と医療を復興すべくそれぞれ活動を再開しており、また戦後結成された従業員組合によって「民主化」が進められ、労働運動団体と連携した住宅復興運動や「医療における民主主義革命」の母体となりつつあった（前田昭彦「占領期の住宅政策・住宅運動と営団閉鎖」前掲『幻の住宅営団』、高岡裕之「占領下医療「民主化」の原像」早稲田大学・立命館大学『占領期の言論・出版と文化』二〇〇〇年）。ところが前者は一九四六年一二月、突如としてGHQにより「閉鎖機関」に指定され、また後者は一九四七年一月、厚生省の自主的判断として解散が決定される。戦時下の厚生省が「戦時社会政策」を実行すべく設立した二大巨大組織は、かくして戦後へと引き継がれることなく消滅することとなったのである。

また戦時下に日本医療団への統合を拒否し、独自の活動を続けていた産組病院は、農業団体統合によって農業会病院となっていたが、「終戦後の医療施設の解放措置と組合の他部面への投資の狭隘化とにより」さらなる発展をみせており（一九四七年五月時点で病院一六七、診療所三五四）、一九四八年の農業協同組合への転換に際しては、「今や農村医療において圧倒的比重を占めるに至ったこの医療施設網は新しい組合厚生文化事業の発展の最大の手がかり」であると期待されていた（米坂龍男「農村医療施設網の新使命」『保健』第八号、一九四八年二月）。ところが巨大農業団体の出現を望まないGHQの意向により、農業協同組合が部門別に設立されることになると、「農業会の経済事業の損失金を、病院施設の資産評価に負いかぶせる方法がとられたため、農業協同組合法による連合会

（厚生連）に引きつがれてから、経営の上に困難をきたした事例が少なくな」く、「厚生連設立後数年の間に、病院が県営あるいは国保連、市、町営などに譲渡され、協同組合運動から脱出する県が続出」することとなった（前掲全国厚生農業協同組合連合会編『協同組合を中心とする日本農民医療運動史（前編・通史）』四三五―四三六頁）。一九三〇年代以来、農村医療運動を先導してきた医療組合運動の発展期は終わっていたのである。

これに対し連続面としては、近年の福祉国家研究が指摘するように、厚生省、国民健康保険、厚生年金保険などがあり、また本書では触れてこなかったが保健所、妊産婦手帳なども戦後へ引き継がれた制度である。しかし「社会国家」の問題に関してより注目されるのは、こうした制度面での連続性の背後において、社会状況の戦前への回帰という事態が生じていたことである。このことを示しているのは、戦後における人口問題の変容である。

敗戦後の日本では、戦後社会に一般的なベビーブーム（第二章図12、一二七頁）が生じただけでなく、六〇〇万人を超える兵士の復員と植民地・占領地からの引き揚げ者により、人口が一九四五年の七二一五万人から五〇年の八三二〇万人へと一〇〇〇万人以上も増加した。他方、戦時工業化の下で一九四四年に九九一万万人（有業人口比三四％）に達していた第二次産業人口は軍需産業の解体により急減し、戦後復興が進みつつあった一九五〇年の時点でも七八〇万人（同二二％）にとどまっていた。こうした中で増加人口・失業人口の多くを吸収したのは農村であり、明治期以来、約五五〇万戸を維持してきた農家戸数は、一九四九年には六二五万戸、第一次産業人口は一九四七年には一七八一万人（五三％）、一九五〇年でも一七二一万人（四八％）とかつてない規模に達していた。かくして日本社会は、日中戦争以前にみられた以上の深刻な「過剰人口」問題に直面することとなったのである。

「過剰人口」問題の深刻化を前に、政府は一九四九年四月、内閣に「人口問題審議会」を設置することを閣議決定し、同審議会は同年一一月、①人口調整に関する建議、②人口収容力に関する建議を答申した。このうち前者は、「わが国の経済再建と公衆衛生の向上に憂慮すべき影響を与える人口の激増を防止」するために産児調節の普及を提言するものであり、また後者は現在の「過剰人口」のみならず、今後予想される人口増加に対処するためには「工業生産の重心を軽工業生産から重化学工業生産に、また消費財工業から生産財工業に移すこと」を中心に産業の再建をはかり、完全雇用政策を目指すと共に、社会保障制度、最低賃金制度の確立などによる「社会的安定性の確保」を建議するものであった（「公文書類聚」第七四編・昭和二四年）。なお人口問題審議会は、一九五三年、あらためて厚生省の下に設置されたが、ここでもほぼ同趣旨の決議が行われている（一九五五年）。つまり戦後（一九四〇年代後半―一九五〇年代）の日本では、「過剰人口」問題の解決のために、戦前は否定されていた産児制限の実行が推奨される一方、あらためて重化学工業化に重点を置く商工主義的人口政策論が唱えられるようになっていたのであるが、こうした戦後人口政策の作成・推進には、戦時人口政策の立案に携わった古屋芳雄(国立公衆衛生院長)・舘稔(人口問題研究所総務部長)・美濃口時次郎(名古屋大学経済学部教授)らに加え、戦前来の人口問題研究会のメンバー(永井亨・那須皓ら)、さらには生産力主義的「戦時社会政策」論者であった稲葉秀三(国民経済研究協会理事長)・大河内一男(東大経済学部教授)・東畑精一(東大農学部教授)ら、多くの(元)官僚・研究者が参加していた。「過剰人口」問題の解決は、日本の経済と社会を再建する上で最重要の課題と考えられていたのである。

このような戦後の人口状況・産業状況は、現代社会認識の戦前への回帰をもたらすものでもあった。たとえば大河内一男は、一九五〇年代の著作において、「何故わが国では、労働者保護法が外国に比して著しく立ち遅れてゐるかといふ問題は……賃労働＝「労働力」の特殊的形態を媒介としてのみ正しく理解することが出来る」として、日本の「労働力」が依然として農村からの「出稼型労働」に規定されていることをあらためて問題とした(大河内『社会政策の経済理論』日本評論新社、一九五二年)。大河内によれば、たとえば日本の都市における住宅問題が「著しく投げやりにされて了ふ」のも、「工業都市を中心として労働人口が定着し、それが世代を重ねて再生産されて行くやうなことが見られないため」なのであり、そしてこうした「労働力」のあり方の変革は、「「労働力」そのものを創出した基盤たる資本制経済それ自体の構造上の根本的変革を通してのみ可能」なのであった。つまり大河内は、総力戦体制下における戦時工業化は、日本資本主義の「封建的」な構造をなんら変えるものではなかったという認識に立っていたのであり、それは先にみたような敗戦後における工業部門の縮小と農業人口の未曾有の増大という事実に立脚したものであったといえよう。こうした大河内の認識にみられるように、戦後日本の社会状況は、多くの社会科学者にとって「戦時」ではなく、「戦前」と連続したものとして考えられるものだったのである。

もっとも日本は、一九五〇年代半ばより高度経済成長期に入り、急速な重化学工業化＝高度工業化社会への道を歩むこととなる。それを推進した自民党政府は、「福祉国家」の建設を目標として掲げ、一九五九年には国民皆年金体制が、次いで一九六一年には国民皆保険体制が実現されることとなったが、一九五〇年代においてより優先すべき目標とされていたのは、「過剰人口」問題（雇傭問題）を解決するための経済成長であった（浅井良夫「一九五〇年代における経済自立と開発」『年報日本現代史』第一三号、現代史料出版、二〇〇八年）。戦後日本の「福祉国家」化も社会の工業化と連動して進行したのであるが、その背景にあったのは「過剰人口」の圧力という「戦前」的な問題状況だったのである。人口問題という面からみた場合、一九五〇年代までの「戦後」社会は、総力戦体制以前の「戦前」社会との連続性がむしろ際立っているのである。

こうした状況が変化するのは一九六〇年代に入ってからであり、そこでは人口の都市集中に伴って住宅問題をはじめとする都市問題が深刻化する一方、農村人口の流出、農業の生産性の向上など農村・農業問題がクローズアップされることとなるが、それらは戦時工業化の下で生じた社会変動の再現であったともいえる。しかし戦時下にすでに予見されていた少子高齢化問題が社会的に注目されるようになるのは、それが実際に進行した二〇世紀末になってのことであった。このように戦時「社会国家」(構想)は、「戦後」へと直結するものではなく、むしろ高度経済成長期さらには「現在」へと連なる面がある。このような側面を持つ戦時「社会国家」の「経験」が、戦後「福祉国家」の展開のなかでどのように継承され、もしくは忘却されたかという問題については、今後考えていきたい。

補章　高田保馬と戦時人口政策

本書の原本が刊行されてから、はや一三年になる。そこで今回の文庫化に際し、その後の筆者の研究(1)を踏まえた補章を加えることで、本書の論旨を補強しておきたい。この補章で取り上げたいのは、高田保馬《たかたやすま》と人口政策の関係である。高田保馬は、戦前日本を代表する社会学者として、また日本における「近代経済学」の基礎を築いた経済学者として知られる人物である。筆者は旧著において、高田が戦時人口政策に関係していたことを把握してはいたが(本書二二五頁)、その具体的役割を明らかにするまでには至らなかった。当時筆者が把握していた研究では、戦時期に高田が展開した特異な民族論を扱うものが多く、他方、高田の人口問題との関わりは、一九二六年の彼の評論をきっかけに生じた人口論争が知られているのみという状況で、高田と戦時人口政策とを結ぶラインがまったく見えなかったのである。

ところが筆者の認識は、牧野邦昭氏の研究に接することによって、大きく修正されることとなった。牧野氏は戦時期経済学史研究の一環として早くから高田保馬に着目し、筆者の旧著を踏まえて高田と戦時人口政策の関係についての論考も発表されていた[2]。筆者は二〇一六年の研究会で、牧野氏に旧著の書評をいただいたことから、ようやく高田の重要性に気づくことができたのだが、いざ高田の検討を始めてみると、彼がいかに特異な人物であるかを痛感することとなった。

高田の経歴を列記すると、一八八三年、佐賀県小城郡三日月村（現小城市）に出生、旧制五高を経て一九〇七年京都帝国大学文科大学哲学科に入学、米田庄太郎の下で社会学を学ぶ。その後大学院に進み、一九一四年に京都帝大法科大学講師。以後、東京商科大学、九州帝国大学などの教授を経て、二九年河上肇の後任として京都帝大経済学部教授に就任、以後四四年に退職するまで京都帝国大学に在籍、四三年から四五年には民族研究所所長。敗戦後は戦時中の言論活動を理由に「教員不適格者」の指定を受けるが一九五一年取消しとなり、同年から大阪大学、五五年から大阪府立大学、六三年から六五年まで龍谷大学の各経済学部教授をつとめ、七二年死去、享年八八歳[3]。生前高田が刊行した著書は一〇〇冊にも及び、その業績により「日本の生んだ世界的社会学者[4]」、「わが国の生んだ、もっとも独創的な偉大な経済学者[5]」と評されている。まさに二〇世紀日本の社会科学を代表する巨人と言ってよい。だがその一方で高田は、学問世界における反マルクス主義陣営の代表的人物、戦時体制のイデオローグとしても知られており、その評価は一様ではない[6]。

このように偉大な社会科学者であった高田が、いかなる文脈から、どのような形で戦時人口政策と関わっていたのか。この問題を検証することが本章の課題である。ただし、高田の人口に関する議論は、彼の学問、とりわけ社会学理論と深く結びついており、その独特の論理を理解するためには、高田が構築した「高田社会学」についての理解が不可欠である。また高田の人口論の形成も、一九一〇年代から二〇年代にかけてのことであり、戦時期の彼の言動はその延長に過ぎない。そのため本章では、いささか遠回りにはなるが、「高田社会学」の概要と高田の人口論をまず検討し、その上で戦時期の高田について考察を加えることとする。

1　高田保馬の社会学

高田における社会学

先にみたように、高田は社会学と経済学という、決して同じではない学問領域を踏破した巨人であるが、彼が社会学に研究の中心を置いていたのは一九二〇年代半ばまでであり、その間に大成されたのがいわゆる「高田社会学」である。それは、日本の「社会学は、高田社会学の確立によって、日本の社会科学界に独立した市民権をもちえた(7)」と評されるほどレベルの高いものであり、そして一般にその特徴は、ジンメルが提起した

「形式社会学」（社会を人と人との関係と捉え、その具体的内容ではなく、対立や模倣といった関係の「形式」を対象とする社会学)であったことに求められている。だがここでは、「高田社会学」の社会学史的意義ではなく、高田が自らの社会学をどのような「科学」として構築しようとしていたかを確認しておきたい。

「高田社会学」を考える上で、確認しておくべき第一の点は、高田の自然科学志向である。高田は経験科学を法則定立的科学と事象記述的科学とに分け、社会学を含む社会科学は前者に属するものとする。このような社会科学は、普遍的法則を追究する学問である。その上で高田は、一般に社会科学の法則(社会法則)は、「価値」から自由でないが故に、自然科学のような普遍性を持ち得ないとされていることを批判し、社会科学においても「自然科学的法則による説明」が可能であるとする。高田のいう自然科学の法則とは、「時間空間の如何なるを問はずして行はれる」ものであり、それゆえここで高田が主張しているのは、「社会法則も亦自然法則と等しく、如何なる時空にも妥当性を有し得る」(高田『社会学概論』岩波書店、一九二二年、九〇頁)ということである。「高田社会学」を考える上での第一のポイントは、それが「如何なる時空にも妥当性を有」する法則の定立を目ざすものだったことである。

これと関連して確認されねばならない第二の点は、高田が社会学と「政策論」を厳密に区別していたことである。高田は従来の社会学が、社会政策との境界を曖昧にしていたことを批判し、社会学を「政策論」と切り離す。高田によれば、「政策論は当為(又は価値、理想、目的等の何れの語を以ても表明せられる)の要素を含む」ものであるが、「社会学、経済学、宗教学等と云ふが如き所謂社会科学はたゞ存在の世界、更に厳密に表現すれば仮設的なる法則世界に属する」のであり、「毫末《ごうまつ》も当為の要素を含まない(高田『社会学概論』五一頁)。つまり社会科学の使命は純粋に「法則」を追究することであり、「当為」、すなわち望ましい価値や理想の実現を目ざすものではないのである。この点で「高田社会学」は、マルクス主義のように現実への関与を目ざす社会科学とは、根本的にその性格が異なっている。

「高田社会学」に対しては、その内容が現実から遊離しているという批判が早くからなされてきた。だがそのような性格は、普遍的法則の定立を目ざす高田によって、意識的に選びとられたものだったといえる。

「高田社会学」の理論体系①——社会の構造

では「高田社会学」とは、いったいどのような体系だったのか。以下そのポイントを、高田の論理に即して抽出してみよう。まず「高田社会学」は、社会を社会そのものからではなく、個人から説明する立場(方法論的個人主義)から組み立てられている。高田は、社会とは人々の「結合」(「望まれたる共存」)であるとし、そのあり方の変化から社会の発達を説明する。高田によれば、社会の起点に位置するのは「群居の欲望」によって成立した結合である。「結合のための結合」と呼ばれるそれは、内部的に同質であり、個人と社会が全体的に結合している。ところが社会が発達すると、「分業」と「階級」が生じ、社会は複雑さを増していく。こうして出現するのが「利益のための結合」であるが、それはあくまでも一部の個人と個人の部分的な結合である。

こうした原理的把握の上で、高田は現実に存在する社会を、その基盤となる社会的紐帯の性質によって、①地縁社会、②血縁社会、③同類社会、④目的社会の四つに分類する。このうち①と②は「原始的自然的の紐帯」であり、それゆえ「基礎社会」とみなされる。他方、③の同類社会とは、宗教団体のように相互の類似による紐帯を基礎とするもの、④の目的社会とは、共通の目的（機能）を実現することに特化した「機能社会」(functional association)であり、いずれも「基礎社会」から分化した「派生社会」である。この派生社会は社会が発達するにつれ増大するが、それは基礎社会が有していた機能を減少させる。また高田は、社会における結合の総量は一定であるとみなしており（「結合定量の法則」）、派生社会の増大につれて基礎社会の結合は弱まる。こうしてすべての基礎社会は、漸次衰耗の道をたどることになる（「基礎社会衰耗の法則」）。なお、現在でも用いられる「地縁」とは、ここで高田が創り出した造語であり、また「基礎社会」・「派生社会」という概念は、「高田社会学」を代表する理論的遺産と評されている。

続いて高田は、基礎社会・派生社会を、テンニースが提起した「共同社会」(ゲマインシャフト)・「利益社会」(ゲゼルシャフト)という対概念[8]と対比する。高田によれば、共同社会とは「社会そのものが目的」であって個人は全体のために存在する社会であり、そこにおいて「個人は団体の為に事《つか》へ、その為には自己の利益を犠牲にすると云ふ事が行はれ且つ要求せられる」。利益社会はその対極に位置するもので、そこでは「個人そのものが目的であつて社会は此目的に対する手段に過ぎ」ない。これを基礎社会・派生社会に当てはめると、基礎社会は本来共同社会であり、初期の派生社会も共同社会的性質を有していたが、社会が発達するにつれ派生社会の多くは利益社会的なものとなっていく。このような派生社会が増大するにつれ、基礎社会もまた利益社会的性質を強め、全体として社会は利益社会化する(「利益社会化の法則」)。

このように、「基礎社会」・「派生社会」、「共同社会」・「利益社会」という概念を用いて社会の変化を説く高田の社会学理論は、現在から見れば、テンニース『ゲマインシャフトとゲゼルシャフト』(一八八七年)についての教科書的説明のようにも見える。だが高田がこうした主張を展開した第一次世界大戦前後の時期、「ゲマインシャフト」「ゲゼルシャフト」についての議論は未だ混沌とした状況にあった。とくにこの理論の「本家」であるドイツでは、まだ存命中のテンニース自身が、社会はゲゼルシャフトの後に新たなゲマインシャフトに進化し得ると主張しており、またその可能性を社会主義に見出す議論や、ゲゼルシャフトがいかに拡大してもその基礎にあるのはゲマインシャフトであるとしてゲマインシャフト的関係の優位を説く議論なども展開されていた(新明正道『ゲマインシャフト』恒星社厚生閣、一九七〇年)。高田の理論は、こうした議論に挑戦するものであり、「何等かの形に於ける共同社会が再び地上を支配すべき時」を認める「数多の学者の云はば通説」を次のように批判している(高田『社会関係の研究』岩波書店、一九二六年、四二七―四二八頁)。

今日ある種の共同社会(たとへば所謂精神共同社会であるにせよ、組合的組織であるにせよ、又は社会主義的組織としての共同社会であるにせよ)への復帰を説くものは、これによりて犠牲の精神をとりもどし、一致互助の気風をして社会を支配せしめんが為である、所謂利益社会の利己的なる無味を取除かむが為である。然れども、第一にこの事柄は絶対に実現しうべからざる一空想のみ、文化の進展、社会的密度の増加にして停止せざる大勢である限り、その必然の結果である利益社会のみが取除かるべしとは信じ得られざるところである。

ここで明言されているように、「高田社会学」の大きな特徴は、当時の「通説」に反して、共同社会から利益社会への移行を社会発展の必然的趨勢＝「法則」と捉え、その克服ないし止揚の可能性を一切認めなかった点にあった。今日の共同社会(ゲマインシャフト)および利益社会(ゲゼルシャフト)に関する主流的理解は、このような高田の理解を継承し、それを近代社会論として組み替えたものといってよい。それゆえ富永健一は、高田を日本における「近代化理論」「近代化の社会学」の先駆と評している。(9)

「高田社会学」の理論体系②――社会の変動

以上のように、「高田社会学」は共同社会から利益社会への必然的移行を論じるものであった。では、そのような社会発展は、いかなる要因で生じるのか。この問題に対する高田の解答は二つ用意されている。その一つは、個人を動かす内面的動機であり、それが人間の本能に根ざした「欲望」である。高田はこの欲望を充足する能力を「力」と呼び、人間には他者より大きな「力」を求める「力の欲望」があるとする。この「力の欲望」には、富・権力・技能などの所有だけでなく、それらを他者に対して誇示することや、他者に行使することも含まれている。このようなものとして設定された「力の欲望」は、方法論的個人主義に立つ「高田社会学」を支えるキー概念なのであるが、高田はこのような発想を得た事情について次のように回顧している。(10)

力の欲望を社会学研究の当初に於て取り上げたのは分業の考察と結びついて居た。大学三年の時に論文の題目として分業を選んだが、その時デュルケムの分業の原因の理論をよんだ。それによれば生存競争の結果として人人は其専業を作り出したということになる。私は自ら問うた。文明に進んだ各国を見よ。其生活水準は相当に高い。生存の為の競争は行われていない。ただ他よりも高き生活の為の競争はあるが、それはダアウィン的なる生存競争ではない。人人は他よりも高き生活や仕事や地位を求める間に分業が前進する。生存の競争にあらず、力の競争がこれをひき起す。力の欲望があり、それによって他を追い越そうとする。それこそ分業を生むのではないか。……そういう理路の追及から社会の発達乃至変動を理解しようと思った。

つまり「力の欲望」は、「生存競争」から分業の成立を説くデュルケム社会学への批判として提起されたものだったというわけである。しかし、ここで注目しておきたいのは、そうした批判の起点が、文明国における「生活水準は相当に高い」ので、もはや「生存の為の競争は行われていない」という高田の判断だったとされていることである。このような前提から構築された高田の社会学では、人々の「生存」を問題とする視点はあらかじめ排除され、「社会」はあくまでも人々の「力の欲望」がせめぎ合うアリーナとして把握されることになる。「高田社会学」とは、「生存」を問題化することができない理論体系だったといえる。

ところで、「力の欲望」は、あくまでも個人を動かす内面的動機であり、その実現には当然、何らかの制約が存在するはずである。いわば社会変化の外的条件であるが、このような条件として高田が挙げるのが人口である。高田によれば、社会変化を究極において規定する要因は「社会の量的質的組立」＝「人口の数量と異質性とから見たる組合せ方」(高田『階級及第三史観』改造社、一九二五年、二九九頁)なのであり、「人口増加の不断なる傾向は社会的密度の増加を来し、異なれる社会の接触融合を来し、延いては人口の集中分散を促す」(同前三二二頁)ことで、社会的関係を変化させる。文化の発達もその例外ではなく、それは「人口増加が一方分業を生ずる事によりて文化内容の創造を可能ならしめ他方階級制度を形づくり、又人口密度を加へる事によりて、力の欲望を激発し此可能を現実ならしめる」(高田『社会学概論』五一六頁)ことで促進されるのである。

もっとも、社会変化の動因を人口に求めることは、社会学では決して珍しいことではない。高田がもっとも影響を受けたというジンメルもその一人であるが、より広く知られているのは社会発展を規定する条件として「社会の容積と密度」を挙げたデュルケムである。その意味で人口を社会変化の動因とすることは、必ずしも「高田社会学」の特徴とは言えない。だが高田のユニークな点は、それを「社会中心史観」(「社会学的史観」)という「史観」として、提起したことである。高田によれば、近代の有力な「史観」は二つある。その一つは、世界史を「世界精神」の自己実現として論じたヘーゲルに代表される精神的・観念的史観(「唯心史観」)であり、これを高田は「第一史観」と呼ぶ。いま一つは、経済の発展から社会の発展を論じるマルクス主義＝「唯物史観」であり、これが「第二史観」である。高田は「第一史観」は「第二史観」によって克服されたとするが、この「第二史観」にも大きな問題がある。高田の理解によれば、唯物史観は経済の発展から社会の発展を論じ、またその根本的動因を生産力の発展に求めている。しかし高田の立場からみれば、経済の発展にせよ生産力の発展にせよ、それは社会変化の原因ではなく結果なのであり、そして社会変化の根本的動因は人口である。それゆえ社会の発展は、人口(社会の量的質的組立)の変化を契機とする社会変化のプロセスとして把握されねばならない。このように論じる高田は、自らの「社会中心史観」(「社会学的史観」)を、「第一史観」「第二史観」に代わる「第三史観」と呼んでいる(高田『階級及第三史観』)。要するに高田の「第三史観」とは、「第二史観」=マルクス主義を越える科学的理論として提示されたものであり、後年高田はその特徴を、マルクス主義における「生産力の地位にあるものが社会外の人口であり、生産力と相滲透するところの経済に当るものは……社会または社会関係そのもの」と説明している(高田『改訂社会学概論』岩波書店、一九五〇年、三二三頁)。高田の「社会中心史観」(「社会学的史観」)は「高田社会学」の応用であるから、この説明は「高田社会学」の理論的特徴をクリアーに示すものであろう。

「高田社会学」の「普遍性」

以上、膨大な内容をもつ「高田社会学」を、いくつかのポイントに絞って解説してきた。つけ加えれば、「高田社会学」は、戦後においてもその理論的内容を変更することなく、その代表的著作である『社会学概論』は「日本が生んだ最初の学問的な高度な概論として世界に誇示するに値する[11]」という高い評価から改訂版の刊行が続けられた。この事実は「高田社会学」の完成度の高さと同時に、その理論が戦後民主主義の時代においても通用する「普遍性」を備えていたことを示している。

高田が法則定立的科学としての社会科学に、自然科学並みの「普遍性」を求めていたことは前述の通りだが、「普遍性」は彼の学問についての信条でもあった。実際高田は、一九三〇年代に台頭した「日本的学問」の潮流に対して、「学問、ことに其中心をなすところの理論科学は日本人だけに通用するものであつてはならぬ」、「学問に従事するもの自身、其打ちたてる理論は民族と階級とをこゆるものであると……信ずればこそ、身命をなげうちて真理の探究に従事する」と、痛烈な批判を行っている(高田『回想記』改造社、一九三八年、二〇〇―二〇一頁)。学問に関する限り、高田はたしかに「一個の世界主義者」であった(高田『民族の問題』日本評論社、一九三五年、五頁)。

だがこの評価は、あくまで高田の学問についてである。本節で確認したように、「高田社会学」とは、「如何なる時空にも妥当性を有」する法則を目標とし、そのために「毫末も当為の要素を含ま」ない理論体系として構築されたものであった。だが人間としての高田は、時空を超越した存在でもなければ、当為と無縁であったわけでもない。以下節を改めて、人間高田の主張を検討してみよう。

2　高田保馬の人口論

高田の「貧乏論」

高田は自らの社会学体系を大成した一九二〇年代半ば以降、日本の現実に対する積極的な発言、いわば「時論」を行う論壇の人となる。先に確認したように、高田は社会科学を政策論と厳密に区別していたが、同時に社会科学は政策論の科学的基礎であると述べている。こうした定義に従えば、高田の「時論」は彼の政策論であったと考えてよい。

論壇における高田には、大別して四つの顔があった。①国民に生活水準の引き下げを説く「貧乏論」の主唱者、②国民に「産めよ殖えよ」と呼びかける人口増殖論者、③「民族自衛」の急務を説く民族主義者、④農村救済の必要を説く農本主義者というのがそれである。高田はこれらの主張を、ある時には単独の問題として論じ、ある時には複数の問題を連動させて論じている。だが高田の論理は極めて独特であり、かつ「常識離れ」したものであった。高田は後年、一九二〇年代後半―三〇年代前半における彼の「時論」の反響について、「人人は罵倒を浴びせかけることより知らなかつた」、「ただ悪口以外の何ものも報いられなかつた」と回顧している(高田『思郷記』文藝春秋社、一九四一年、八四―八五頁)。要するに高田の「時論」は、当時の人々の理解を得られるものではなかったのである。では高田の「時論」とは、いったいどのようなものだったのか。高田の「時論」のうち、もっとも注目を集め、それゆえ批判が集中したのは、生活水準の引き下げを説く「貧乏論」であった。その主張は、たとえば次のようなものである。

私はたゞ身体の存続発達、即ち自分と家族が生きるだけといふことには、今日の文明人の生活標準が全く高すぎるものであると思ふ。それを維持するために苦心をするのは無用なことである。いはゆる人間らしき生活、並の生活が無用であるといふに止まらない、今日の労働者の生活とても、著しくこの限度をのりこえてゐる。〔中略〕文明国における貧しき人々――それは大体において無産者の大部分であるが――の貧乏なのはそれが生命をつないで行けぬ、また肉体をすらも十分に養つてゆけぬといふ意味ではなくして、たゞ並のくらしが出来ぬといふことである。所属の社会における他人のくらしと自分のくらしを比較して、自分がそれと同様でありえないといふことである。だからして私はいふ、貧乏は虚栄である。（高田「除貧の二途（五）」『大阪朝日新聞』一九二六年一月一九日）[12]

ここで主張されているのは、現在社会問題となっている「貧乏」とは、人々が生きるか死ぬかという絶対的な問題ではなく、世間並みの生活水準が維持できないという相対的な問題であり、その本質は人々の「虚栄」であるというものである。このような立場に立つ高田は、別の「時論」である「産めよ殖えよ」でも、今日の「生活難」とは、人々が第一次世界大戦期に生じた「生活水準の異常なる上昇」を維持しようとするものであって、人々が「虚栄」を捨て、「その生活標準を少しく下げてゆけば、天下到るところに食ふべき途はある」と論じている(『経済往来』第一巻五号、一九二六年八月)[13]。

このような高田の「貧乏論」は、そのまま読めば単なる観念的道徳論に過ぎない。しかしここで高田が強調する「虚栄」とは、「高田社会学」における「力の欲望」のことなのである。先に確認したように、「高田社会学」における社会は、他者に対する優越を求める「力の欲望」がせめぎ合うアリーナと捉えられている。この立場からみれば、今日の「貧乏」とは人々が自らの「力の欲望」を充足できないところから生じているのであって、そこにおける「生活標準」(＝世間並みの生活水準)は、「力の欲望」のせめぎ合いの中で成立した社会的均衡点である。このような「生活標準」は、人々が「虚栄」さえ捨てればいくらでも引き下げ可能なのである。また高田は、「貧乏」がこのように相対的なものである以上、「社会政策」が「貧乏」をなくすことはできないとも述べる。なぜなら、下層の人々の生活が向上すれば、上級の人々は「力の欲望」を充足すべく、「下級生活と自分の生活とのへだたりを、ます〳〵大きくならしめようとする」ので、「いはゆる並の生活程度」も高まり、「下層の生活はどうしてもそれに到達し得ない」。したがって、「無産者がすべて皆葉巻をくゆらし、毛皮のマントを着、自動車をのりまはすやうになつても、それ以上の人人の生活が更に高いものであるならば、やはりこれ

をまね得ない無産者の心の痛みは依然として残る」のである(高田「除貧の二途(七)」『大阪朝日新聞』一九二六年一月二一日)

このように、「貧困」をあくまで相対的なものとする高田の「貧乏論」は、「高田社会学」の理論に基づいて展開されたものであり、そしてそれは「貧困」という問題の一面を言い当てたものではある。だが「貧困」を「虚栄」と捉えたところで、なんら現実の問題の解決につながらないことは自明である。にもかかわらず、「貧乏論」を説いた高田の目的とは、いったい何だったのだろうか。

高田の人口研究と産児制限問題

高田は以上のような「貧乏論」を複数の文脈で論じている。それは高田の社会学と経済学に照応したものとも言えるが、ここで問題とすべきは人口問題との関係である。度々引用した高田「除貧の二途」の連載は、次のような問題提起から始まっている。

人口は幾何級数的に増加し、食物(その実は生存資料)は算術級数的に増加するといふ人口法則からすれば、必然に不徳と貧乏とが世の中にみちみちて来る。それで貧乏をなくしやうとするならば、人口増加の勢ひを止める外はない、その速度を生存資料の増加と一様であるやうにしなければならぬ。かういふ考へからマルサス主義の流行となり、産児制限の主張が高まつて来る。……子を無暗に生まないやうに制限する、さうすれば人口が増加しない、むしろ或程度まで減少もしよう。よし人口が幾分減少したところで収穫逓減又は報酬逓減の法則が既に作用してゐる以上、生存資料はたいして減じない。以前とあまりに変らない生存資料を以前より少い人数に分つならば、よし分け方の仕組をかへなくても、一人当りの分前が著るしく増加する、それで貧乏は当然になくなるはずである。これは極めて簡単にしてかつ明瞭なる議論の道行である。しかしながら、果して貧乏はこれによりて根切れするであらうか。すべての識者は然りと答へるであらう。私は答へていふ、否。（傍点高岡、高田『人口と貧乏』四―五頁）

ここで問題とされているのは、「マルサス主義」（傍点部分がその内容）の流行と産児制限論[14]の高まりであるが、その前提となっているのは、一九二〇年代の不況のもとで台頭していた「過剰人口」問題論、すなわち当時の経済困難の要因を人口増加に起因する「過剰人口」に求める議論である。この「過剰人口」問題が、田中義一内閣による人口食糧問題調査会の設置（一九二七年）、その役割を引き継ぐ財団法人人口問題研究会の設立（一九三三年）をもたらしたことは第二章で述べた通りである（本書一二四―一二八頁）。このような「過剰人口」問題論はマルサス人口論に依拠するものであり、その対策としては①商工業の振興、②移民、③産児制限の三つの選択肢が提示されていた。高田が「貧乏論」を提起した「除貧の二途」は、そのうちとくに産児制限を問題として執筆された「時論」なのである。

ではなにゆえに高田は、産児制限を問題としたのか、またそれはなぜ「貧乏論」だったのか。このことを考えるためには、高田の人口論を検討する必要がある。高田は一九一六年に、人口に関する四本の論文を発表している[15]。このうち二本は、当時のヨーロッパが直面していた出生率低下問題とその原因をめぐる議論に注目したものであった。今日、二〇世紀後半から顕在化した出生率のさらなる低下（「第二の人口転換」）と区別して、「第一の人口転換」と呼ばれる出生率の低下は、一八世紀後半のフランスに始まり、一九世紀末からはヨーロッパ各国に波及するようになっていた。そのため当時のヨーロッパでは、人口増加がほぼ停止するに至っていたフランスを中心に、出生率低下の原因をめぐる議論が活発に展開されていた[16]。高田の論文は、これらの議論を整理しつつそこへの参入を試みたものである。そこにおいて高田は、①死亡率の低下は階級的・地域的差異を解消しつつあること、②しかし出生率の低下は階級的・地域的差異を拡大しつつあることを指摘し、②の要因について次のように論じている（高田『社会学的研究』一五一―一五二頁）。

吾人は此出生制限の原因を以てこれ力の欲望なりと云ふ事を得可し。力の欲望とは自己の優勝と此優勝の誇示とを欲する欲望なり。権勢、富力、名誉、知力、其他如何なる種類の力に於けるを問はず、専念自己の他人に優れん事を欲し、また其優秀の他人によりて認められん事を欲するは、近代文明と共に著しく発達し来れる欲望にして、出生制限も亦他の文明的病弊と共に、等しく此欲望より出で来れり。此欲望の出生制限を生ずるや二の方面よりす。一は自身の栄達向上を計らんとして、其勢力の障碍たる可き産児数を制限するに至る事、二は産児に成る可く都合よき生活条件を与へ社会の高地位に上らしめんが為に、同じく産児数を制限する事これなり。……かくて力の欲望は出生制限を生じ、従ひて出生制限に負ふ所の貧富による出生率の差異を来せり。

つまり近代の出生率低下は、人為的な出生制限＝産児制限の結果であり、その根本には「力の欲望」が存在するというのである。高田によれば、一般の常識に反して裕福な階級で出生制限がなされるという逆説は、豊かになるほど「力の欲望」が大きくなり、そこに「相対的窮乏」が生じるためと考えることで説明が可能となる。出生率の低下が、最上層より「中間的階級」に顕著にみられるのもそのためである。また出生率が「田舎に比して都会、小都会に比して大都会、文化と産業の発達の幼稚なる国に比して文化の爛熟に向へる国」でより低い(高田『社会学的研究』一二六頁)という現象も、同様の論理で説明できる。

このように論じる高田は、「これ実にデュモンの所謂社会的毛管現象 capillarité sociale と其本質を一にせるものなり」と述べている(同前一五二頁)。だがこれは、デュモン(Arsène Dumont)が一八九〇年の著書『人口減退と文明化』(*Dépopulation et civilisation*)で述べた学説の再解釈に過ぎない。「社会的毛細管現象」として知られるデュモンの学説は、大要以下のようなものである。政治的民主主義が確立したフランスでは身分制が廃止され、形式上は全ての人々に社会的地位を上昇させる機会をもたらしたが、現実の社会は不平等である。そのため上昇しようとする人々は激しい競争に勝ち抜くため、子供の数を制限しようとする。なぜなら、「人は低いところから来て高いところを目指すとき、到着するためには速く走り、面倒な荷物を背負わないようにしなければならない」が、「子供、特にその数が多い場合は、ほとんど確実に彼を遅らせることになる」からである(同書一一〇頁)。デュモンはこうした「社会的毛細管現象」における人々の動機を、政治的・経済的・知的・芸術的各領域における地位上昇への「欲望」(désir)として説明している。

このようなデュモンの「社会的毛細管現象」説は、高田の「力の欲望」説にとってまことに都合のよい学説であった。もちろん人口理論としてのオリジナリティは当然デュモンの側にあるが、高田は、「出生率減少が力の欲望に基いて生じたる事は〔中略〕人口論者の定説である」(高田『階級考』聚英閣、一九二三年、三九頁)と、自らの学説が「人口論者の定説」であるかのように語っている。その独創性が高く評価される「高田社会学」とは異なり、高田の人口論の特徴は、その少なからぬ部分が、ヨーロッパ、とりわけフランスの社会学的人口論に依拠するものだった点にある。

フランスの出生主義的人口論

近代世界で最初に少子化(「人口減退」)に直面したフランスは、いわば「少子化の人口学」の最先進国であった。だがこのような問題に取り組んだ人々は、同時に熱烈な「愛国者」でもあった。彼らは一九世紀を通じて進行した少子化によって、フランスが過去の栄光を失ったことを嘆き、将来におけるフランスの「自殺」を阻止しようとした。こうした動きの中心となったのが、一八九六年に創立された「フランス人口増加国民連盟」(Alliance Nationale pour l'Accroissement de la Population Française)であり、以後フランスでは同連盟を中心として出産奨励運動が展開されることになる。[17]

このように、出産奨励運動と連動したフランスの人口論には、大きな特徴があった。その第一は、出生率の向上を何より重視する「出生主義」(ナタリズム)であり、また、その裏返しとしての反(新)マルサス主義である。少子化を問題とするフランスの出生主義的人口論者にとって、マルサス人口論の誤りは自明であり、彼らはそのようなマルサス人口論を用いて産児制限を唱える新マルサス主義を、フランスを滅亡に導く「犯罪的プロパガンダ」として激しく攻撃した。

第二は、「文明」論的色彩である。デュモンを継承し、二〇世紀初頭に主流をなしたフランス人口論の潮流は、少子化の要因を広く「文明」に求めた。当時の代表的論者の一人であるルロア・ボーリューによれば、「文明とは、都市と中産階級の発展に加えて、豊かさと教育のほぼ普遍的な広がり、余暇の拡大、個人と家族の野心の成長、すべての人に開かれた社会的地位上昇の展望を意味する」[18]ものであったが、そこには人口論的文明史観とも呼ぶべきものが付随していた。ルロア・ボーリューによれば、アッシリア、バビロニア、ペルシア、ギリシア、ローマなどの文明が滅んだのは、いずれも少子化による人口減少のためであり、それゆえすべての文明は、数世代後には出生率が低下して滅亡に向かうとされたのである。もちろんこのような言説は、少子化対策の必要を訴えるために、人口論者たちが打ち鳴らした「警鐘」の一つであった。

右のようなフランスの出生主義的人口論は、あくまでも当時のフランスの文脈から登場したものであり、同時代の日本ではまったく異なる受けとめ方もなされていた。その代表が、高田の師であった米田庄太郎である。米田はいち早くヨーロッパの少子化現象に注目し、フランスを中心とする人口問題・人口論の紹介を行うなど（米田『現代人口問題』弘文堂書房、一九二一年）、当時におけるヨーロッパ人口問題研究の第一人者であった。その研究を通じて米田は、「早晩現代文明国の人口の絶対的減少を生ず可きは是れ亦疑ふ可からざる事実である」（米田『現代人心理と現代文明』弘文堂書房、一九一九年、三六四頁）と認識していた。だが米田は、「現今の人口増加率が更に此の上に増大せず、或は多少減少することは、却て一層人類の幸福を増進し、文明の発達を助けるもの」(米田『現代社会問題の社会学的考察(続)』弘文堂書房、一九二一年、三六三頁)とし、むしろ「根本思想」とすべきは、「現代人の新に得たる力、即ち任意に出生を制御する力をして、以て当に人類の発展を図ること」(前掲『現代人心理と現代文明』三七四—三七五頁)と論じている。また米田は、新マルサス主義＝産児調節運動を支持する立場から発言していた。また米田は、文明(「文化国民」)の将来についても、「現代文化国民が其の著しく発達させた科学を適当に運用するならば、歴史上の文化国民の如く頽廃し滅亡する必要はないと信じて居る」(米田『現代文化概論』弘文堂書房、一九二四年、二九一頁)と述べている。このように米田は、ヨーロッパの人口問題・人口論を熟知しながら、フランスのそれとは真逆の楽観的人口論を論じていた。だが高田のヨーロッパ人口論の受容は、米田とはまったく異なるものであった。

高田の民族主義的人口論

前述のように、主としてフランスの社会学的人口論に依拠する高田の人口論は、フランス人口論の学説のみならず、その出生主義的、反(新)マルサス主義的、文明論的特徴もまた引き継ぐものであった。だが高田のユニークな点は、①ヨーロッパの人口論者と異なり、人口減少による文明の衰退を不可避であると論じたこと、②その上で文明の衰退＝人口減少の時間差という観点を持ち込んだことである。

すなわち高田によれば、現在のような人口動態が継続すれば、やがて「文明の強国は未開の弱国の為に、都市は田舎の為に、貴族と富豪とは貧者の為に征服せられ、弱者の勝利は自ら実現」(高田『社会学的研究』九六頁)されるのである。これが高田の人口「周流」(circulation)仮説であり、そのうち文明に関するものは民族論としてまとめられ、「民族周流」論となる。一九三五年に提示された「民族周流」論の大要は、以下のようなものである(高田『民族の問題』二〇六―二一三頁)。

諸民族は興亡を繰り返してきたが、そこには「優越せる民族」が「周流」するという法則がある。「優越せる民族」はその繁栄の結果として二つの運命に遭遇する。その一つは「社会学的没落」であり、他の一つは「人口学的没落」である。「優越せる民族」では人口と富が増加するが、「人口の増加と生活の向上とは、利益社会的傾向をつよめ、従つて、団結の為に一身を殉ずるといふ気風を弱くする」。その結果、軍事的水準が低下し、優越した地位を維持できなくなる。またいかなる時代においても、「優越民族は最も利益社会化の道を急ぐ」が、「この利益社会化に伴う熟慮と、優越なる地位の保持の要求とは自ら出生の制限に導」き、人口が減少するようになる。「人口の減少がすゝめばやがて、民族自体の衰滅となる」。これが「人口学的没落」であり、いずれにせよ「優越せる民族の没落は主として、その利益社会化による」。

これに対し、「新に優越的地位に高まりゆく民族の上昇は、その共同社会的気風による」。しかし歴史が示すように、「文化の発達程度に於てあまりに低級なる民族は、漸次に消滅する運命をもつてゐる」。そのため、「新に優越的地位」に立つ民族は「低級の民族」ではなく、「云はゞ中庸の地位にあるところの民族のみが十分なる条件の具備するのをまつて、かゝる地位に立つ」ことができる。

右のように、高田の「民族周流」論とは、「優越せる民族」の没落と、「中庸」民族の上昇という「民族間の淘汰」の「法則」を論じるものであった。ここで高田がいう「優越せる民族」が欧米、「中庸」の民族が日本を指していることはいうまでもないが、いずれにせよそのポイントは、利益社会化の必然という「高田社会学」の理論と、高田がヨーロッパの文明論的人口論から学んだ二つの知見、すなわち文明が発達して生活が豊かになると、出生制限が生じて人口が停滞・減少するという論理、そして文明衰亡の要因を人口減少に求める人口論的文明史観が組み合わされていることである。

「民族周流」論は高田が民族主義的立場を強めた一九三〇年代に提起されたものであるが、一九二〇年代の高田が「民族周流」論の枠組みで人口の問題を考えていたことは、先に引用した高田「産めよ殖えよ」にはっきりと示されている。この「時論」の中心的主張は、①現在の「過剰人口」問題とは「生活難」問題であって「人口問題」ではない、②「真の問題は来るべき出生率の減少―人口増加の止むことを如何にして防止すべきかにある」という二点であり、その末尾は以下のように結ばれている(高田『人口と貧乏』九三—九五頁)。

産児の制限はまさにはじまらむとしつゝある。この潮流が勢を得る時、日本の人口は著しくその増加の勢を失ふにちがひない。人口の停止—これは弱い、不利の地位にある民族にとりては最大の危険である。人口が多ければこそ、民族の活動も盛に、すべての方面に其勢力を伸長することが出来る。実に人口は民族のあらゆる努力の源泉である。その減少又は停止は衰弱をひき起さずには止まないであらう。人口増加の対策を急務なりとするならば必然の結論は出生制限を讃美するに在ると思ふ。それは民族の自滅を喜ぶの結果になりはしないか。……

私は信ずる。たゞ産めよ殖えよ。姑息なる救済策などに頼らなくても事はすむ。窮すれば即ち通ぜむ。殖えさへすれば、而して之に応じてすべての文化的活動ことに経済的活動が盛んになれば、国内はなほ〳〵多数の人口を養ひ得る余地がある。……有色人種の白人に対抗しうる武器はたゞ、その大なる人口増加率にあり。これを失ふ時は、有色人民族自滅の時であるのを覚悟しなければならぬ。

明らかなように、ここで高田は白人民族と有色人民族の対抗という図式を前提とした上で、後者が前者に対抗する唯一の「武器」は「大なる人口増加率」しかないという「民族」的立場から発言している。そしてそこにおける高田の結論的主張は、産児制限

（＝新マルサス主義）の危険性と「過剰人口」問題の虚構性である。

本節の冒頭で取り上げた「貧乏論」の意味は、以上のような高田の民族主義的かつ人口至上主義的な人口論を前提として考察する必要がある。すなわち、高田の論理に沿えば、すでに没落の途を歩みつつある欧米に代わって日本が「新に優越的地位」に立つためには、「大なる人口増加率」を維持しなければならない。ところが日本においても、その上第一次世界大戦による生活水準の上昇が産児制限の拡大を導こうとしており、その上「過剰人口」問題がそれを後押ししつつある。この状況を阻止するため必要なことは、産児制限の発生源となる中間的階級の生活水準を引き下げるとともに、「過剰人口」問題というマルサス主義的認識自体を解体することである。「貧困」は相対的なものに過ぎず、生活水準を引き下げればよいと論じる「貧乏論」は、このような課題にぴったり照応している。現実に「虚栄」にしばられているのは中間的階級であるし、「過剰人口」問題という認識もまた人々の「貧困」観の上に成立しているからである。その意味で、高田の「貧乏論」は、明確な目的を以て提起された、戦略的議論として理解されねばならないし、「罵倒」や「悪口」の中で「貧乏論」を説き続けた高田の行動も、自からの思想に基づく実践としてあらためて評価される必要がある。

「民族＝人口主義」というイデオロギー

これまで検証してきたように、高田の「時論」＝政策論はそれぞれが独立したものではなく、全体として一つの体系をなすものであった。人口論を中心とするこの体系は、明らかに「高田社会学」に立脚したものであるが、「高田社会学」そのものではない。前節で確認したように、それは「当為」を排除した純粋な科学的理論であり、人口に重要な意義を与えてはいるが、人口そのものを論じてはいないからである。それゆえ高田の政策論の中核をなすのは、やはり高田が同時代ヨーロッパの人口論から得た二つの知見(「文明化は人口減少をもたらす」「人口減少は民族を没落させる」)を論拠として組み立てた「民族周流」論となるが、それはヨーロッパの人口論的文明史観を下敷きにした高田「第三史観」の実体、いわば「民族＝人口」史観でもあったといえる。高田政策論の体系は、この民族主義的・人口至上主義的な「史観」のもとに、「高田社会学」という巨大な理論体系を包摂することで広範な内容を有している。しかもそれは、人々に民族と人口を最優先とする実践(生活水準の引き下げ、「産めよ殖えよ」など)を促すものであり、極めてイデオロギッシュなものでもある。筆者はこのような高田の政策論体系は、単なる人口論としてではなく、「民族＝人口主義」とも呼ぶべき特異なイデオロギーとして捉える必要があると考える。

とはいえ、この「民族＝人口主義」は、あくまでも高田個人が自らの社会学研究の中で身につけた極めてパーソナルなイデオロギーであり、現実社会の中に基盤を持つものではなかった。当時の日本は、実際に出生率低下が問題化していたヨーロッパ諸国とは異なり、出生率低下はなお初発の段階であったし、年間の人口増は一〇〇万人規模に達しつつあった。このような状況の下で、高田の主張を理解する者はほとんどいなかった。実際、高田の「時論」を引き金として勃発した人口論争は、「正しいのはマルクスの人口論かマルサスの人口論か」という学説論争へと展開し、「『マルサスを否定する、マルクスを否定する』という立場をとっていた高田は、人口論争から外される形になってしまった(19)」。高田は一九三三年に成立した人口問題研究会の評議員に選出されているが、彼の人口論は重要な人口学説として扱われたものの、研究会の課題とされたのは依然として「過剰人口」問題対策であった(本書一二九頁)。「過剰人口」問題という認識が支配的である限り、高田の「民族＝人口主義」は「異端」の地位にとどまらざるを得なかったといえる。しかしそのような高田にも受け入れられる場はあった。農村である。

高田の農村論

高田の「民族周流」論は、民族没落の要因を利益社会化の進行にあるとする一方、「新に優越的地位」に立つ民族の条件として「共同社会的気風」を挙げるものであった。高田はこのような共同社会性の基盤について、「貧しくして生活程度低きものほど社会に対する団結の念は強い。云はば共同社会的である」とし、「我が民族の強みは其低い生活程度の中に存してゐる」と論じている(高田『貧者必勝』千倉書房、一九三四年、八七頁)。しかし高田は、この「民族の強み」を次のようにも論じている。

現在の日本に於ても此共同社会的な傾向の本場は何処であるかといふに、都会別して、小都会ではない都会は理知と打算と競争との支配するところである。個人主義的傾向の漸次に発達するところである。都市の生活は人々を利益社会化する。……都会は共同社会性を消耗して行く。農村のみがこれを維持して育成し、これを都会に注入する。此意味に於て、日本の強み――精神的なる強みは農村にある。(高田『回想記』一九五―一九六頁)

明らかなように、ここで高田は共同社会性の基盤を、「生活程度低きもの」一般ではなく、農村に限定して捉えている。高田にとっての都市とは、「理知」的・「打算」的・「競争」的・「個人主義」的傾向が発達・支配する利益社会化した空間、共同社会性が消耗される場でしかなく、それゆえ共同社会性を維持・育成できるのは「農村のみ」なのである。このように高田の「民族＝人口主義」では、共同社会・利益社会の問題が、農村＝生活程度が低い＝共同社会的、都市＝生活程度が高い＝利益社会的という二項対立図式で捉えられ、「農村のみ」に日本民族の「強み」が見出されていた。これは民族主義・人口至上主義と並ぶ、高田「民族＝人口主義」の大きな特徴である。このような高田の農村観は、彼の心情に基づくものでもあった。高田は一九四一年の自著において、

「社会の進展の前路に私はいつも利益社会化の姿を想望した。それにも拘らず、私は魂に於て望郷の児であり、農村の子である。それだけ共同社会的なるもの、人情淳朴の村落生活にあこがれをもつてゐる」、「私の心はたえずゲマインシャフトを求めてゐる」と告白している（高田『思郷記』二頁）。学問世界においては、利益社会化の不可逆性を法則として提示した高田は、生まれ育った農村の共同社会性に「あこがれ」を抱く農本主義者でもあったのである。この農本主義は、高田の重要な一面であり、実際高田は都市と資本主義に対する痛烈な批判を繰り返し行っている。その意味で高田の「民族＝人口主義」とは、特異な農本主義イデオロギーとしても位置づけられる。

このような高田は、日本の農村・農業について多くの「時論」を書き、また各地の農業団体に招かれて講演を行っている。しかし高田が直面した一九三〇年代の農村は、経済的困難の極みにあった。当時の農村の疲弊について、高田は日本農業の二本柱である米と繭の双方とも、農村経済を立ち直らせる可能性はないと判断しており、今や農村は大きな岐路に立たされているとする。その一つは、農業の未来を資本主義に委ねる「産業主義」の方向であり、高田はこの路線がもたらす将来を、「日本の農民人口は、その三分の一以上を減ずるであらう。全人口における農民の比率は、三割に減るであらう。その生活様式は強くアメリカ化するであらう。堅実なる民風は失はれるであらう」と予想する。つまり農村が経済的に成り立つためには、その代償として農村人口の減少と共同社会性の喪失が避けられないというものだが、高田はそれを「戦慄すべき将来の展望」と呼んでいる（高田『思郷記』四八頁）。

いま一つの方向は、あくまで現在の農業人口を維持する「民族主義」路線であるが、高田はこれを可能とする手段はもはや一つしかないとする。それは「経済的に分配されざる購買力を、政治的に分配すること」、「都会から農村へ、別して都会の資本家から農村への不断なる輸血」を行うことである（高田『貧者必勝』九二―九三頁）。高田によれば、現在の農村は資本主義によって「構造的」な行き詰まり状態に陥っており、「此構造上の行きつまりが経済的に来てゐるならば、これを改むる道は、根本的には経済外のものでなくてはなら」ない。そして政府による「徹底せる社会政策的方針によらずしては、農村の救はるゝ道理はない」というのが高田の主張であった（高田『民族と経済』一一一―一二頁）。このように高田は、あくまで共同社会性の培養地としての農村を維持することにこだわり、それを可能とする国家による「社会政策的」施策を求めていたのである。

ところで高田は、一九三七年六月、「人口政策に就いて」という論文を執筆し、初めて自らの「民族＝人口主義」に基づく「人口政策」の構想を明らかにした。そこでは「人口分布の政策」として、次のように述べられている（『経済論叢』第四五巻一号、一九三七年七月）。[20]

人口分布政策に於て考慮すべき方面には数多のものがあるであらう。けれども、第一にあげらるべきものは農村と都市とに於ける分布である。……今日の現状に於て、かゝる生産力中心の方針が推しすゝめらるゝと、どうなるか。いふまでもなく都会人口、ことに大都会人口の間断なき増加である。……けれども、日本の民族にはそれ特有の立場がある。……農村壮丁の体位が以前より悪いといつても、都市のそれに比すると著しく高位にある。……そればかりではない。農村の壮丁は兵士として有利なる心理的特質を有してゐる……。加之《しかのみならず》、人口の動態は何物を暗示しつつあるか。出生率はすでに下降の勢を示しつゝある。日本の民族がいづれは欧洲の各民族と同じくこの潮流にまきこまるゝことの、結局は避けがたい運命であるにしても、出来るだけ遅れてかゝる形勢を示すといふことが、その地歩を確立する所以である。今日、都市の出生率別して大都市のそれは格別に少い。従つて全人口の構成に於て占むる都市人口の割合が増加するほど、全国の平均出生率の減少を見るはずである。……とにかくこれらの事情からして、農村の人口をなるべく一定の比率に於て維持する必要があるであらうし、それが困難であるにしても、なるべく農村人口の数を高位に維持する必要があるはずである。

ここには高田の「民族＝人口主義」の中心的命題が述べられているが、そこにみられる①「民族」的観点から見た場合の「生産力中心」政策の問題性、②出生率減少の趨勢を出来るだけ遅らせる必要性、③そのために農村人口を「一定の比率」に維持する必要性などは、第四章で扱った日中戦争期の民族＝人口政策論、さらには「人口政策確立要綱」へと直結する内容である。

「人口分布の政策」を論じる右の史料は、国土計画の必要を論じたものでもある。同史料は右の引用に続いて、「人口の農村分散を確実に保証しうるものは何であるかといふならば、一方に於て農村を庇護する社会政策的施設であるが、他方に於ては大都市への集中を何等かの方法、たとへば工場、官衙、学校等の地方都市への分散によつて防ぐことである」と、「社会政策的施設」と共に国土計画的施策の必要を述べている。さらに別の個所では、「生活水準の上昇は出生制限に新なる動機をつくり、個人主義的傾向を刺激する」ので、その防止のために国家による「国民の生活統制」が必要であるとされ、生活水準の上昇抑制が人口政策の文脈に位置づけられている。これらもまた、戦時人口政策で取り上げられることになる施策である。

このような高田の「人口政策」構想については、それを戦時人口政策を先取りしたものと評価することもできる。しかし高田の人口論を「民族＝人口主義」というイデオロギーとして捉えるならば、民族主義的、人口至上主義的、農本主義的性格をもつ高田の「民族＝人口主義」が、いかにして現実の政策と結びついたのかというプロセスが問われなければならないだろう。以下節をあらためて、この問題について検討してみたい。

3　総力戦体制と高田保馬

日中戦争と高田保馬

前節で筆者は、高田の政策論体系は「民族＝人口主義」というイデオロギーとして把握されるべきこと、しかし「過剰人口」問題という認識が支配的である限り、「民族＝人口主義」は異端の思想にとどまるものであったと述べた。この両者の排他的関係をよく示しているのが、内務省社会局・内閣統計局『我国人口増加の実情と国民生活の将来』(一九三七年一〇月)である(本書一四一頁)。この資料は、日本に「人口の停滞若くは減退の懸念は先づない」が、「人口増加の趨勢は単に一時的偶発的の現象ではなく、将来久きに亘つて持続」されるとし、それゆえ「今後国民竝に為政者に課せられる重要な任務は、国民の生活水準を低下することなくして此の増加人口に対処することである」と論じている。つまり「過剰人口」問題論とは、いかにすれば国民の生活水準の低下を阻止できるかという政策論だったのであり、そこに生活水準の引き下げを主張する「民族＝人口主義」が介入する余地はまったくなかったのである。

このような状況を変化させ、「民族＝人口主義」の台頭を招いたのが日中戦争であった。第三・四章で論じたように、人口問題をめぐる状況は、①戦時工業化による労働力不足の発生と、②一九三八年後半に顕在化した出生率低下という二つの事態によって一変し、①からは「人的資源」の保全を重視する生産力主義的「社会国家」構想が、②からは人口増殖を最重要課題とする民族＝人口主義的「社会国家」構想が登場する。こうした構図は「民族＝人口主義」にも該当するが、「民族＝人口主義」の台頭には、固有の要因が存在していた。それは、戦争の長期化と共に強まった国民生活水準の強制的引き下げ(下方平準化)である。よく知られるように、戦時下の日本で生じた生活水準の低下は、第二次世界大戦参戦諸国の中でも突出したものだったが、こうした政策を積極的に支持したのが高田であった。高田は早くも一九三八年五月の放送講演において、①生活水準の上昇は社会を個人主義化する、②個人主義化の進展が出生率を低下させる、③出生率の低下が人口の停滞・減少を導く、④人口の減少が民族を没落させるという彼の「民族＝人口主義」を展開した上で、今日の日本人が「極度に戒心しなければならない」のは「国民の生活水準の上昇の高まり」であり、それゆえ「今日政府は節約運動に乗り出してゐるが、それは単に戦時経済対策としてのみ必要であるのではない。それは日本をして世界史的使命を完成せしむる為に必要である」と論じている(高田『思郷記』一八九頁)。

高田にとって、消費の節約が政府方針となった日中戦争は、多年の主張を前進させるチャンスであった。高田が一九三八年一一月に執筆した一論文は、戦争が人々の価値観を、高田の求める方向へと変化させることに期待していたことをよく示している。[21]
たゞ今日のやうな非常時が続き、国家が節約なくして其存続を完《まつと》うし得ない日が続けば、上流の生活そのものゝ此の国家目的に反することが国民意識にはつきりするであらうし、更にまた、国家が其目的を達する必要から農村の生活を重視し、農村的色彩を有する文化の尊重を十分に教へこむことが出来るならば、そこにいくらかでも価値そのものゝ転換を行ひうるであらう。価値の中心が欧米風の大都市から農村乃至小都会へ、又貴族富豪の生活から殉国の勇士又は其家族の生活へ。勿論こゝまで転換が進むといふことは決して短時日のことではなく、又容易ならぬ国家の努力を要することである。けれども今日の情勢が此方向に作用してゐることは事実である。

このような期待をもつ高田は、生活水準引き下げの先頭を走り続けた。彼は政府の政策を微温的と批判して消費統制の強化を説き、さらには「国民生活の計画化」を主張した。高田によれば、靴や足袋が足りなければ、「素足の足駄《あしだ》ばき」で十分なのであって、それは「日清戦争前後の日本にまで帰ると思へば訳もないこと」なのである。[22] 国民生活への統制は、一九四〇年の近衛「新体制」によって格段に強化されたが、高田はそれを、「私は長くかういふ最低生活への接近の実現せらるる日を期待してゐた」と歓迎した（高田『思郷記』二九三頁）。高田にとって、「高度国防国家」＝全体主義的総力戦体制は、自らの「民族＝人口主義」の実現に向けた大きな前進だったのである。

以上のような過程を通じ、異端の思想であった高田の「民族＝人口主義」は、総力戦体制のイデオロギーへと転化していった。生活水準の低下は、誰もが認めざるを得ない国家の要求なのであり、こうした認識が広まる中で高田の「民族＝人口主義」は社会に浸透していく。たとえば「簡易生活」を主張する論説は、次のように述べている（「真の楽しみはどこに在る？」『生活』第五巻九号、一九三九年九月）。

生活を華美にすることを以て、生活の向上であると考へてゐる人々があります。……これは大へんな誤りです。ヨーロツパの各国が近年人口の増加率が非常に少くなつたのは、生活に金がかゝるからであります。高田保馬博士は云はれる。「昔から人口の増加する時に、国は必ず興り、人口の増加率が少くなる時に、国は必ず衰へてゐることは歴史が明らかに物語つてゐる」と。日本が英仏米等のまねをして、生活向上の美名の下に華奢のまねをし出したら、必ず国は衰へる。簡易生活の真理に生きるか否かは、単に一身一家の幸不幸のみならず、国家の興廃の岐《わか》るゝ重大問題であります。

これまで確認してきたように、高田は生活水準を引き下げる必要を「民族＝人口主義」から論じていたのであり、高田の主張を援用するということは、人口についての「民族＝人口主義」の論理を受け入れるということなのである。筆者が高田の政策論体系をイデオロギーとみなすのは、こうした事情によるものである。

以上のような戦時下の「民族＝人口主義」について、あと二点だけ補足する。一つは大河内一男の高田批判である。第三章で取り上げたように、大河内は戦時工業化の推進による社会の「近代化」の中に「社会国家」の登場を展望する、生産力主義的「社会国家」構想の代表的論者であったが(本書一五四頁)、彼は『戦時社会政策論』(時潮社、一九四〇年)において、高田の主張を繰り返し批判している。その一は、高田の「虚栄」論であり、大河内は、「国民生活の片隅には、博士の説かれるやうな「虚栄のための費用」が存在していることであろう」と前置きしつつ、「国民生活の大部分に就ては、博士の所謂「常用的費用」の確保こそがかへつて問題とせられねばならない」と、国民生活の実態と遊離した「虚栄」論の問題性を指摘している(三〇五頁)。

いま一つは、「国民の低き生活標準」を称揚する高田の「貧者必勝」論に対するものである。そこで大河内は、こうした見方は「膨大にして生活水準の低い過剰人口」を背景とする「貧者」の労力を濫用してきた日本経済のあり方を倫理化するものであるとし、次のように述べている(三三六頁)。

従来の如き労働力の過剰の上に打ち樹てられた「人的資源」の数量観は、他面に於て之も我国に近年流行の、根拠のない人口増殖第一主義に援護されながら、「人的資源」問題の真の解決をかへつて妨げて来たと言へる。「人的資源」が豊富であり、農村は産業のための「人的資源」の尽きることのない貯水池であるといふ信念……この信念から、それ故我国に在つては、凡そ「人的資源」に就て思ひ患ひ、何等かの配慮をめぐらすことは不必要であるといふ結論がひき出される。此処に誤謬の根源があつたのである。（傍点高岡）

ここにみられるように、大河内は、「近年流行の、根拠のない人口増殖第一主義に援護」された高田の「国民の低き生活標準」賛美、すなわち本章でいう「民族＝人口主義」こそが、「「人的資源」問題の真の解決」を妨げるものと捉えていた。なお高田は『戦時社会政策論』において唯一実名で批判されている人物である。以上の事実は、大河内が高田の「民族＝人口主義」を、生産力主義的「社会国家」構想にとっての最も大きな障害と見なしていたことを示している。

ところで右の引用中で大河内は、高田のような論理こそが、労働力＝「人的資源」に対する合理的配慮を妨げてきたと論じているが、これは必ずしも正確ではない。なぜなら日中戦争期の高田は、次のように論じるようになるからである（高田『東亜民族論』七七頁）。

日本民族の発展と持続とを保障するものは、たゞ欧洲に鑑みることであり、具体的には其生活水準を上昇せしめざることである。このことは決して、国家的福利施設の進展を阻止するわけではない、保健、教育等、国家が国家として要求する方面については費用を惜まず、施設を発達せしむべし、たゞ私人的消費、即ち衣食住の日常生活に関する限り、あくまで生活水準を低位に維持することを要する。国民が互にその地位を誇示するがために成立する生活内容は悉くこれをすてて、之を推譲することにより、個人は何ものをも失はぬであらう。民族はその施設のために盡く之を利用し得る。貧しき日本は飽くまで貧しきものらしく、其生活を簡素にすることによつてのみ、必要なる物資を調達し得るであらう。（傍点高岡）

このように日中戦争期の高田は、国民の生活水準を引き下げることだけでなく、「保健、教育等、国家が国家として要求する方面」には、「国家的福利施設」を「費用を惜まず、施設を発達」させるべきことを主張していた。これは見方によれば、国民の生活水準を低下させる代償としてナショナル・ミニマムを保障する、一種の「福祉国家」構想ともいえる。ただし、高田が念頭においていたのは、あくまでも農村であった。高田は一九四一年執筆の論文で、目ざされるべき「長期国策」を次のように述べている（『現地報告』第九巻六号、一九四一年六月[23]）。

第一は農村の公共的施設を国家の力を以てなるべく充実させることである。たとへば教育費の大部分をなるべく多く国庫の負担にする。医療の設備乃至費用も国家の手を以てする。交通や保健や娯楽までも国家の保護が十分届くやうにする。いはば都会の利潤を以て農村の生活を支へる。……

第三はいふまでもなく生活の全面的低位である。医療と教育にさへ国家が費用を惜まぬならば今日の農村の生活を、ある格別の地方を除いては、引上げずとも目的──然り、国防目的を達し得るであらう。住宅政策に於て考慮すべきもののあることは、別の機会にのべようと思ふ。要するに、農村の生活を引上げては農村人口を出来るだけ多く維持するといふ方針をとり得ない。而も此農村人口の生活をそこに落ちつけるといふことは、都会のそれをもこれに近くするといふことでなくてはならぬ。

明らかなように、ここでは農村の生活水準の上昇を避けながら、「農村人口の生活をそこに落ちつける」ための方策として、教育費の国庫負担や国家による医療の提供などが位置づけられている。そしてその一方、「都会」の生活水準を、農村のそれに近づける＝引き下げる必要も説かれている。このような高田の「福祉国家」構想は、第四章で取り上げた民族＝人口主義的「社会国家」構想のプロトタイプともいうべきものであり、大河内の生産力主義的「社会国家」構想とは、およそ異質なものだったのである。

戦時人口政策と高田保馬

ここまで、総力戦体制下での国民生活水準引き下げが、高田の「民族＝人口主義」を体制イデオロギーへと浮上させるルートであったことを明らかにしてきた。では戦時人口政策の本体である、人口政策関係者と高田の関係はいかなるものだったのだろうか。以下この問題を、本書で取り扱った人物に即して検討してみよう。

「民族主義」立場から「社会政策的」農村政策の必要を主張した高田の農業政策論は、第二章で取り上げた那須皓の「農本主義的人口政策論」(本書一三二頁)と一見類似している。那須は高田の「時論」が引き起こした人口論争の主要参加者の一人であり、その後の研究から民族的視点を取り入れるようになっていた。しかし那須の立場はあくまで「過剰人口」問題論であり、彼が推進した満洲移民も基本的には「過剰人口」問題対策であった。このような那須と高田は、理論的前提を共有しておらず、何より那須は高田と異なり、国民の生活を高めることが必要と論じていた。[24]高田と那須の人口政策論には、根本的な立場の相違があったといえる。

那須と異なり、高田に近い立場にあったのは、高田と同じ京都帝国大学教授(農学部)であった大槻正男である。第四章において「小農主義的農業保護論」の代表的論客として取り上げた大槻は、同僚である高田の講義(経済原論)を「前後三、四ヵ年」聴講したというほど、高田と近しい人物であった。[25]一九三〇年代半ば以降の大槻農業政策論には、高田の「民族＝人口主義」に近い認識が見られるようになり、[26]一九三八年に彼が論じた「農村人口維持政策としての農業政策」(本書二四二頁)は、「民族＝人口主義」に立脚した政策論と考えられる。戦時期の大槻は、農業政策方面における高田のパートナーであったといえよう。

第四章において筆者は、人口政策論を「過剰人口」問題対策から民族＝人口政策へと転換させた人物として舘稔を取り上げた。その際の舘の論理(本書二一一頁)は、高田の「民族＝人口主義」とほぼ同様と言ってよい。ところが一九三九年までに発表された舘の論文には、高田保馬の名前はみられない。そこに挙げられている典拠文献は、ブルクデルファーやシュパンのものであり、それが意味するのは舘の民族＝人口主義の理論的基盤は、人種主義的色彩の強いナチスの人口論だったということである。

このような舘と高田が結びつくのは、古屋芳雄が中心となって設立された日本学術振興会第一一特別委員会においてである。同委員会において高田は「家族制度及び民族毒問題」を担当する第三分科会のメンバーに名前を連ねている(本書二二五頁)。もっとも高田は、一九四〇年四月に同会に新設された第四小委員会(社会政策に関する研究)の委員となり、第一一特別委員会から外れているので、第一一特別委員会における高田の役割はほとんどなかったと考えられる。しかし舘は、一九四〇年一月刊行の論文[27]で初めて高田の「民族周流」論に論及し、一九四一年一月刊行の論文[28]では、彼が研究を積み重ねてきた都市と農村における出生率格差の問題を、高田の「民族周流」論を典拠としながら、人口「増殖力を決定するものは社会関係の形式の如何」であり、それは「結局、Gesellscft化の程度—Gemeinschaft性喪失の程度に帰し得る」と総括している。またさらに注目されるのは、一九四〇年一月から開始された人口問題研究所内の研究報告会であり、舘はこの会合の第二回で、「民族周流理論—出生減退の原因に関する理論と民族周流理論」を報告、ついで第一三回(四月)、第一七回(五月)にも「民族周流理論」について報告している。[29] この研究報告会で三度も同じ主題の報告がなされたというのは異例のことであり、この時点の人口問題研究所が高田の「民族＝人口主義」に注目し、集中的にその学習を行ったことがうかがわれる。

なお第四章では、一九四〇年一〇月に開催された「東亜農業懇談会」で、人口問題研究所関係者(北岡寿逸)が「矢張り出来るだけ生活程度を低めても、多数の農家を日本内地に置いておくと云ふことは、日本の国力全体の膨張発展の為に欠くべからざる要件」と論じ、生産力主義的「適正農家」論を批判したことを紹介した(本書二四七頁)。ここに登場する「出来るだけ生活程度を低めても」という文言こそは、人口問題研究所メンバーが高田の「民族＝人口主義」で理論武装していたことの証である。

一九四〇年という年は、前年に発足した人口問題研究所が、「人口政策確立要綱」に結実する政策立案作業を行った時期であり、その最初の試案は一九四〇年七月八日の日付を持つ。[30] 人口問題研究所における研究報告会も、こうした政策立案作業と無関係であったとは考えられない。このように考えると、高田の「民族＝人口主義」は、戦時人口政策の成立過程において、極めて重要な役割を果たしていたものと考えられるのである。

国土計画と高田保馬

高田と戦時人口政策の関係を、より明確に示しているのが、国土計画の問題である。第四章で強調したように、戦時人口政策においては国土計画が極めて重視されていた(本書二六二頁)。とりわけ舘は、一九四一年六月から企画院調査官を兼任し、国土計画における人口部門を担当するようになる。そのような舘の国土計画論が、「出生率改善の前提要件として、結婚年齢の引き下げ、結婚促進の諸方策、妊産婦保護施設等いづれも必要であるが、最も基本的なる問題は適正なる人口の地域的配置計画である」という認識に基づくものであったことは、第四章で指摘した通りである(本書二六九頁)。しかし人口政策の中で「最も基本的」な問題が国土計画であるという認識は、極めて特異なものといえる。第四章ではこの問題を、戦時人口政策論の特徴として把握したのみであったが、社会政策的施策より人口の配置を重視するという発想は、高田の「民族＝人口主義」を踏まえれば、よく理解できるものである。

高田の「民族＝人口主義」が、国土計画に大きな影響を与えていたことは、一九四一年八月に設立された国土計画研究所の理事長に高田が就任したことに示されている。国土計画研究所とは、企画院、内務省、農林省、人口問題研究所を中心に、国土計画に関する研究者を結集した国土計画研究機関であり、実質的には企画院のシンクタンク的存在であったと考えられる。高田がこのような組織の理事長に選ばれたのは、企画院が「われわれがその計画を深く理解し、その計画の実行にあたつて協力をなさなければならない国土計画とは、高田保馬氏のいはれる国土計画であり、田辺忠男氏の国土計画である」(企画院研究会編『大東亜国土計画』同盟通信社、一九四三年、一六頁)と、高田の国土計画論を高く評価していたからであった。

高田の国土計画論は、彼が同所主催の研究会で行った講演からうかがうことができる。そこで高田は、国土計画を「直接の国防」と「間接の国防」に分類した上で、前者として①軍備・軍需の充実、②防空の完全なる設備、後者として③生活の自給、④人口の増強の四つを挙げ、これらを国土計画の重要項目としている。そして④の内容として、舘らが検討を進めていた「環節的」な都市の再配置構想(本書二六二頁)を「過大都市の形成を抑圧し、ひいては国内に農村的なるものを全面に亘つて一層強く保存することが出来る」、「国防政策の根本ともみるべき人口の政策に寄与することが極めて多い」ものと高く評価している(高田「国土計画について」『国土計画』第一巻一号一九四二年七月)。戦時下の国土計画、とりわけ舘らのそれは、高田の「民族=人口主義」の実現を目ざすものでもあったと考えられるだろう。

4　おわりに

本章で検討してきたように、高田保馬の「民族＝人口主義」は、戦時人口政策の内実に決定的な影響を与えていたのみならず、「民族＝人口主義」実現のために国民の生活水準引き下げを積極的に主張することで、国民生活に対する統制の先導的役割を果たしていた。その意味で高田の「民族＝人口主義」は、戦時人口政策のイデオロギーにとどまらず、全体主義的総力戦体制そのものを支えるイデオロギーの一つとして見られるべきものである。だが「民族＝人口主義」は、戦時期に台頭した様々な「ファシズム」イデオロギー――「国体論」、「日本主義」、「全体主義」等々――とは、ほとんど接点をもたない極めて特異なイデオロギーでもあった。戦時期の高田が自賛したように、彼の「民族＝人口主義」は一九二〇年代から一貫した彼の持論だったのであり、そのような彼の持論が状況の変化の中で認められるようになっただけである。しかし高田は、その機会を最大限に利用しようとし、総力戦体制に積極的に関与することで、自らの理想の実現をはかろうとしたのである。

なお高田は、ナチスドイツがフランスを屈服させた直後の一九四〇年六月、「戦争と文化形態」という論文を執筆している。この論文で高田は、ドイツはやがて「世界における英国の地位を継ぐ」であろうが、「少しく長い目」で見れば「テンニイスをして利益社会化の大勢を嗟嘆せしめたところの近代化的大勢」が「その作用を回復する」、つまりナチスドイツといえども民族没落の運命から免れないと論じている。だがその末尾は、「若しそうでないならば、われら有色人の前に如何なる光明が残さるるのであろうか」という一文で締めくくられている(高田『思郷記』三一〇—三一四頁)。高田にとっての「民族=人口主義」とは、「白色人種」の没落を約束する「希望」のイデオロギーだったのである。だが二〇二四年現在、日本は合計特殊出生率でヨーロッパの多くの国々を下回る、世界でもトップクラスの「低出生率国」となっている。高田であれば、このような日本の現状をどのように評するだろうか。

注

序章　戦時期日本の「社会国家」構想

（1）「ファシズム論争」については、伊藤隆『昭和期の政治（続）』（山川出版社、一九九三年）、源川真希「コメント4　明治憲法体制の変容」（安田浩・源川真希編『展望日本歴史19　明治憲法体制』東京堂出版、二〇〇二年）、酒井哲哉「一九三〇年代の日本政治」（『年報近代日本研究10　近代日本研究の検討と課題』山川出版社、一九八八年、後に前掲『展望日本歴史19』に収録）、加藤陽子「ファシズム論」『日本歴史』第七〇〇号（二〇〇六年九月）などを参照。

（2）こうした把握については、藤原彰『太平洋戦争史論』（青木書店、一九八二年）、藤田省三『天皇制国家の支配原理』（未来社、一九六六年）などを参照。

（3）総力戦体制論への批判としては、『年報・日本現代史』第三号（現代史料出版、一九九七年）掲載の各論文、森武麿「総力戦・ファシズム・戦後改革」（『岩波講座アジア・太平洋戦争1　なぜ、いまアジア・太平洋戦争か』岩波書店、二〇〇五年）などを参照。

（4）この点については、たとえば金成垣編『現代の比較福祉国家論』（ミネルヴァ書房、二〇一〇年）に収められた諸論考を参照。

（5）この点に関する筆者の考えについては、高岡「日本近現代史研究の現在」（『歴史評論』第六九三号、二〇〇八年一月）を参照。

（6）「社会国家」とは通例、社会権的基本権を認めたワイマール「社会国家」の伝統を持つドイツにおいて「福祉国家」を指して用いられる概念であるが（G・A・リッター／木谷勤ほか訳『社会国家』晃洋書房、一九九三年）、そこにおける「社会」という語にはより積極的な意味が含まれているという指摘もある（市野川容孝『社会』岩波書店、二〇〇六年）。これに対し川越修は、「社会国家」を「福祉国家のドイツ的類型としてではなく、二〇世紀の工業社会の共通性を捉えるための概念」に組み替えるべく、それを「工業化の帰結としての都市社会化と人口転換の帰結としての近代家族化を共通の要因として生成した」ものと再定義した（川越『社会国家の生成』岩波書店、二〇〇四年）。この川越「社会国家」論は、ナチズム体制や社会主義体制（旧東ドイツ）への適用を意図したものであり、本書における「社会国家」概念も基本的にはこのような定義に準拠している。

ただし、日本における Sozialstaat 概念の受容に着目すれば、「社会国家」ないし「社会的国家」という用語は、ドイツ社会政策学会の議論（「講壇社会主義」）やドイツ社会民主党の主張、さらにはコミンテルンによる社会民主主義批判を通じて広く流通していた。これらのうち最後のコミンテルンの批判とは、「周知の通り改良主義者は、今日の国家はブルヂョアジー独裁の道具ではなくて社会国家であると主張する。彼等が何よりも先づ引き合ひに出すのはブルヂョア国家の社会政策的効能である」（ヴァルガ『世界経済年報』第七集、叢文閣、一九三〇年、七一頁）といった類であり、その論調は戦後のマルクス主義による「福祉国家」批判と区別がつかない。だがこれら戦前の「社会（的）国家」論で重要なのは、それが単なる「社会政策」の問題にとどまらず、産業・経済をも含んだ広範な領域における「社会化」の問題（≠「自由主義的資本主義」の修正の問題）として論じられていることである。第二次世界大戦後に登場する「福祉国家」welfare state は、一九世紀にさかのぼるこのような「社会（的）国家」論を歴史的前提とするものなのであり、それゆえ筆者は、「福祉国家」を「社会国家」の新段階ないしバリエーションと考えている。

第一章　厚生省の設立と陸軍の「社会国家」構想

（１）　こうした評価は、厚生省二十年史編集委員会編『厚生省二十年史』（厚生問題研究会、一九六〇年）、厚生省五十年史編集委員会編『厚生省五十年史（記述篇）』（厚生問題研究会、一九八八年）などの叙述に基づく部分が大きい。しかし近年の福祉国家研究には、これら厚生省の「正史」の誤りや、書かれていないことに対する配慮が足りないように思われる。こうした「正史」の問題点については、本書第二章以下で具体的に示すこととする。

（２）　「保健社会省（仮称）設置要綱」は、前掲『厚生省二十年史』九九―一〇〇頁、前掲『厚生省五十年史（記述篇）』三八二頁などに掲載されている。

（３）　「再び衛生省設立の急務に就て」は当時の新聞各紙や医事関係誌に広く掲載されているが、表題を含め微妙な差異がある。本書における引用等は、『軍医団雑誌』第二七九号（一九三六年八月）掲載のものによる。

（４）　『日本医事新報』（一九三七年六月一九日）によれば、一九三七年六月中旬の段階で「陸軍案〔＝独立省設置〕を絶対に支持して居るのは社会局」であり、「衛生局は、依然として外局説を固持して居る」状況であった。当時、社会局の官僚たちは、「素人の企画庁に資料を山程持ち込み、調査官連を一々説いて」、「社会省」(「社会保健省」)の実現に奔走していたという(『医事衛生』一九三七年九月八日)。

(5) 少なくとも甲種合格者数については、「昭和十四年以前に於きましては甲種数は軍要員の数に左右せらるることが少くありませんでしたので甲種が多いから其の年の壮丁は体格が良かつたのだとは一概に断定出来ないのであります」と語られている(陸軍省医務局医事課「徴兵検査の指導方針並に壮丁体力の概要に就て」一九四二年五月、防衛省防衛研究所所蔵「健兵対策資料綴」)。

(6) 以下小泉親彦の略歴については、常石敬一・朝野富三『細菌戦部隊と自決した二人の医学者』(新潮社、一九八二年)および窪田義男『小泉親彦』(鯖江地区まちづくり推進協議会、二〇〇三年)を参照。

(7) 小泉は前掲『軍陣衛生』において、アメリカ陸軍が実施していた「米国心理学協会にて考案せる一種の智能検査法」であるアーミー・テストなどの事例を紹介している。陸上自衛隊衛生学校編『大東亜戦争陸軍衛生史8』(同、一九六九年)によれば、陸軍における集団智能(知能)検査方法の研究は、「大正一五年軍隊肋膜炎調査会基礎調査班として、軍陣衛生学教室が歩兵第一連隊において米軍のアーミー・テストに準じた軍隊考査を行なった」のが嚆矢であったとされており、小泉はこの分野の研究に関する先導者でもあったといえる。ただし陸軍の集団智能検査方法研究が一応の完成をみたのは、ようやく一九四四年のことであったという(同八一一四頁)。

(8) この点について吉田裕は、①陸軍では都市化の趨勢が顕著になる日露戦後の段階から「保守的な農村と農民こそが、軍部の理想」とされるようになっていたこと、②第一次世界大戦後のさらなる都市化の中で「労働者や都市出身者が兵士の中の多数派になっていった。それにもかかわらず、軍中央の認識の中では、農村こそが依然として、陸軍の基盤であり、「良兵」の供給源であり続けた」こと、③そのため「農村を中心とした社会的基盤だけに依拠して総力戦を戦いぬくことは、もはや不可能な時代になっていたにもかかわらず、日本の軍隊は、第一次世界大戦後の新たな状況に適応するための抜本的な自己改革に失敗した」ことを指摘している（吉田裕『日本の軍隊』岩波新書、二〇〇二年）。吉田はこうした陸軍における「農本主義」の執拗な持続の原因を、主として思想面から説明しているが、本文で指摘したような用兵思想と「体力」の関係も無視できない要因であったと考えられる。

（9）　日本陸軍における機械化の遅れがもたらした兵士の加重負担については、前掲吉田『日本の軍隊』一九九―二〇四頁を参照。

（10）　前掲『厚生省二十年史』が掲げる「衛生省」案（一九三七年五月一四日付）、および沼佐隆次『厚生省読本』（政治知識社、一九三八年）が「昭和十二年の三、四月の頃」に陸軍が「内輪」で作成した「「衛生省」案要綱」として紹介している構想がそれに該当すると考えられる。

（11）　「国民体力管理法制定の建議」『学術振興』第三号（一九三七年五月）。日本学術振興会は一九三二年に「学術研究を振興し其の応用を図り文化の進展産業の開発及国防の充実に資」すべく設立された財団法人（会長＝内閣総理大臣）であり、「壮丁体位低下」問題が提起されるとその調査研究を付託されていた。日本学術振興会については、『日本学術振興会三十年史』（日本学術振興会、一九九八年）を参照。

(12)「保健社会省(仮称)設置の理由」は、前掲『厚生省二十年史』一〇一―一〇二頁、前掲『厚生省五十年史(記述篇)』三八三頁、石川準吉『国家総動員史 資料編4』(国家総動員史刊行会、一九七六年)七〇〇頁などに収録されている。なお『国家総動員史 資料編4』六七一頁には、同文書の原案である企画庁「社会保健省(仮称)設置の理由」も収録されている。

(13) 永井和『近代日本の軍部と政治』(思文閣、一九九三年)第一部第三章「現役将校の官界進出」参照。ただし永井は、軍事保護院の現役軍人をカウントしているため、戦時期の厚生省を現役軍人の進出が著しい官庁としている。

(14) 医務局長解任の辞令は、中国地方の陸軍病院視察のため出張していた小泉のもとに、電報によって通達された。しかし常石敬一によれば、「一片の電報によって医務局長が更迭されるというのは異例」であり、そもそも医務局長の更迭のような人事は「通常は一年位前から内命があるのだが、この時は全く何もなかった」。また「歴代の局長の任期はおおむね十年であり、小泉はその時在任四年半」に過ぎず、小泉にとっては「まさに「青天のへきれき」であった」という(前掲常石敬一・朝野富三『細菌戦部隊と自決した二人の医学者』一〇四頁)。

第三章　広田―第一次近衛内閣期の「社会政策」と「社会国家」

(1) 国民健康保険制度の成立をめぐっては多くの論考があるが、ここでは佐口卓『国民健康保険』(光生館、一九九五年)、中静未知『医療保険の行政と政治』(吉川弘文館、一九九八年)、新田秀樹『国民健康保険の保険者』(信山社、二〇〇九年)を挙げるにとどめる。

(2) 産業組合については前掲森『戦時日本農村社会の研究』、加瀬和俊「昭和恐慌と産業組合

（報告）」（齋藤仁編『日本資本主義の展開と産業組合』日本経済評論社、一九七九年）、楠本雅弘編著『農山漁村経済更生運動と小平権一』（不二出版株式会社、一九八三年）、大門正克『近代日本と農村社会』（日本経済評論社、一九九四年）などを参照。

（3）賀川豊彦については多くの評伝・研究があるが、比較的最近のものとしてロバート・シルジェン／賀川豊彦記念松沢資料館監訳『賀川豊彦』（新教出版社、二〇〇七年）、『季刊ａｔ』第一五号（二〇〇九年四月）の特集「賀川豊彦　その現代的可能性を求めて」を挙げるにとどめる。なお昭和期の賀川の社会事業への取り組みについては、黒川徳男「昭和初期社会事業と賀川豊彦」（『國學院雑誌』第九五巻一一号、一九九四年一一月）を参照。

（4）協同組合とは、今日では「共同で所有され、民主的に管理される事業体を通して、自分たちが共通して抱く経済的、社会的、文化的な要求と願望を満たすために、人々が自発的に団結した自律的なアソシエーション」（国際協同組合同盟）と定義される広義のＮＰＯの一つであり、その始まりは一九世紀半ばのイギリスに生まれたロッチデール公正開拓者組合であるとされている。その組織には大別して消費者によるもの（生活協同組合など）と生産者によるもの（農業協同組合など）があるが、戦前の日本では協同組合の法的根拠は産業組合法のみであった。詳しくは川野重任ほか編『新版　協同組合事典』（家の光協会、一九八六年）などを参照。

（5）社団法人実費診療所については、鈴木梅四郎『医療の社会化運動』（実生活社出版部、一九二九年）、社団法人実費診療所『社団法人実費診療所の歴史及事業（１―３）』（同、一九二〇―三五年）を参照。

（6）無産者診療所運動については、増岡敏和『増補改訂版民主医療運動の先駆者たち』（全日本

民主医療機関連合会出版部、一九七八年）を参照。

（7）　田所輝明「大衆保健制度の提唱」『日本医事新報』一九三二年一月三日。

（8）　彼らの活動については、前掲全国厚生農業協同組合連合会編『協同組合を中心とする日本農民医療運動史（前編・通史）』（執筆は高橋新太郎）のほか、東京医療生協五十年史編さん委員会編『東京医療生協五十年史』（東京医療生活協同組合、一九八二年）、秋田県厚生農業協同組合連合会『秋田県医療組合運動史料』（同、一九七九年）、黒川泰一『沙漠に途あり』（家の光協会、一九七五年）、渡部勇吉『生協の先駆者鈴木真洲雄』（無明舎出版、一九九一年）、三宅正一追悼刊行会編『三宅正一の生涯』（同、一九八三年）などを参照。また三宅正一については、黒川徳男「無産派代議士の職能的側面と戦時社会政策」（『日本歴史』第五七九号、一九九六年八月）、横関至「農民運動指導者三宅正一の戦中・戦後（上・下）」（『大原社会問題研究所雑誌』第五五九・五六〇号、二〇〇五年六・七月）も参照。

（9）　彼らのうち佐藤公一については佐藤公一先生遺徳顕彰会『佐藤公一――伝記と追想』（同、一九七一年）、西田近太郎については西田近太郎追想集編集委員会『西田近太郎追想集』（同刊行会、一九七二年）を参照。

（10）　このような医療の「病院化」については、猪飼周平『病院の世紀の理論』（有斐閣、二〇一〇年）を参照。

（11）　これらの具体的事例については、井上隆三郎『健保の源流筑前宗像の定礼』（西日本新聞社、一九七九年）、西村万里子「国保制度成立過程における地方の役割と社会保障の萌芽」（『季刊社会保障研究』第三〇巻四号、一九九五年三月）、青木郁夫「時局匡救医療救護事業の医療政策史上の位置」（『日本医療経済学会会報』第七二号、二〇〇七年一〇月）などを参照。

(12) 川村秀文によれば、「当時は政党が凋落して〔議員の〕統制がとれなくてバラ〳〵になつて居り纏まらぬ、結局我々は議員一人一人を説いて廻らなければなら」なかったという（座談会「国民健康保険発達の回顧」『健民』第七巻一号、一九四三年一月）。

(13) 国民健康保険法（旧）による「普通国民健康保険組合」とは、「其の地区内の世帯主」によって組織されるものであり、他に「同一の事業又は同種の業務に従事する者」を組合員とする「特別国民健康保険組合」があった。市町村による国保の公営を原則とする現行法では、「国民健康保険組合」とは後者のことを指す。

(14) 人口食糧問題調査会の「社会政策的人口対策」については、杉田菜穂『人口・家族・生命と社会政策』（法律文化社、二〇一〇年）第八章を参照。

(15) 上田貞次郎については上田正一『上田貞次郎伝』（泰文館、一九八〇年）を参照。

(16) 那須皓については、那須皓先生追想集編集委員会編『那須皓先生――遺文と追想』（農村更生協会、一九八五年）、村上保男『日本農政学の系譜』（東京大学出版会、一九七二年）第三章などを参照。

(17) 農村経済更生運動については本章注(2)の文献のほか、平賀明彦『戦前日本農業政策史の研究』（日本経済評論社、二〇〇三年）、加瀬和俊「就業構造と農業」（石井寛治ほか編『日本経済史3　両大戦間期』東京大学出版会、二〇〇二年）などを参照。

(18) 杉野忠夫は農村更生協会の設立に際し、京都帝大農学部助教授（一九三三年より）から協会の主事（調査部長）に転じた農政学者であったが、学生時代（東大法学部）は新人会に属したマルキストであった。杉野については杉野忠夫博士遺稿集刊行会編『杉野忠夫博士遺稿集』（同、一九六七年）、および藤原辰史「学に刻まれた「満洲」の記憶」（山本有造編『満洲 記憶と歴史』京都大学学術出版会、二〇〇七年）を参照のこと。

(19)「重要産業五年計画要綱」は、島田俊彦・稲葉正夫編『現代史資料8 日中戦争1』（みすず書房、一九六四年）七三〇―七三二頁、防衛庁防衛研修所戦史室『陸軍軍需動員1 計画編』（朝雲新聞社、一九六七年）五九〇―五九七頁などに収録されている。

(20) 一九三〇年代の近衛は、「持たざる国」の生存権を保障すべしという自らの持論の論拠として、日本の人口問題を挙げるようになる。しかし近衛は、二・二六事件後間もなくアメリカ通信社の質問に応じた一文で、「われ〳〵が直になし得る唯一のことは工業を発達させ、外国貿易を拡張し、かくして農村人口の一部を工場に向けることである」と、「農村工業化」こそが「人口過剰の圧迫を緩和する唯一の鍵である」と述べている（伊藤武編『近衛公清談録』千倉書房、一九三七年、二七七―二七八頁）。

第三章　戦時労働政策と「社会国家」

(1) 労働問題研究会とその参加者の思想については、有馬学「戦時労働政策の思想」（『史淵』第一二〇輯、一九八三年）が詳細な検討を加えている。

(2) この点について前掲有馬「戦時労働政策の思想」は、大河内や風早八十二における「再編成」論の論理的契機が「事実としての重化学工業化」にあり、「高度工業化としての戦時経済の進展が、日本社会の後進性を破壊すると考えられた限りにおいて、それは彼等にとって歴史の進歩を意味していた」と指摘している。なお有馬『日本の歴史23　帝国の昭和』（講談社、二〇〇二年）二四二―二四六頁も参照。

（3）「生産力拡充計画要綱」は稲葉正夫ほか編『太平洋戦争への道　別巻　資料編』（朝日新聞社、一九六三年）、前掲『現代史資料8　日中戦争1』、中村隆英・原朗編『現代史資料43　国家総動員1』（みすず書房、一九七〇年）などに収録されている。また生産力拡充計画の立案・実施過程については、山崎志郎「生産力拡充計画の展開過程」（『年報近代日本研究9　戦時経済』山川出版社、一九八七年）、同「戦時工業動員体制」（原朗編『日本の戦時経済』東京大学出版会、一九九五年）などを参照。

（4）労務管理調査委員会の組織と答申については、厚生省労働局『労務管理調査委員会関係資料』（一九四一年）、鈴木正宗「労務管理調査委員会と其の事業」（『産業福利』第一五巻一号、一九四〇年一月）、村越安太郎「労務管理調査委員会の答申成る（一）（二）」（『産業福利』第一五巻一一・一二号、一九四〇年一一・一二月）を参照。

（5）労働者年金保険法をめぐる研究としては、前掲相澤『日本社会保険の成立』のほか、土穴文人「労働者年金保険法制定史論」（拓殖大学研究所『研究年報』第五号、一九八三年）、横山和彦・田多英範編『日本社会保障の歴史』（学文社、一九九一年）、村上貴美子『戦後所得保障制度の検証』（勁草書房、二〇〇〇年）などを参照。

（6）「美濃部洋次文書」は商工省・企画院・軍需省の官僚を歴任した美濃部洋次が収集し、国策研究会の矢次一夫に託した戦時経済政策に関する文書群であり、一九八五年に東京大学附属図書館に収められた（目録として『国策研究会文書目録』が刊行）。本書では雄松堂刊行の「美濃部洋次文書：マイクロフィルム版」を用い、各文書には原資料に付された整理番号を記した。

(7) たとえば一九四〇年二月の第七五議会において三宅正一（社会大衆党）は、ナチスドイツの社会保険がインフレ防止策として大きな役割を果たしていることを強調した上で、「軍需工業者のインフレ「防止」と、さうして激しい労働時間から来る老後の安定の為の養老年金、養老保険、鉱山労働者の養老保険等に依つて、老後を安定させる途が何より必要」であると論じている（「第七十五回帝国議会衆議院予算委員第五分科（文部省及厚生省所管）会議録（速記）」第一回、三一―三二頁）。年金保険＝購買力吸収論は、年金制度創設を要求する側からその論拠として提示されていたのである。

(8) 国策研究会とは一九三三年、労働事情調査所主管であった矢次一夫らを中心に発足した「国策研究同志会」が、一九三七年に発展したシンクタンクであり、政・官・財・軍部に広くつながりを持ち、「民間企画院」と呼ばれるほどに多くの調査研究を行った（現在も財団法人国策研究会として存続）。戦前の国策研究会については、矢次一夫『昭和動乱私史（上・中・下）』（経済往来社、一九七一―七三年）を参照。

(9) 大日本産業報国会における福利厚生事業の位置づけについては、大日本産業報国会『中小工業の厚生施設』（同、一九四一年）、坂本金吾『労務者厚生と環境整備』（東洋書館、一九四一年）、南岩男『日本勤労管理論』（八雲書店、一九四四年）などを参照。また高岡裕之「大日本産業報国会と「勤労文化」」（『年報・日本現代史』第七号、現代史料出版、二〇〇一年）も参照されたい。

(10) 西山夘三については、西山夘三記念すまい・まちづくり文庫『西山夘三とその時代』（同、二〇〇〇年）、住田昌二・西山夘三記念すまい・まちづくり文庫編『西山夘三の住宅・都市論』（日本経済評論社、二〇〇七年）を参照。

第四章　戦時人口政策と「社会国家」

（1）「基本国策要綱」は「わが国が自由主義的性格から全体主義的性格へ国家体制を変更してゆくべき国防国家としての建設綱領」（企画院研究会『国防国家の綱領』新紀元社、一九四一年、三四頁）であったが、同要綱およびそれに基づいて作成・決定された「基本国策」群のいくつかは、閣議決定文書と公表文書が異なっている。「人口政策確立要綱」もその一つであり、同要綱の正文については前掲『厚生省五十年史（記述篇）』四一六―四一九頁を参照。「基本国策」群全体の閣議決定文書と公表文書の異同については、企画院『基本国策要綱』（一九四一年七月、国立公文書館所蔵）を参照。なお「基本国策要綱」の成立事情については、古川隆久『昭和戦中期の総合国策機関』（吉川弘文館、一九九二年）第四章を参照。

（2）舘稔は一九〇六年三重県に生まれ、一九二九年に東京帝大経済学部を卒業。その後は指導教員である土方成美の研究所（一九二九―三〇年）、日本評論社特別編輯嘱託（一九三〇―三三年）、人口問題研究会研究員（一九三三―三七年）を経て社会局嘱託となっていた（「故舘稔所長の略歴と業績」『人口問題研究』第一二三号、一九七二年七月）。

（3）「人口政策確立要綱」の作成に直接関与した人物は、起案資料に記名がある美濃口時次郎以外は不明である。しかし古屋芳雄が「舘（稔）さんや美濃口（時次郎）さんらと共に、当時政府の発表した人口政策要綱の作製に関係していた」と回想していること（前掲古屋『老学究の手帖から』四三頁）、要綱発表後になされた解説のほとんどが美濃口、古屋、舘、中川の四名によるものであったことからすれば、彼ら四名が人口政策サイドにおける要綱作成の中心人物であったことは間違いない。

（4）　一九五〇年の所要人口八五〇〇―八六〇〇万が「人口政策確立要綱」作成の前提であったことは、その第一案冒頭に記載された書き込みからも確認できる。この数値は、「第一軍事上所要量、第二産業上所要量、第三東亜共栄圏に於ける我が民族の地位上の所要量」の三点から算出したとされ（人口問題研究会編『人口・民族・国土』同、一九四一年、九頁）、舘稔によれば、その算出主体は人口問題研究所であったという（舘『人口問題説話』汎洋社、一九四三年、一〇六頁）。

（5）　なお「人口政策確立要綱」の作成過程では、第二案（一九四〇年一一月一日）から昭和三〇年＝一九五五年の総人口を一億人とする目標が掲げられていたが、第六案（一九四一年一月一六日）の段階で目標年次が昭和三五年＝一九六〇年に変更されている。こうした過程からは、まず目標人口として「一億」というわかりやすい数値が設定され、その実現可能性が検討された結果、昭和三五年＝一九六〇年という目標年次が決定されたことがうかがえる。

（6）　「近隣諸国の増殖力」の脅威として念頭に置かれていたのはソ連であった。美濃口は「数年前の状態」のソ連の人口増加率一七‰に対して日本は一二‰であり、「ロシヤ民族の圧力と云ふものは、時の経つにつれて大和民族を益々圧倒して来ることになる」。そこでこの脅威を取り除く、「すなはちロシヤの人口の発展力に追ひつくといふこと、言ひ換へれば日本の二倍の人口を擁してゐるロシヤの人口に、段々に接近して行くことが必要」と説明している（前掲美濃口「人口政策確立要綱の目標と方策」）。

（7）「人口政策確立要綱」と「農業政策要綱」とでは、農業人口が全人口に占める比率が異なっているのは、当時五五〇万戸とされた農家一戸当たり家族数を五・五人と仮定するか（四一％）、六人と仮定するか（四五％）という推計方式の違いによるものと思われる。

（8）企画院事件については宮地正人「企画院事件」我妻栄ほか編『日本政治裁判史録　昭和・後』（第一法規出版、一九七〇年）および大竹啓介『幻の花　和田博雄の生涯（上）』（楽游書房、一九八一年）を参照。

（9）たとえば一九四三年度より着手された「皇国農村確立運動」は、「大東亜建設に伴ふ人口及民族政策〔後述〕の根本趣旨に依り大和民族培養の源泉として其の人口の一定量を農村に確保することを策定すると共に主要食糧自給力の充実を実現する為皇国農業及農民の維持培養基地として真に相応はしき皇国農村の確立」を目指すものであり（一九四二年一一月一二日閣議決定「皇国農村確立促進に関する件」）、農村人口確保の民族的意義を強調したものであった。「皇国農村確立運動」については、前掲森『戦時日本農村社会の研究』、暉峻衆三『日本農業問題の展開（下）』（東京大学出版会、一九八四年）、平賀明彦『戦前日本農業政策史の研究』（日本経済評論社、二〇〇三年）を参照。

（10）こうした問題については、庄司俊作『日本農地改革史研究』（御茶の水書房、一九九九年）、同『近現代日本の農村』（吉川弘文館、二〇〇三年）、渡辺尚志・五味文彦編『新体系日本史3　土地所有史』（山川出版社、二〇〇二年）第Ⅳ章（坂根嘉弘執筆部分）などを参照。

（11）国土計画については岡田知弘『日本資本主義と農村開発』（法律文化社、一九八九年）、同

「農工調整問題と国土計画」（戦後日本の食料・農業・農村編集委員会編『戦後日本の食料・農業・農村1　戦時体制期』農林統計協会、二〇〇三年）、御厨貴『政策の総合と権力』（東京大学出版会、一九九六年）、芝村篤樹『日本近代都市の成立』（松籟社、一九九八年）、水内俊雄「総力戦・計画化・国土空間の編成」（『現代思想』第二七巻一三号、一九九九年一二月）、同「近代日本の国土空間の生産をめぐる計画化思想とその実践」（山室信一ほか編『岩波講座「帝国」日本の学知8　空間形成と世界認識』岩波書店、二〇〇六年）、沼尻晃伸『工場立地と都市計画』（東京大学出版会、二〇〇二年）を参照。

（12）　石川栄耀の都市計画論・国土計画論については、『都市計画』第一八二号（石川栄耀生誕百年記念号、一九九三年七月）、中島直人・西成典久・初田香成・佐野浩祥・津々見崇『都市計画家　石川栄耀』（鹿島出版会、二〇〇九年）、高崎哲郎『評伝　石川栄耀』（鹿島出版会、二〇一〇年）を参照。

（13）　健民懇話会とは、①廣瀬久忠、吉田茂（後の首相とは別人）などの厚生大臣経験者や、②三宅正一、安達謙蔵、大口喜六、田子一民など厚生問題に関係の深い議員ら、③それに暉峻義等など小泉に近しい人々、④および小泉親彦自身が名前を連ねた、事実上の小泉の応援組織であった。

（14）　大東亜建設審議会における議論と答申については、明石陽至・石川均（解題）『大東亜建設審議会関係史料』（全四巻、龍渓書舎、一九九五年）を参照。また山本有造「「大東亜共栄圏」構想とその構造」（古屋哲夫編『近代日本のアジア認識』京都大学人文科学研究所、一九九四年）、安達宏昭「戦時期の「大東亜経済建設」構想」（同時代史学会編『日中韓ナショナリズムの同時

代史』日本経済評論社、二〇〇六年）も参照。

第五章　「健兵健民」政策と戦時「社会国家」

（1）「医療制度改善方策」は日本科学史学会編『日本科学技術史大系25　医学2』（第一法規出版、一九六七年）、厚生省医務局編『医制百年史（資料編）』（ぎょうせい、一九七六年）などに収録されている。

（2）こうした問題に関しては、大門正克・柳沢遊「戦時労働力の給源と動員」『土地制度史学』第一五一号（一九九六年四月）、大門正克「序説「生存」の歴史学」『歴史学研究』第八四六号（二〇〇八年一〇月）を参照。

（3）この軋轢は、生活と生産の領域の未分離な部落を地域原理（内務省）、職能原理（農林省）のいずれのルートで組織化するかという、全体主義的総力戦体制における原理的相剋であり、医療制度改革をめぐる厚生省と全医協・産業組合の競合・対立もその一つの現れと考えられる。この問題については池田順『日本ファシズム体制史論』（校倉書房、一九九七年）第二編を参照。

（4）野村拓『戦時下医療政策ノート』（医療図書出版社、一九七八年）は、日本医療団が「医療営団（仮称）」として構想されていたことを明らかにしている。ただしこの構想は一九四一年八月頃、日本新医界建設同志会が検討していたという「病院営団」にさかのぼる可能性がある。日本新医界建設同志会については、高岡裕之「医界新体制運動の成立」（『日本史研究』第四二四号、一九九七年一二月）を参照。

（5）なお健康保険制度も一九四二年二月の法改正により拡充が目指され、職員健康保険制度

(一九三九年成立)の統合と適用事業所の拡大、家族給付の法定化などが行われた。こうした制度改正と戦時工業化による労働者増加が相まって、一九四〇年度末に約五六七万人(うち職員健康保険が六七万)であった健保被保険者数は、一九四三年度末には八〇三万人、四四年度末には九四八万人に達している(厚生省保険局『健康保険三十年史(下)』全国社会保険協会連合会、一九五八年)。家族給付の対象となる被扶養者を含めれば、戦争末期には国民のほぼ九割が健康保険・国民健康保険両制度の下に包摂されるようになっていたと考えられる。

(6)　一九四一年七月に制定された「保健婦規則」(厚生省令)は、保健婦を「疾病予防の指導、母性又は乳幼児の保健衛生指導、傷病者の療養補導、其の他日常生活上必要なる保健衛生指導の業務を為す者」と規定している。保健婦の成立過程については大国美智子『保健婦の歴史』(医学書院、一九七三年)、また戦時下の保健婦については社会事業研究所・赤木朝治『日本の保健婦』(常磐書房、一九四三年)を参照。

(7)　ただし産業組合の「代行」率(一九四三年六月末現在)は一様ではなく、岩手(九〇%)、静岡(八七%)、高知(八〇%)、群馬(七八%)、栃木(七六%)など「代行」組合が主流をなした県がある一方、大阪・香川・徳島(ともに〇%)、青森・神奈川(一%)のように「代行」組合が皆無に近い県まで、きわめて大きい地域差があった。

(8)　筆者は以前、前掲『医制百年史(資料編)』の数値をもとに、一九四二年以後の医師数が四三年＝三万四四二三人、四四年＝一万一一三五人と急減したと述べたことがあるが、厚生省の医師統計は一九四二年は四四道府県、四三年は三二道府県、四四年は一五府県分の集計に過ぎず、その全体像を復元する手がかりはない。ここに謹んで訂正しておきたい。

（9）ただし国民体力法が被管理者以外に適用されなかったわけではなく、一九四二年からは三九年より実施されていた乳幼児一斉検診が同法に基づく「乳幼児体力向上指導」として行われるようになったほか、一九四二年の法改正により、地方長官がとくに必要を認めた場合には被管理者以外の者に対しても体力検査が実施できるようになっている。

補章　高田保馬と戦時人口政策

（1）関連文献には、①「戦時期日本における「児童保護」の変容――人口政策との関連を中心に」（橋本伸也・沢山美果子編『保護と遺棄の子ども史』昭和堂、二〇一四年）、②「戦時下日本における農村人口論争――日中戦争～アジア・太平洋戦争期」（笹川裕史編『戦時秩序に巣喰う「声」――日中戦争・国共内戦・朝鮮戦争と中国社会』創土社、二〇一七年）、③「一九三〇―四〇年代の農村社会と人口問題――社会事業との関連において」（『社会事業史研究』第五二号、二〇一七年九月）、④「戦時の人口政策」（小島宏・廣嶋清志編『人口政策の比較史』日本経済評論社、二〇一九年）などがある。

（2）高田保馬に関する牧野氏の研究には、①『戦時下の経済学者』（中央公論新社、二〇一〇年）での論及のほか、個別論文として②「高田保馬の価格論と勢力説」（『経済論叢』第一七六巻四号、二〇〇五年一〇月）、③「高田保馬の貧困論――貧乏・人口・民族」（小峯敦編『経済思想のなかの貧困・福祉――近現代の日英における「経世済民」論』ミネルヴァ書房、二〇一一年）、④「高田保馬の人口論――人口理論、農村政策、国土計画」（『マルサス学会年報』第二一号、二〇一二年）、⑤「高田保馬の農業論」（『摂南経済研究』第九巻一・二号、二〇一九年三月）、⑥「高田保馬とその政策論——農業・貧困・国土計画」（『鎮西学院大学現代社会学部紀要』第二一巻一号、二〇二二年一二月）、⑦「高田保馬の社会学と経済学——「理論」と「時論」」（『経済論叢』第一九七巻二号、二〇二三年一二月）がある。

（3）高田保馬の経歴については、高田保馬博士追想録刊行会『高田保馬博士の生涯と学説』（創文社、一九八一年）を参照。

（4）福武直「高田保馬」（福武直・日高六郎・高橋徹編『社会学辞典』有斐閣、一九五八年）。

（5）森嶋通夫・伊藤史朗編『経済成長論』（創文社、一九七〇年）「はしがき」一頁。

（6）高田保馬を論じた文献は多数存在するが、ここでは比較的近年のものとして先の牧野論文のほか、八木紀一郎『近代日本の社会経済学』（筑摩書房、一九九九年）、北島滋『高田保馬——理論と政策の無媒介的合』（東信堂、二〇〇二年）、金子勇編『高田保馬リカバリー』（ミネルヴァ書房、二〇〇三年）、杉田菜穂『人口・家族・生命と社会政策』（法律文化社、二〇一〇年）を挙げるにとどめる。

（7）前掲福武「高田保馬」。

（8）高田は『社会と国家』（岩波書店、一九二二年）において、ゲマインシャフトの訳語を従来用いていた「犠牲社会」から、原義に近い「共同社会」に改めた旨を記しているが（三七頁）、その七カ月後に刊行された『社会学概論』では「犠牲社会」の用語が残されている。なおゲゼルシャフトに「利益社会」の訳語を当てたのも高田であると伝えられている。

（9）富永健一「高田保馬とパーソンズ」（前掲金子編『高田保馬リカバリー』）。

（10）高田保馬「力の欲望と唯物史観」（新明博士還暦記念論文集刊行会編『社会学の問題と方法

新明博士還暦記念論文集』有斐閣、一九五九年）四〇七―四〇八頁。
(11)　前掲福武「高田保馬」。
(12)　高田保馬『人口と貧乏』（日本評論社、一九二七年）一二―一四頁。以下の「除貧の二途」の引用もすべて同書に収録されている。
(13)　前掲高田『人口と貧乏』に収録。
(14)　ここでの産児制限論とは、避妊の実行による産児制限（産児調節）を唱える思想潮流を指す。これはマルサス人口論に依拠しながら労働者の地位向上や女性の解放を目ざす社会改良運動として登場したもので、一八七八年にイギリスで設立された「マルサス主義連盟」がその最初のものとされる。しかしマルサス自身は、避妊を不自然・不道徳と見なしていたため、この運動・思想は「マルサス主義」と区別して「新マルサス主義」と呼ばれた（伊藤久秋「いわゆる新マルサス主義」、下中弥三郎編『人口大事典』平凡社、一九五七年、七〇―七四頁）。日本において産児調節運動が始まる契機となったのは、一九二二年にアメリカの著名な産児調節運動指導者マーガレット・サンガーが来日したことであった（藤目ゆき『性の歴史学』不二出版、一九九七年）。
(15)　①「本邦出生率増加ノ原因（一）」（『経済論叢』第二巻一号、一九一六年一月）、②「本邦出生率増加ノ原因（二）」（同第二巻三号、一九一六年三月）、③「社会階級別ト出生率トノ関係」（同第二巻五号、一九一六年五月）、④「生死減少逆行ノ法則」（同第二巻六号、一九一六年六月）。①②は、高田保馬『現代社会の諸研究』（岩波書店、一九二〇年）、③④は同『社会学的研究』（東京宝文館、一九一八年）に収録。

(16) 当時のヨーロッパにおける人口論については、南亮三郎編『人口論史』(勁草書房、一九六〇年)、南亮三郎『人口思想史』(千倉書房、一九六三年)参照。
(17) 福島都茂子『フランスにおける家族政策の起源と発展』(法律文化社、二〇一五年)、河合務『フランスの出産奨励運動と教育』(日本評論社、二〇一五年)参照。
(18) Pierre Paul Leroy-Beaulieu, *La Question de la population*, Félix Alcan, 1913, p. 184.
(19) 前掲杉田『人口・家族・生命と社会政策』二二五頁。
(20) 前掲高田『民族と経済』に収録。
(21) 高田保馬「戦時の消費節約について――その社会的意義」(『商工経済』第七巻一号、一九三九年一月)、前掲高田『民族と経済』九一―九二頁。
(22) 高田保馬「国民生活の計画化」(『経済情報・政経篇』第一五巻一一号、一九四〇年九月)、高田保馬『民族と経済　第二集』(有斐閣、一九四三年)三四一頁。
(23) 前掲高田『民族と経済　第二集』一八一―一八二頁。
(24) 那須皓「米穀問題と人口問題」(人口問題研究会『人口問題講演集(第二輯)』人口問題研究会、一九三四年)。
(25) 大槻正男「二面包摂の人――高田博士の業績」『京都帝国大学新聞』一九四四年一一月二一日(前掲高田保馬博士追想録刊行会『高田保馬博士の生涯と学説』に収録)。
(26) 前掲高岡「戦時下日本における農村人口論争――日中戦争～アジア・太平洋戦争期」参照。
(27) 舘稔「日本民族強化と人口問題」(『公論』第三巻一号、一九四〇年一月)。
(28) 舘稔「国土計画への関聯に於て見たる都市人口増殖力に関する若干の問題」(『都市問題』

第三二巻一号、一九四一年一月）。なお舘は、戦後「形式人口学」をまとめ上げ、日本の人口学の基礎を確立することになる。

(29)『人口問題』第三巻四号、一九四一年三月、二五八頁。

(30) 前掲高岡「戦時の人口政策」参照。

あとがき

本書は当初、二〇一〇年三月に刊行される予定であった。それが一年近く遅延してしまったのは、ひとえに筆者の責任であり、まずは読者の方々に深くお詫び申し上げなければならない。以下、こうした遅延事情に関する「説明責任」を果たす意味も込めて、本書の成立事情について述べておきたい。

筆者が本書の主題であるファシズム・総力戦と福祉国家の関連という問題に正面から向かい合うこととなったのは、二〇〇四年に「岩波講座アジア・太平洋戦争」の第三巻『動員・抵抗・翼賛』(刊行は二〇〇六年一月)の執筆者として「戦時動員と福祉国家」というテーマを割り振られたことをきっかけとしている。もともと筆者は戦時期日本の「福祉国家」に通じる側面に関心があり、戦時下の「厚生運動」(レクリエーション運動)や医療政策をめぐる動向に着目して研究を進めていたので、これらの領域を中心に与えられた課題に応えるつもりであった。しかし講座で求められたのは、戦時「福祉国家」の全体像を描くことであり、そこまで考えたことがなかった筆者は正直なところ大いに悩むこととなった。結局この時は刊行期限ぎりぎりまで悩んだ挙げ句、戦時「福祉国家」＝

「戦時社会政策」を①体力管理と「国民医療」政策、②戦時人口政策、③戦時労働政策という三つの柱で捉える見取り図を提出したが、これは筆者にとってかなり大胆な仮説であった。

右の三つの柱のうち、検討を進める中で大きくイメージが変わったのが、「人口政策確立要綱」として登場してくる戦時人口政策であった。当初筆者は、戦時人口政策について、「戦争だから多くの人口が求められた」という常識的なイメージしか持っていなかった。ところが、歴史学研究会近代史部会の依頼で、たまたまドイツ史の川越修氏が当時刊行されたばかりの『社会国家の生成』(岩波書店、二〇〇四年)の書評を行うこととなり(二〇〇四年一一月)、その準備を通じて人口政策とはそれほど単純なものではないということを認識することとなった。同書は「福祉国家」≒「社会国家」の生成を、従来のように社会主義との対抗という文脈からではなく、「工業化の帰結としての都市社会化と人口転換の帰結としての近代家族化を共通の要因として生成」(二三五頁)したものと捉え、そしてナチズムもその例外ではなかったことを、ドイツ「社会衛生学」および人口学の議論の検討を通じて説得的に提示するものであった。筆者の「福祉国家」観は、こうした川越氏の「社会国家」観、またいま一人の書評者であった市野川容孝氏の「社会」論(のちに市野川『社会』岩波書店、二〇〇六年としてまとめられた)に大きな影響を受けている。

とはいえすでに「人口転換」を終えていたナチスドイツと、本格的な「人口転換」が一九五〇年代に生じた日本では、歴史的条件が異なっている。にもかかわらず類似の人口政策論(人口増殖論)が登場してくるのはなぜか。こうした疑問を解くためには、戦前日本の人口問題全体を考察しなければならなかったが、従来の研究は人口問題の「質」的＝優生学的側面に偏したものであり、「量」的人口問題についてはほぼ空白状態から出発しなければならなかった。こうした作業は、「岩波講座アジア・太平洋戦争」の段階では間に合わず、先の書評会をきっかけに川越氏に誘っていただいた「生命の比較社会史」研究会(同志社大学・慶応大学)の論集(川越修・友部謙一編『生命というリスク』法政大学出版局、二〇〇八年)に寄せた「戦時人口政策の再検討」において、ようやくその概観を提示することができた。

他方、本書の企画は二〇〇七年初頭の段階からスタートしており、その当初の構成案は「岩波講座アジア・太平洋戦争」に寄せた「戦時動員と福祉国家」を敷衍するというものであった。ところがそれが順調に進まなかった最大の理由は、右の人口政策に関する検討が農業政策論の検討へと進まざるを得なくなったためである。戦時下において人口政策論と農業政策論がリンクしていたという問題は、「戦時人口政策の再検討」の執筆途中にようやく気がついたことであったが、もともと都市を主なフィールドとして研究を行ってきた筆者にとって、農業政策史ないし農村政策史は事実上専門外の分野といってよかった。そこで二〇〇七年から筆者は、人口政策論と農業政策論の相互関連の検証にのめり込むこととなり、その過程で依頼された仙台近現代史セミナー（二〇〇七年九月）、現代史サマーセミナー（二〇〇九年八月）の報告では、共にこの問題に関する筆者の中間的試論を報告させてもらい、参加者のみなさんから貴重なアドバイスをいただいた。

このように筆者の関心が、人口政策と農業政策の相互関連に集中するなかで、筆者は二〇〇九年の段階で本書の構成案を、厚生省設立問題と体力・医療問題および人口政策に限定した内容、つまり本書のうち第三章を省いたものとして構想するようになった。この段階での筆者の「戦時社会政策」に関するイメージは、「岩波講座アジア・太平洋戦争」の時点と同様、総力戦体制の論理は基本的に大河内一男の「戦時社会政策」論＝「生産力理論」に類似するものであり、その下に体力・医療、労働、人口の三つの政策体系が並列して存在しているというものであった。それゆえ三つの政策体系から労働政策を除いても問題はなく、分量的な面からも妥当と考えたのである。ところが人口政策と農業政策の相互関連の検討を進める中で、戦時人口政策の論理が実は「生産力理論」と真っ向から対立するものであったことに気がついた。これは筆者の能力不足以外のなにものでもないが、ともあれこのことにより筆者の「戦時社会政策」像は根本的に組み替えることを余儀なくされ、そしてその作業は容易なものではなかった。本書が当初の刊行予定を守れなかったのは、こうした事情によるものである。

なお以上のような経緯により第三章を追加することになった本書では、紙数の関係から本来論及すべき個々の領域に関する先行研究や関連文献を大幅にカットしたほか、内容面においても多分に偏ったものとなっている(とくに第三章・第五章)。とくに戦時「社会国家」を考える上で重要な暉峻義等および彼が所長を務める日本労働科学研究所と、小泉親彦や大日本産業報国会との関係や、小泉の「健兵健民」政策を支えた医界新体制運動、また彼らによって推進された「健民運動」について論及できなかったことは残念である。また本書では戦時「社会国家」を論じながら、軍事援護事業の分析を欠き、さらに女性、被差別部落、植民地、ハンセン病者や精神病者などの問題にも論及してないが、前者に関しては一ノ瀬俊也、郡司淳、山本和重氏ら、後者の問題群に関しては荻野美穂、小野沢あかね、黒川みどり、藤野豊、生瀬克己氏らによってすぐれた研究がなされており、ぜひ参照していただきたい。

また本書は、先に挙げた「岩波講座アジア・太平洋戦争」論文、『生命というリスク』論文をはじめ、筆者が近年発表してきた論考を下敷きにしているが、先述のような経緯から分析の枠組みが変化したため、既発表の論文をそのまま使うことはできず、ほとんどが書き下ろしとなった。部分的に用いた論文は、右の二論文および注記したもの以下には以下の二つがある。

「戦争と「体力」――戦時厚生行政と青年男子」(阿部恒久ほか編『男性史2 モダニズム

から総力戦へ』日本経済評論社、二〇〇六年）
「戦時期日本の人口政策と農業政策」（『関西学院史学』第三五号、二〇〇八年）

ところで序章で述べたように、本書の目的は、日本の戦時体制の特質を「ファシズム」・「総力戦体制」・「福祉国家」という三つのカテゴリーの組み合わせにより説明するところにあるが、本文中においては「ファシズム」に関する積極的な定義を行ってこなかった。そこでこの場を借りて、筆者の「ファシズム」についての見方を述べておきたい。

実のところ一九九〇年代以降、日本近現代史における「ファシズム」論はきわめて低調となっている。その理由はよくわからないのだが、私見によれば、その最大の理由は、「ファシズム」が常に社会主義＝「革命」との対比において語られてきたことにある。かつて幅をきかせた「ファシズム」を金融資本によるテロ独裁と規定するコミンテルンの定義（いわゆるディミトロフ・テーゼ）は、要するに「ファシズム」を「反革命」と規定するものであり、また序章でも触れた丸山眞男の「ファシズム」論も、「ファシズム」を「二〇世紀における反革命の最も尖鋭な最も戦闘的な形態」と捉えるものであった。これに対し、一九八〇年代の「ファシズム」論でもっとも参照されたのは山口定氏の『ファシズム』（有斐閣、一九七九年、二〇〇六年に岩波現代文庫として新版が刊行）であったが、山口「ファシズム」論のポイントは「ファシズム」を「権威主義的反動」と「擬似革命」の政治的同盟として捉えた点にあった。

ところが一九九〇年前後に生じた「冷戦」構造の終焉は、社会主義＝「革命」概念を根本から揺るがすものであり、こうした状況の中で「革命」を前提とする「反革命」・「擬似革命」といった概念は有効なものではなくなった。現在の「ファシズム」概念は、決して自明なものではないのである。なお本書では、「全体主義的総力戦体制」という言葉を用いているが、「全体主義」も「総力戦体制」も共に戦時下の日本で「高度国防国家」の説明として実際に用いられていた表現であり、その意味で歴史研究者のいう「史料用語」といってもよい。

では筆者は「ファシズム」をどのように考えているかというと、大ざっぱにいえば、第一次世界大戦―第二次世界大戦間に生じた資本主義社会の「危機」(とりわけ大恐慌)と、ソヴィエト連邦という「社会主義国家」の誕生を前提として登場した、「自由主義」的資本主義を非「民主主義」的かつ民族主義的な方向で修正しようとする政治的試みというものである。こうした把握にはあまり目新しい部分がないが、ともかく筆者は「ファシズム」をこのように大まかに規定することで、「自由主義」的資本主義の克服という面では「社会主義国家」・「福祉国家」と共通の側面を持ちながら、同時にそれらとは異なる志向性を持った二〇世紀の歴史的産物として、あらためて考えるべきだと思っている。

このような「ファシズム」把握に立つ筆者の戦時期像は、これまでの研究でいえば雨宮昭一氏の「ファシズム」＝総力戦体制論（前掲雨宮『戦時戦後体制論』）に非常に近い位置にある。雨宮氏は戦時期研究者の中で、いち早く戦時期日本における「福祉国家」化の重要性や、「協同主義」の意義について注意を喚起されてきた。本書の分析には、雨宮氏が提起された問題の検証という面が含まれている。ただし筆者は、総力戦体制の「現代化」作用を雨宮氏ほど高く評価することはできず、また総力戦体制と占領改革の連続性という雨宮氏の主張（雨宮『シリーズ日本近現代史7　占領と改革』岩波新書、二〇〇八年）についても、終章で触れたように占領軍が戦時「社会国家」の少なからぬ部分を解体したことや、「過剰人口」問題の復活などの点からすれば、再考を要するものと考えている。

他方、本書のもう一方のキー概念である「福祉国家」（「社会国家」）については、筆者の前任校である都留文科大学時代に、後藤道夫氏と議論を交わせたことが大きな糧となっている。この間の後藤氏は、今後の日本が目指すべき方向としての「新福祉国家」論を提唱されているが、筆者が「福祉国家」の歴史的理解について尋ねると「それは歴史屋さんの仕事でしょう」と切り返されることがしばしばであった。本書はある面からいえば、大学からの帰途、中央線の車内などでなされた後藤氏とのやり取りの産物であり、「福祉国家」問題に関心のある方は後藤氏の一連の著作をぜひ参照願いたい。

本書の成り立ちに関してお世話になった方々は数え上げれば切りがないが、赤澤史朗・北河賢三・大門正克・大串潤児・鬼嶋淳・吉長真子の各氏には、本書の原点である戦前―戦後の保健医療問題研究について多くのアドバイスをいただいてきた。また雨宮昭一・源川真希・古川隆久・佐藤卓己の各氏には戦時体制の評価について、吉田裕・伊香俊哉両氏には軍隊について、森武麿・奥村弘両氏には農村社会・地域社会の理解について、安達宏昭・河西晃祐両氏には「大東亜共栄圏」について、坂上康博氏には戦時期の体育・スポーツについて、安田常雄氏には「現代」社会理解について、また川越修・服部伸・橋本伸也・高田実の各氏にはヨーロッパ史における「社会国家」・「福祉国家」の捉え方について、研究会などでの議論や共同研究を通じて多くのことを学ばせていただいている。しかし思い起こせば、筆者が戦時期における「福祉」の問題を扱うようになったのは、「戦時厚生事業」(社会事業)の成立過程を調べた大阪市立大学文学部の卒業論文が最初である。その際に指導教員の広川禎秀先生は、たぶん覚えておられないであろうが、「大河内理論がどうこうというのではなく、具体的な事実がどうであったのかを検討しなさい」とアドバイスされた。おそらくこうした広川先生の指導により、抽象的な理論問題よりも実態にこだわる筆者の研究態度が形成されたのだと思う。この場を借りて、あらためて御礼を申し上げたい。

なお末尾になったが、本書がまがりなりにも刊行にこぎつけ得たのは、担当編集者の吉田浩一さんの叱咤激励のおかげである。吉田さんがいなければ、筆者はおそらく同じテーマにしても、もともと筆者の関心があった医療政策限定で話を作るという「安易」な道を選んでいたと思う。そうではなくて、全体像を出すようにという厳しい注文と、一般読者に分かるような平易な議論をという要求は、正直いってつらいものがあったが、おかげで数年前には予想もしていなかった議論を作り上げることができた。本書の刊行が遅れたことも含め、心よりお詫びと感謝の念を捧げたい。

二〇一〇年一二月

高岡裕之

岩波現代文庫版あとがき

本書は、二〇一一年にシリーズ「戦争の経験を問う」の一冊として刊行された同名の旧著を文庫化したものである。文庫化に際し、補章を加えて「増補版」とすることにしたが、この機会に若干存在した不正確な記述の訂正と、「社会国家」に関する説明の修正を行った。

総力戦体制と「福祉国家」の関係を問うことを主題とした旧著は、概ね好意的に受けとめられたが、一部から強い違和感が提示されたことも事実である。筆者の尊敬するある研究者からは、戦時期日本を「福祉国家」として分析することは誤りであると、はっきり指摘された。また最近のことであるが、若い研究者から、旧著においてなぜ「福祉国家」が括弧書きで用いられているのかという、全く逆の文脈からの質問を受けた。筆者はこうした違和感や疑問が生じることをある程度予想し、それゆえ本文では主に「社会国家」という別のカテゴリーを用いたのだが、説明不足であったことは否めない。

あらためて確認しておくと、本書の目標は戦時期における「福祉国家」化の検証を通じて、「日本ファシズム体制＝全体主義的総力戦体制に関する新たな解釈を示すこと」

(本書一八頁)にあり、それゆえ日本ファシズム研究の潮流に位置づけられる作品である。にもかかわらず、旧著がお叱りをこうむったのは、「福祉国家」は戦争や「ファシズム」とは相容れない存在であるというイメージが広く浸透しているからであろう。「福祉国家」とは welfare state の訳語であるが、「福祉」であれ welfare であれ、そこには人々の幸福や豊かさという意味がある。そのような「福祉」を保障する「福祉国家」というイメージは、決して否定すべきものではない。しかし歴史学の研究対象としての「福祉国家」とは、一九世紀末から二〇世紀にかけて拡大した、近代資本主義国家の一つの側面・機能であって、このような側面・機能は「ファシズム」国家においても存在するとみなされている(近年における「福祉国家」史の把握については、Daniel Béland, Kimberly J. Morgan, Herbert Obinger and Christopher Pierson eds., *The Oxford Handbook of the Welfare State*, 2nd ed., Oxford University Press 2021 や Herbert Obinger, Klaus Petersen, and Peter Starke eds., *Warfare and Welfare: Military Conflict and Welfare State Development in Western Countries*, Oxford University Press 2018 を参照されたい)。

その一方で筆者は、右のような「福祉国家」研究の射程に限界を感じてもいた。「福祉国家」研究では、現在の制度の淵源を辿るという形で歴史に光が当てられることが多いが、このようなアプローチでは、現在の制度につながらない制度や議論は、視野の外に取り残されることになる。筆者が取り上げた戦時下の諸政策はまさにそのようなものであり、それらを問題とするには戦後「福祉国家」との系譜的連続性からではなく、同時代の文脈に即した考察が必要であると考えた。そこで筆者が採用したのが、一般に「福祉国家」に相当するドイツ的概念とされている「社会国家」Sozialstaatであった。ワイマール「社会国家」は同時代の日本人にもよく知られており、戦前の「福祉国家」問題を扱うには適当と考えたからである。筆者が「福祉国家」を括弧書きで用いる一方、「社会国家」という別のカテゴリーを設定した主な理由である。

もっとも旧著執筆当時の筆者は、「社会国家」に対する理解が不十分だったことから、「社会国家」という用語の使用は「あくまで便宜的なものに過ぎない」と断っていた。しかし筆者にとっての「社会国家」は、早々に「便宜的なもの」ではなくなっている。旧著の刊行後間もなく行った研究において、筆者は川越修氏が再定義した「社会国家」概念(工業化、都市化、近代家族化などの社会変動に対する国家の対応)に依拠しつつ、近現代日本における「社会国家」化の諸段階を、①一九二〇年代(「社会国家」化の萌芽期)、②一九三〇〜五〇年代(「社会国家」化の第一期)、③一九六〇〜八〇年代(「社会国家」化の第二期)と捉える仮説を提示し(高岡裕之「「生存」をめぐる国家と社会――二〇世紀日本を中心として」『日本史研究』第五九四号、二〇一二年二月)、その後も①の一九二〇年代を考える上で、ドイツ史における「社会都市」研究が有益であることなどを論じている(高岡裕之「飯田報告へのコメント：大阪府方面委員制度の歴史的性格をめぐって」『部落問題研究』第二三三輯、二〇二〇年五月)。現在の筆者は、「社会国家」を「福祉国家」のドイツ版として理解するのではなく、むしろ戦後「福祉国家」を「社会国家」のバリエーションとして捉えることが、歴史研究にとって有益であると考えている。

ともあれ、以上のような手法を用いた本書に、既存の研究とは全く異なる戦時期像を期待された読者は、そこで浮き彫りになる戦時「社会国家」像が、意外なまでに古典的な「天皇制ファシズム」イメージと整合的なことに落胆されるかも知れない。だが本書の意義は、つい最近までもっぱら大河内一男と「人的資源」をキーワードとして語られてきた「戦時社会政策」という領域が、実際には、異なる理想と目標をもつ多様な主体が、「社会改革」の実現を目ざしてせめぎ合う広大な闘技場であったことを示した点にあると筆者は考えている。

最後に、二〇二一年に三刷が刊行されて間もない本書に、増補版という形で文庫化の機会を与えていただいた岩波書店に感謝したい。とくに旧著に引き続き、本書の編集を担当していただいた吉田浩一氏には、厚く御礼申し上げたい。

二〇二四年五月

高岡裕之

『総力戦体制と「福祉国家」――戦時期日本の「社会改革」構想』は二〇一一年一月、「シリーズ戦争の経験を問う」の一冊として岩波書店より刊行された。岩波現代文庫への収録に際し、「補章　高田保馬と戦時人口政策」を加え、書名を『増補　総力戦体制と「福祉国家」――戦時期日本の「社会改革」構想』とした。

索　引

サ 行

タ　行

ナ 行

ハ行

マ行

ヤ　行

ラ　行

ワ　行

増補 総力戦体制と「福祉国家」
——戦時期日本の「社会改革」構想

2024年7月12日　第1刷発行

著　者　高岡裕之《たかおかひろゆき》

発行者　坂本政謙

発行所　株式会社 岩波書店
〒101-8002 東京都千代田区一ツ橋 2-5-5

案内 03-5210-4000　営業部 03-5210-4111
https://www.iwanami.co.jp/

印刷・精興社　製本・中永製本

ISBN 978-4-00-600479-8　Printed in Japan

岩波現代文庫創刊二〇年に際して

二一世紀が始まってからすでに二〇年が経とうとしています。この間のグローバル化の急激な進行は世界のあり方を大きく変えました。世界規模で経済や情報の結びつきが強まるとともに、国境を越えた人の移動は日常の光景となり、今やどこに住んでいても、私たちの暮らしは世界中の様々な出来事と無関係ではいられません。しかし、グローバル化の中で否応なくもたらされる「他者」との出会いや交流は、新たな文化や価値観だけではなく、摩擦や衝突、そしてしばしば憎悪までをも生み出しています。グローバル化にともなう副作用は、その恩恵を遥かにこえていると言わざるを得ません。

今私たちに求められているのは、国内、国外にかかわらず、異なる歴史や経験、文化を持つ「他者」と向き合い、よりよい関係を結び直してゆくための想像力、構想力ではないでしょうか。

新世紀の到来を目前にした二〇〇〇年一月に創刊された岩波現代文庫は、この二〇年を通して、哲学や歴史、経済、自然科学から、小説やエッセイ、ルポルタージュにいたるまで幅広いジャンルの書目を刊行してきました。一〇〇〇点を超える書目には、人類が直面してきた様々な課題と、試行錯誤の営みが刻まれています。読書を通した過去の「他者」との出会いから得られる知識や経験は、私たちがよりよい社会を作り上げてゆくために大きな示唆を与えてくれるはずです。

一冊の本が世界を変える大きな力を持つことを信じ、岩波現代文庫はこれからもさらなるラインナップの充実をめざしてゆきます。

（二〇二〇年一月）

岩波現代文庫[学術]

G430
被差別部落認識の歴史
―異化と同化の間―
黒川みどり

差別する側、差別を受ける側の双方は部落差別をどのように認識してきたのか――明治から現代に至る軌跡をたどった初めての通史。

G431
文化としての科学/技術
村上陽一郎

近現代に大きく変貌した科学/技術。その質的な変遷を科学史の泰斗がわかりやすく解説、望ましい科学研究や教育のあり方を提言する。

G432
方法としての史学史
―歴史論集1―
成田龍一

歴史学は「なにを」「いかに」論じてきたのか。史学史的な視点から、歴史学のアイデンティティを確認し、可能性を問い直す。現代文庫オリジナル版。〈解説〉戸邉秀明

G433
〈戦後知〉を歴史化する
―歴史論集2―
成田龍一

〈戦後知〉を体現する文学・思想の読解を通じて、歴史学を専門知の閉域から解き放つ試み。現代文庫オリジナル版。〈解説〉戸邉秀明

G434
危機の時代の歴史学のために
―歴史論集3―
成田龍一

時代の危機に立ち向かいながら、自己変革を続ける歴史学。その社会との関係を改めて問い直す「歴史批評」を集成する。
〈解説〉戸邉秀明

2024.7

岩波現代文庫[学術]

G435
宗教と科学の接点
河合隼雄

「たましい」「死」「意識」など、近代科学から取り残されてきた、人間が生きていくために大切な問題を心理療法の視点から考察する。〈解説〉河合俊雄

G436
増補 軍隊と地域
—郷土部隊と民衆意識のゆくえ—
荒川章二

一八八〇年代から敗戦までの静岡を舞台に、矛盾を孕みつつ地域に根づいていった軍が、民衆生活を破壊するに至る過程を描き出す。

G437
歴史が後ずさりするとき
—熱い戦争とメディア—
ウンベルト・エーコ
リッカルド・アマデイ訳

歴史があたかも進歩をやめて後ずさりしはじめたかに見える二十一世紀初めの政治・社会の現実を鋭く批判した稀代の知識人の発言集。

G438
増補 女が学者になるとき
—インドネシア研究奮闘記—
倉沢愛子

インドネシア研究の第一人者として知られる著者の原点とも言える日々を綴った半生記。「補章 女は学者をやめられない」を収録。

G439
完本 中国再考
—領域・民族・文化—
葛兆光
辻康吾監訳
永田小絵訳

「中国」とは一体何か? 複雑な歴史がもたらした国家アイデンティティの特殊性と基本構造を考察し、現代の国際問題を考えるための視座を提供する。

G440
私が進化生物学者になった理由
長谷川眞理子

ドリトル先生の大好きな少女がいかにして進化生物学者になったのか。通説の誤りに気づき、独自の道を切り拓いた人生の歩みを語る。巻末に参考文献一覧付き。

G441
愛について
―アイデンティティと欲望の政治学―
竹村和子

物語を攪乱し、語りえぬものに声を与える。精緻な理論でフェミニズム批評をリードしつづけた著者の代表作、待望の文庫化。〈解説〉新田啓子

G442
宝塚
―変容を続ける「日本モダニズム」―
川崎賢子

百年の歴史を誇る宝塚歌劇団。その魅力を掘り下げ、宝塚の新世紀を展望する。底本を大幅に増補・改訂した宝塚論の決定版。

G443
新版 ナショナリズムの狭間から
―「慰安婦」問題とフェミニズムの課題―
山下英愛

性差別的な社会構造における女性人権問題として、現代の性暴力被害につづく側面を持つ「慰安婦」問題理解の手がかりとなる一冊。

G444
夢・神話・物語と日本人
―エラノス会議講演録―
河合隼雄
河合俊雄訳

河合隼雄が、日本の夢・神話・物語などをもとに日本人の心性を解き明かした講演の記録。著者の代表作に結実する思想のエッセンスが凝縮した一冊。〈解説〉河合俊雄

2024. 7

G445-446
ねじ曲げられた桜(上・下)
―美意識と軍国主義―
大貫恵美子

桜の意味の変遷と学徒特攻隊員の日記分析を通して、日本国家と国民の間に起きた「相互誤認」を証明する。〈解説〉佐藤卓己

G447
正義への責任
アイリス・マリオン・ヤング
岡野八代
池田直子 訳

自助努力が強要される政治の下で、人びとが正義を求めてつながり合う可能性を問う。ヌスバウムによる序文も収録。〈解説〉土屋和代

G448-449
ヨーロッパ覇権以前(上・下)
―もうひとつの世界システム―
J.L.アブー=ルゴド
佐藤次高ほか訳

近代成立のはるか前、ユーラシア世界は既に一つのシステムをつくりあげていた。豊かな筆致で描き出されるグローバル・ヒストリー。

G450
政治思想史と理論のあいだ
―「他者」をめぐる対話―
小野紀明

政治思想史と政治的規範理論、融合し相克する二者を「他者」を軸に架橋させ、理論の全体像に迫る、政治哲学の画期的な解説書。

G451
平等と効率の福祉革命
―新しい女性の役割―
G.エスピン=アンデルセン
大沢真理監訳

キャリアを追求する女性と、性別分業に留まる女性との間で広がる格差。福祉国家論の第一人者による、二極化の転換に向けた提言。

2024.7

岩波現代文庫[学術]

G452
草の根のファシズム
―日本民衆の戦争体験―
吉見義明

戦争を引き起こしたファシズムは民衆が支えていた――従来の戦争観を大きく転換させた名著、待望の文庫化。〈解説〉加藤陽子

G453
日本仏教の社会倫理
―正法を生きる―
島薗進

日本仏教に本来豊かに備わっていた、サッダルマ(正法)を世に現す生き方の系譜を再発見し、新しい日本仏教史像を提示する。

G454
万民の法
ジョン・ロールズ
中山竜一訳

「公正としての正義」の構想を世界に広げ、平和と正義に満ちた国際社会はいかにして実現可能かを追究したロールズ最晩年の主著。

G455
原子・原子核・原子力
―わたしが講義で伝えたかったこと―
山本義隆

原子・原子核について基礎から学び、原子力への理解を深めるための物理入門。予備校での講演に基づきやさしく解説。

G456
ヴァイマル憲法とヒトラー
―戦後民主主義からファシズムへ―
池田浩士

史上最も「民主的」なヴァイマル憲法下で、ヒトラーが合法的に政権を獲得し得たのはなぜなのか。書き下ろしの「後章」を付す。

2024.7

G457
現代《いま》を生きる日本史
須田努
清水克行

縄文時代から現代までを、ユニークな題材と最新研究を踏まえた平明な叙述で鮮やかに描く。大学の教養科目の講義から生まれた斬新な日本通史。

G458
小国
―歴史にみる理念と現実―
百瀬宏

大国中心の権力政治を、小国はどのように生き抜いてきたのか。近代以降の小国の実態と変容を辿った出色の国際関係史。

G459
〈共生〉から考える
―倫理学集中講義―
川本隆史

「共生」という言葉に込められたモチーフを現代社会の様々な問題群から考える。やわらかな語り口の講義形式で、倫理学の教科書としても最適。「精選ブックガイド」を付す。

G460
〈個〉の誕生
―キリスト教教理をつくった人びと―
坂口ふみ

「かけがえのなさ」を指し示す新たな存在論が古代末から中世初期の東地中海世界の激動のうちで形成された次第を、哲学・宗教・歴史を横断して描き出す。〈解説〉山本芳久

G461
満蒙開拓団
―国策の虜囚―
加藤聖文

満洲事変を契機とする農業移民は、陸軍主導の強力な国策となり、今なお続く悲劇をもたらした。計画から終局までを辿る初の通史。

G462
排除の現象学
赤坂憲雄

いじめ、ホームレス殺害、宗教集団への批判――八十年代の事件の数々から、異人が見出され生贄とされる、共同体の暴力を読み解く。時を超えて現代社会に切実に響く、傑作評論。

G463
越境する民
近代大阪の朝鮮人史

杉原達

暮しの中で朝鮮人と出会った日本人の外国人認識はどのように形成されたのか。その後の研究に大きな影響を与えた「地域からの世界史」。

G464
越境を生きる
ベネディクト・アンダーソン回想録

ベネディクト・アンダーソン
加藤剛訳

『想像の共同体』の著者が、自身の研究と人生を振り返り、学問的・文化的枠組にとらわれず自由に生き、学ぶことの大切さを説く。

G465
我々はどのような生き物なのか
―言語と政治をめぐる二講演―

ノーム・チョムスキー
福井直樹
辻子美保子編訳

政治活動家チョムスキーの土台に科学者としての人間観があることを初めて明確に示した二〇一四年来日時の講演とインタビュー。

G466
ヴァーチャル日本語 役割語の謎

金水敏

現実には存在しなくても、いかにもそれらしく感じる言葉づかい「役割語」。誰がいつ作ったのか。なぜみんなが知っているのか。何のためにあるのか。〈解説〉田中ゆかり

G467
コレモ日本語アルカ？
―異人のことばが生まれるとき―
金水 敏
ピジンとして生まれた〈アルヨことば〉は役割語となり、それがまとう中国人イメージを変容させつつ生き延びてきた。〈解説〉内田慶市

G468
東北学／忘れられた東北
赤坂憲雄
驚きと喜びに満ちた野辺歩きから、「いくつもの東北」が姿を現し、日本文化像の転換を迫る。「東北学」という方法のマニフェストともなった著作の、増補決定版。

G469
増補 昭和天皇の戦争
―「昭和天皇実録」に残されたこと・消されたこと―
山田 朗
平和主義者とされる昭和天皇が全軍を統帥する大元帥であったことを「実録」を読み解きながら明らかにする。〈解説〉古川隆久

G470
帝国の構造
―中心・周辺・亜周辺―
柄谷行人
『世界史の構造』では十分に展開できなかった「帝国」の問題を、独自の「交換様式」の観点から解き明かす、柄谷国家論の集大成。佐藤優氏との対談を併載。

G471
日本軍の治安戦
―日中戦争の実相―
笠原十九司
治安戦（三光作戦）の発端・展開・変容の過程を丹念に辿り、加害の論理と被害の記憶からその実相を浮彫りにする。〈解説〉齋藤一晴

2024. 7

G472
網野善彦対談セレクション 1 日本史を読み直す
山本幸司編

日本史像の変革に挑み、「日本」とは何かを問い続けた網野善彦。多彩な分野の第一人者たちと交わした闊達な議論の記録を、没後二〇年を機に改めてセレクト。（全二冊）

G473
網野善彦対談セレクション 2 世界史の中の日本史
山本幸司編

戦後日本の知を導いてきた諸氏と語り合った、歴史と人間をめぐる読み応えのある対談六篇。若い世代に贈られた最終講義「人類史の転換と歴史学」を併せ収める。

G474
明治の表象空間（上）—権力と言説—
松浦寿輝

学問分類の枠を排し、言説の総体を横断的に俯瞰。近代日本の特異性と表象空間のダイナミズムを浮かび上がらせる。（全三巻）

G475
明治の表象空間（中）—歴史とイデオロギー—
松浦寿輝

「因果」「法則」を備え、人びとのシステム論的な「知」への欲望を満たす社会進化論の跋扈。教育勅語に内在する特異な位相の意味するものとは。日本近代の核心に迫る中巻。

G476
明治の表象空間（下）—エクリチュールと近代—
松浦寿輝

言文一致体に背を向け、漢文体に執着した透谷・一葉・露伴のエクリチュールにはいかなる近代性が孕まれているか。明治の表象空間の全貌を描き出す最終巻。〈解説〉田中　純

岩波現代文庫[学術]

G477
シモーヌ・ヴェイユ
冨原眞弓
その三四年の生涯は「地表に蔓延する不幸」との闘いであった。比類なき誠実さと清冽な思索の全貌を描く、ヴェイユ研究の決定版。

G478
フェミニズム
竹村和子
最良のフェミニズム入門であり、男/女のカテゴリーを徹底的に問う名著を文庫化。性差の虚構性を暴き、身体から未来を展望する。〈解説〉岡野八代

G479
増補 総力戦体制と「福祉国家」
—戦時期日本の「社会改革」構想—
高岡裕之
戦後「福祉国家」とは全く異なる総力戦体制=「福祉国家」の姿を、厚生省設立等の「戦時社会政策」の検証を通して浮び上らせる。

2024.7